전직지원
전문가
가이드북

전직지원전문가 가이드북

펴 낸 날 2016년 8월 10일

지 은 이 알란 제이. 피크만
옮 긴 이 표성일
펴 낸 이 최지숙
편집주간 이기성
편집팀장 이윤숙
기획편집 윤일란, 허나리
표지디자인 윤일란
책임마케팅 하철민, 장일규
펴 낸 곳 도서출판 생각나눔
출판등록 제 2008-000008호
주   소 서울 마포구 동교로 18길 41, 한경빌딩 2층
전   화 02-325-5100
팩   스 02-325-5101
홈페이지 www.생각나눔.kr
이 메 일 bookmain@think-book.com

• 책값은 표지 뒷면에 표기되어 있습니다.
  ISBN 978-89-6489-621-1 13190
• 이 도서의 국립중앙도서관 출판 시 도서목록(CIP)은 서지정보유통지원시스템 홈페이지
  (http://seoji.nl.go.kr)와 국가자료공동목록시스템(http://www.nl.go.kr/kolisnet)에서
  이용하실 수 있습니다(CIP제어번호: CIP2016018570).

THE COMPLETE GUIDE TO OUTPLACEMENT COUNSELING
Alan J. Pickman

The Complete Guide To
Outplacement Counseling

전직지원 전문가 가이드북

알란 제이. 피크만 지음
표성일 옮김

생각나눔

Contents

머리말

🔖 전직지원 서비스는 미국뿐만 아니라 국제적으로 성장하고 있는 중요한 전문서비스이다. 일반적 용어로 정의해보면 전직지원 서비스는 실직한 근로자의 효과적인 경력개발과 구직을 지원하는 일종의 프로세스이다. 지난 15여 년 동안 미국 내에 있는 여러 가지 주요 산업에서 연간 약 40만여 명이라는 엄청난 숫자의 근로자들을 해고하면서 전직지원 서비스에 대한 요구는 급격히 증대되었다.

전직지원 서비스는 경영자들이 겪는 비즈니스와 관련된 일련의 도전에 대응하도록 지원하는 유용하고도 실질적인 수단으로 인식되고 있다. 이 분야의 급속한 팽창에 따라서 현재 전직지원에 가용한 지식과 정보의 실체를 수집, 조직, 그리고 명확화하려는 요구도 증대되었다. 본 저서는 전직지원과 관련된 광범한 주제들을 최신화하여 권위 있는 정보를 제공하기 위한 목적으로 저작하였다.

본 저서는 현재 전직지원 분야 근무자들뿐만 아니라 추후에 근무를 희망하는 자, 그리고 인적자원 전문가들을 포함하는 이 분야에 관심을 가진 모든 이를 위해 저작하였다. 광범한 독자층을 고려하여 많은 관련 정보를 포함하였고, 카운슬링 이론뿐만 아니라 특별히 전문가들을 지원할 실질적인 내용도 제안하고 있다. 추가로, 본 분야에 대해 더욱 많은 지식을 필요로 하는 독자들을 위해 가치 있는 다양한 분야의 서술적 정보도 다수 포함하였다. 또한, 실제 전직지원 서비스에 참여하였던 고객들의 사례도 다수 언급하고 있으며, 기술적 언어로 기술하지 않았기 때문에 서술내용들이 전직지원 서비스의 매력을 높여줄 것으로 확신한다.

성인의 일생에서 일은 핵심적이면서도 필수적인 부분을 차지하기 때문에 그런 개인의 건전한 경력 관련 결심 지원은 언제나 어려운 문제로 부상한다. 급속히 변화하는 국제사회 및 기술 변화의 소용돌이 속에서 이미 몇백만 명이 그런 변화의 결과로 인하여 실직하였다. 의심의 여지 없이 추후에는 더욱 많은 사람들이 실직할 것이다. 지난 20여 년 동안에 전직지원 산업은 개인의 구직을 지원하였을 뿐만 아니라, 변화하는 인적자산 구성 때문에 기업이 받는 도전의 극복을 지원하는 데 큰 역할을 하였다. 그런 중요성 때문에 전직지원 서비스에 대한 이해가 증가하면서, 현실적인 개선도 낳았고, 높은 전문성을 가지고 지혜롭게 운용되고 있다. 본 저서는 그런 노력을 지원하기 위한 목적으로 저작하였다.

내용 개관

제1장은 전직지원 역사를 포함한 전체적인 내용을 언급한다. 더불어 외부 전직지원전문회사 또는 지원 기업 조직 내부의 전문부서가 전직지원 서비스를 어떻게 제공하는지를 토의한다. 제2장은 전직지원전문가가 해고와 관련된 전방위적 사안에 대해 해당 기업을 컨설팅하는 방법론을 토의한다.

제3장과 제4장은 전직지원전문가가 개인고객과 어떻게 효율적으로 카운슬링 관계를 설정 및 구축하는지를 토의할 뿐만 아니라, 어떤 직

업적인 검토가 유용한지에 대해서도 토의한다. 제5장은 성공적인 구직활동에 가장 영향을 미치는 장애물 일부를 기술하면서, 그런 장애물을 극복하기 위한 전문가의 개입방법을 토의한다. 제6장은 집단 전직지원 서비스를 중점적으로 토의하며, 제7장에서는 '상설' 전직지원센터의 명확한 성격에 대해 언급하고, 추후 카운슬링 절차를 돕기 위해 어떻게 운용할지를 논의한다.

제8장에서 제10장까지는 전직지원 카운슬링의 이론적 기반을 다룰 뿐만 아니라, 전직지원전문가-고객 간의 특정한 상호작용에 관해 토론하는데 전반적인 중점은 특별한 형태의 카운슬링을 제공할 때에 나타나는 동적인 도전에 대한 독자의 이해를 돕는 데 있다. 제11장에서 제13장까지는 특별히 전직지원전문가의 슈퍼비전에 초점을 두고, 전직지원전문가의 자격 및 전문성 개발에 대한 사안을 다룬다.

제14장에서 제18장까지는 범 문화적 사안, 전직지원 서비스에서의 여성의 역할, 실직과 관련된 가족 문제, 국제적 전직지원 활동 및 윤리를 포함하는 분야의 특별한 사안들을 일부 검토한다.

제19장은 전직지원 서비스와 다른 전문적 경력개발 활동 간의 관계를 검토하고, 제20장은 전직지원 서비스의 마케팅에 대해 토의한다. 마지막으로 제21장은 전직지원 서비스의 미래를 조명하면서 결론을 맺는다.

감사의 글

진실로 본 저서는 전직지원에 종사하는 전문가들로부터 훌륭한 지원, 격려, 그리고 협조를 받아 탄생한 협업의 결과물이다. 지면이 허락한다면 지원을 아껴주시지 않는 모든 분들의 성함을 거론하고 싶지만, 적어도 다음 분들에게는 감사를 표하고 싶다.

첫째, 성인들의 커리어 사안과 관련된 카운슬링에 대한 최초의 전문성 향상 기회를 나에게 부여해준 티스 챔버레인과 다른 여러분들에게 심심한 감사의 말씀을 올리고 싶다. 특히, 챔버레인은 그 이후에도 본 저자가 뉴욕대학교 경력 및 생애 설계센터에서 전직지원 서비스 과정을 가르칠 기회도 주었다. 그 과정을 준비하면서 나는 이 분야에 대한 생각을 조직화하였다. 데이비드 로트만은 그런 과정의 준비경험이 바로 훌륭한 저작물로 이어진다는 점을 일깨워주었다. 그런 비전 부여와 더불어 그의 지속적인 격려, 발전적인 관리접근법, 그리고 교재에 대한 통찰력 있는 조언에 대해 깊은 감사를 드린다. 피터 프리차드는 이 분야에 대한 자신의 완벽한 지식을 전수해주었을 뿐만 아니라 계속 나에게 동기를 부여하는 열성과 관대함을 보여주었다.

다른 많은 전직지원 관련 동료들도 각 장을 검토하면서 훌륭한 배경지식을 제공해주었고, 내용을 발전시킬 수 있는 훌륭한 제안들도 해주었다. 세릴 스페니어, 제이에 스미스, 아미 프리드맨, 그리고 메리 앤 리는 그런 차원에서 큰 도움이 되었다. 스티브 해리슨, 크리스티 브라운, 존 오데이, 그리고 페이어 우처도 그런 점에서 큰 도움이 되었음을 말씀드리고 싶다. 밥 리와 짐 갤라그는 전직지원의 역사적인 관점을 제공해주었을 뿐만 아니라 미래에 대해서도 명확한 관점을 가지게 해주었다. 샌디 바우어스는 전직지원 시행에 관한 많은 교훈을 알려주었고, 최근에는 나를 동기 부여해주는 협력자가 되었다. 나의 귀중한 동료이자 친구인 바브라 로크스는 전직지원에 대한 글을 쓰고 싶어하던 나에게 처음부터 좀 더 대담한 마음을 가지도록 독려해주었고, 나의 경력 전반에 걸친 지원자산의 역할을 해주었다.

더불어 몇 년 동안 나와 함께 일한 많은 전직지원 고객들에게도 감사하고 싶다. 자신들의 경험을 공유해준 그들의 의지와 능력은 본 저작물을 대하는 나의 자세를 바꾸게 해주었다. 그들 모두는 나의 스승이다. 케미컬 뱅크의 커리어 서비스부에 근무하는 카운슬러들 역시 본 저작물에 큰 기여를 해주었다. 매우 전문적이고 훌륭한 재능을 지닌 집단인 그들은 나에게 도전을 던져주었을 뿐만 아니라 많은 격려도 해주었다. 켈리 존슨은 전직지원 관련 문헌들을 완벽하게 검토해주었다. 해리엇 그레시스는 자신이 지닌 정보자산과 관련된 훌륭한 지식과 전직지원전문가들을 위한 컴퓨터 기반지식을 공유해주었다. 더불어 본 프로젝트의 모든 단계에서 지원해 준 평가도구인 '리더십 효용분석'을 위해 일하는 교수진 등에게도 감사를 드리고 싶다. 아미 피어스, 샤론 레비, 로빈 웨이스버그, 그리고 레이 오코넬이 그들이다. 그리고 피에르 드 크루 스코트, 마이크 토마스 및 윌리 시워드가 보여준 효율적이고 반응적인 행정지원에 대해서도 감사드린다.

본 저작기간 전반에 걸쳐서 동료애, 열정적 지원, 그리고 창조적 에너지를 나에게 안겨준 잔 구라에게도 감사를 드리는 바이다. 마지막으로 탐구정신을 발휘하고, 많은 정보를 제공해준 나의 딸 사라 피크만에게도 감사하며, 그녀의 애정 어린 내용 정리는 날마다 나에게 큰 영감을 안겨주었다.

알란 J. 피크만 박사

　1997년 외환위기를 겪은 이후 미국계 디비엠(DBM)사를 통해 처음으로 대한민국에 '아웃플레이스먼트 서비스(outplacement service)[1)]'라는 이름으로 소개된 현재의 '전직지원 서비스'는 1998년 한국 피엔지(P&G)에서 최초의 서비스를 성공적으로 실시한 이래 현재에 이르고 있다.

　본 역자는 군 생활 중에 국방부 전직컨설팅 프로그램을 책임지면서 그 진행의 조정 및 통제 업무를 실시하였을 뿐만 아니라, 전역 이후에는 각종 공공 및 민간 (재)취업프로그램과 전직지원 프로그램의 프로젝트 매니저 업무와 컨설팅 업무를 실시하였고, 「군 전직지원 프로그램의 발전방안에 관한 연구」라는 제목으로 석사학위 논문을 쓰는 등 분야에 많은 관심을 가지고 있었다.

　오랫동안 전직지원 관련 업무를 수행하였고, 최근에는 한국고용정보원의 '베이비부머 퇴직설계 프로그램' 전문강사 및 신직업 '전직지원전문가' 양성교육 강사업무를 수행하면서 항상 느꼈던 점은 전직지원 서비스의 실무내용들이 한정된 몇 분들만의 구전 혹은 일부 회사들의 신입직원 교육 시에만 전수되기 때문에 정작 신직업인 전직지원전문가로 일하고 싶은 분들의 호기심을 충족시켜줄 변변한 참고 책자 하나 없다는 점을 발견하였다.

　더불어 현재 국가에서 정책적으로 양성 중인 전직지원전문가 후보들의 의문사항 및 호기심도 해결해주고, 현직 근무자들이 업무 간에 참고할 수 있으며, 전직지원에 관심을 가진 기업과 타 직종에서 이 분야로 전직을 희망하시는 분들이 참고할 수 있는 관련 책자를 찾고 있었다.

　그런 가운데 세계적으로 유명한 전직지원전문회사인 리헥트해리슨(LHH)사 뉴욕 사무실의 수석 컨설턴트로 근무 중인 알란 피크만 박사가 저술한 『The Complete Guide To Outplacement Counseling』이라는 책자를 소개받고, 본 저자와 미래의 독자들이 가진 호기심과 갈증을 풀어줄 수 있는 훌륭한 책자라는 생각을 가지고 설레는 마음으로 번역에 임하였다.

혹자는 원서가 1990년대 중반에 발간된 오래된 책자라는 조언도 하였으나, 본 역자는 시점상 대한민국에서 전직지원 서비스가 도입되기 직전에 저술된 책이라는 점에서 현재 우리가 사용하는 많은 기법들의 기초가 되었다는 점을 중시하고, 기본적인 이론 혹은 실무 이해의 기본서를 발간하고 싶었던 욕구에서 번역하게 되었다. 본 분야의 기본적인 이론 및 실무사항은 급격히 변화하는 분야의 저변을 연연히 흐르는 불변사항이라는 확신이 있었기 때문이다. 그래서 본 역서에도 『전직지원전문가 가이드북』이라는 이름을 붙여서 관련자들이 이해해야 할 '기본 및 필수사항'임을 강조하였다.

본 역서를 번역 및 교정하는 가운데 독자가 참고해야 할 몇 가지는 아래와 같다.

첫째, 원작물의 'outplacement'를 '전직지원'으로 번역하였다. 현재 고용노동부에서 워크넷 상에 'outplacement experts'를 '전직지원전문가'로 번역하였기 때문에 혼돈을 피하기 위해 관련 기관의 생각을 그대로 따랐다.

둘째, 원작물의 'outplacement counselor'를 '전직지원전문가'로 번역하였다. 대한민국에서는 서비스 도입 이래 'outplacement consultant'라는 영문표기 아래 '전직지원 컨설턴트'로 칭하고 있다. 본문 내 일부

문맥에 따라 '컨설턴트'와 '카운슬러'를 적절히 병행 사용하였다.

셋째, 일부 해석이 필요한 내용이나, 최신내용은 '역자 주'로 처리하거나 한국적인 용어로 전환하였으며, 참고문헌은 영문 그대로 옮겨놓았다. 그리고 용어의 이해 및 참고를 위해서 내용 중에 영문 및 한자를 병기한 부분도 있으며, 내용 중의 참고문헌도 그대로 표기하였다.

마지막으로, 모든 이의 욕구를 충족시킬 수는 없지만, 본 역서가 대한민국에서 전직지원의 미래 기반을 다지는 데 도움이 되고, 많은 현직 전직지원전문가 및 미래의 전직지원전문가분들에게 조그마한 도움이 되는 기본서가 되었으면 하는 것이 본 역자의 순수한 바람이다. 더불어, 그동안의 경험을 통해서 본 책자가 그런 역할을 해줄 것이라는 확신도 가지고 있다. 왜냐하면 일부분이 아닌 포괄적인 전직지원 서비스에 대한 이해를 도모할 수 있기 때문이다.

지면을 빌어 최초로 원서를 본 역자에게 소개해준 돈·일·꿈연구소 간호재 소장님에게 심심한 감사의 말씀을 드리며, 역자와 같은 생각을 가지고 격려를 아껴주지 않으신 이 분야에 관한 한 대한민국 최고의 전문가 백서욱 박사님에게도 지면을 빌어 감사의 말씀을 드린다. 또한, 현장에서 전직지원 서비스를 하는 가운데 많은 실무경험을 공유해준 동료 전직지원전문가 김윤정, 서형준, 신은정, 전호일, 황민철님에게도 감사의 말씀을 올리고 싶다.

대한민국 전직지원 서비스의 발전을 기원한다.

2016년 초여름에 대치동 사무실에서

역자 경력선장 표성일

■ 제 1 장

개 요

✦ 여러 가지 사유로 근로자를 내보내야만 하는 기업에서 비용을 부담하는 전직지원 서비스는 미국뿐만 아니라, 많은 타 국가에서도 중요한 전문 서비스 산업으로 지속적인 성장을 하고 있다. 전직지원 산업의 연간매출은 1980년도에 약 5천만 달러이었으며, 1993년도에는 7억 5천만 달러에 이르렀다.[2] 1991년도에 미국의 50대 기업 중 90%는 구조조정의 영향을 받은 근로자들에게 일정한 형태의 전직지원 서비스를 제공하였다.[3] 미국에는 대략 300여 개의 전직지원 전문회사가 존재하면서 적어도 5천여 명을 고용하고 있는데, 연간 약 140만 명에 이르는 고객들에게 전직지원 서비스를 제공하고 있다.

그렇다면 전직지원 서비스는 무엇인가? 기본적으로 전직지원 서비스는 실직하거나 일자리가 없어진 근로자들을 돕는 하나의 프로세스로서 실직으로 인해 발생하는 좌절감을 자신감 고취를 통해 회복하고, 효과적 직업 탐색 전략 및 기법을 익혀서 성공적인 구직탐색 활동을 하도록 돕는다.

가장 포괄적인 전직지원 서비스는 전방위적인 경력 관련 사안들을 다루는데, 개인고객 혹은 서비스 참여자들의 실직으로 인한 감정적인 이슈들을 다루는 카운슬링부터 시작한다. 그 이후 경력을 평가하고, 이력서, 커버레터, 그리고 기타 마케팅 문서를 포함하는 서면 구직활동 문서의 작성을 지원한다. 이어서 모의면접 훈련도 하고, 효과적인 마케팅 전략의 도출을 지원하며, 네트워킹을 포함하는 다양한 직업 탐색 기법의 '해야 할 일'과 '하지 말아야 할 일'을 검토할 뿐만 아니라, 신문광고에 대응하는 방법도 검토한다. 또한, 서치펌이나 고용 관련 기관을 이용하는 방법과 목표회사에 직접 접근하기 위한 효과적인 서신 작성방법에 대한 코칭도 한다. 또한, 전직지원전문가는 프로세스 전반에서 고객에게 동기 부여 및 격려도 한다. 포괄적인 서비스의 경우에는 사무실과 행정지원 서비스도 제공하면서 효과적인 직업 탐색 활동을 극대화시킨다.

역 사

전직지원 서비스의 기원은 다소 불명확하다. 이 분야에서 일하는 많은 전문가들은 1960년대 미국의 험블 오일사에서 몇 명의 임원진들을 대상으로 지원한 경우를 그 기원으로 생각하고 있으며, 솔 그루너는 그런 노력을 설계한 사람으로 명성이 나있다. 그러나 다른 저자들은 관리컨설팅 회사인 씽크(THINC)사의 토마스 허바드가 최초로 전직지원 서비스를 실시하였다고 주장한다. 혹은 1940년대 후반에 민간 구직 시장으로 진입하려던 제대군인들을 대상으로 이력서, 면접스킬, 그리고 구직활동 훈련을 시키던 홀데인사(Haldane Associates)의 버나드 홀데인이 설계한 기법으로도 알려지고 있다(Brittain, 1982). 1960년대 초에 뚜렷하게 그 모습을 드러낸 전직지원 산업은 이제 7억

5천만 달러 수준으로 성장하였다(D.A.로드와 개인적인 의사소통 결과, 1993. 12월). 주로 고위 임원급을 대상으로 서비스를 시행한 1960년대에는 그 성장 속도가 느렸으나, 1970년대 중반 및 후반에 이르러서 전직지원 서비스가 중간관리자급, 기술전문가, 그리고 일반 직원들을 보편적으로 포함하면서 그 성장 속도는 가속화되었다.

전직지원 서비스의 성장은 급속하게 변화하는 고용환경에 대응하는 방법으로 계속 진화되었으며, 많은 요인들이 그 성장을 촉진시켰다. 그런 요인들은 경제 및 사회 상황의 변화, 법적인 영향, 그리고 기업의 책임소재 변화를 포함한다.

1970년대 후반과 1980년대에 나타난 주가하락으로 야기된 회사의 인수합병은 기업 성장을 위한 매력적인 전략의 하나로 고려되기 시작하였다. 1986년도만 보더라도 3,200여 회의 기업 인수·합병이 있었으며, 그로 인해 많은 일자리가 감소되었고, 기업의 관리진도 재구성되었다. 기업들은 더욱 치열해진 경쟁구도 아래에서 생존을 위해 더욱 효율적인 운영과 고수익 창출을 목표로 하면서 기업구조를 더욱 유연하게 만들었다. 관리진은 '어려운 상황에 대비한 효율적 운용'을 강조하였고, 단기적으로 비용을 감소시키는 가장 쉽고, 빠른 방법으로 인력 구조조정을 고려하였다. 이에 따라 1980년도에서 1985년도에 이르기까지 약 220만 개의 일자리가 기업에서 사라진 것으로 추정된다 (Consult America, CA, 1989) 추가적으로 1986년도에서 1992년도에 이르기까지 사이에 미국의 대기업에서 230만 개의 일자리가 사라졌다 (Industry Overview, 1993).[4]

사회적 상황의 변화도 큰 영향을 미쳤다. 능력 있는 근로자의 근로 생애에서 동일 회사에 계속 근무하게 해주던 좋은 근로환경은 더 이상 기업의 주요 목표가 될 수 없었다. 단기적 이익, 그리고 기업의 생존 요구에 따라서 근로자들에 대한 기업의 의리는 약화하였고, 이에 따라 근로자들도 그들의 고용주들을 지향하는 헌신적인 행위도 약화되었다.

법적인 차원에서 보면 1970년대와 1980년대에 제정된 주요 법률들은 고용에 영향을 미치면서 사회적 변화를 강제하였다. 해고상의 차별을 감소시키는 법도 통과되었고, 기업은 부당하게 해고되었다고 생각하는 근로자들이 제소하는 소송으로부터 자사를 보호하는 방안도 구상하기 시작하였다. 이런 이유로 인해서 전직지원 서비스가 효율적인 인적자원 관리수단으로 등장하게 되었다.

마침내 기업의 책임과 관련된 내용도 이슈화되었다. 기업의 주주들이 단기적인 수익 지향을 요구함에 따라서 많은 기업 상급관리자들은 저변으로부터의 신속한 효과를 창출하기 위해 인력 감소방안을 선택하였다. 이와 더불어 인적자원전문가들은 고용에 관한 한 기업들이 공정하다는 인식을 받게 만드는 일도 중요하다는 사실을 인식하게 되었다. 해고 근로자들이 이전에 근무하던 회사를 나쁘게 이야기하게 만드는 일은 비즈니스의 기본이 아니며, 훌륭한 사회적 관계도 촉진시키지 못하고, 잔류 근로자들의 사기에도 좋은 영향을 미치지 못하기 때문이었다. 따라서 전직지원 서비스는 훌륭한 기업 이미지를 유지할 수 있는 매우 중요한 수단으로 대두하였다. 이런 모든 요인의 복합화가 전직지원 서비스의 성장에 기여하였고, 전직지원전문가들도 기업변화의 촉진자로서 그 가치를 높이 인정받게 되었다.

전직지원 분야에는 두 개의 전문 협회가 존재한다. 하나는 전직지원 컨설팅 기업 협회(AOCF, The Association of Outplacement Consulting Firms)로서 전직지원 회원사들을 대변하는 산업협회이다. 다른 하나는 국제 전직지원전문가 협회(IAOP, The International Association of Outplacement Professionals)로서 개별적으로 일하는 전직지원전문가들을 대변하는 협회이다.

1960년대 초반에 기업이 후원하는 전직지원이 태동하였으나, 최초의 분야 전문협회인 전직지원 컨설팅 기업 협회는 1982년 5월 16일에 구성되었다. 그 설립목표는 '근로자 개인을 지원하는 전직지원전문회사의 윤리적이고도 질 높은 서비스의 제공, 해고로 야기된 분노에 대한 지혜로운 대응책으로 전직지원을 내세울 수 있는 의미 있는 결과자료 창출, 정부의 세금감면, 허가 및 규정화 등의 시도에 대한 완충역할과 마케팅 서비스의 제공'이었다(Le Hane, 1990, 40쪽).

전직지원 컨설팅 기업 협회는 해를 거듭하면서 매우 성장하였다. 협회는 65개 회원사로 구성되었고, 미국에서 제일 큰 대기업 8개 중 7개를 회원사로 두고 있었는데, 그런 회원사들이 전직지원 산업 시장 매출의 약 65%를 차지하였다. 그뿐만 아니라 유럽, 아시아, 남아메리카, 그리고 호주대륙을 포함하는 다른 나라의 회원사들도 있었다. 전직지원전문회사의 운용은 그런 지역에서도 극적으로 증가하였는데, 특히 유럽에서 그러하였다. 협회 회원사들은 대기업, 중견기업, 그리고 중소기업을 포함하고 있었는데, 주로 비즈니스 전략을 크게 변화시킨 회사들이었다.

전직지원 컨설팅 기업 협회는 연례회의를 개최하였을 뿐만 아니라 1988년 이래로 매년 전직지원전문가회의도 개최하고 있다. 참석자들은 대략 350명에서 400여 명에 이르렀으며, 회의는 기조연설, 세미나, 워크숍, 그리고 전직지원전문회사의 서비스를 잘 활용한 뛰어난 지원 기업 조직에 대한 우수상 시상 등을 포함하였다.

　지난 몇 년 동안 전직지원 컨설팅 기업 협회의 주요 이슈는 연방정부의 전직지원 서비스에 대한 세금부과 가능성이었다. 협회는 전직지원 서비스가 세금부과가 가능한 '강화'의 행위가 아니라 개인의 '회복'을 돕기 때문에 세금을 부과할 수 없는 서비스라는 점을 증명하기 위해 주요한 로비 활동을 하였다. 일부의 정부관리들은 전직지원 서비스를 매우 큰 규모로 중간관리자 및 일반 근로자들에게 제공되는 서비스가 아닌 직급이 높은 임원급들에게만 클럽 멤버십 등을 제공하면서 부수입을 올리는 서비스로 보고 있었기 때문에 그런 세금을 부과하려는 노력을 시도하였다. 1992년 8월에 국세청은 기업에서 비용을 부담하는 전직지원 서비스의 가치는 세금부과가 가능한 총수입으로 간주할 수 없다고 판결하였다(Harrison, 1992). 만일 반대로 판결이 났을 경우에는 본 산업에 큰 타격을 줄 수 있었으므로, 세금부과 불가 판결에 따라 관련 산업은 안도의 한숨을 내쉬었다. 전직지원 컨설팅 기업 협회는 캐나다, 영국, 그리고 프랑스에서도 활동을 벌이고 있었는데, 그곳에서도 세금 문제가 부상하였다. 모든 곳의 세금부과 기관에서는 기업지원 전직지원 서비스가 세금을 부과할 수 있는 수익이 아니라고 판결하였다.

　전직지원 컨설팅 기업 협회는 전직지원 회사와 그 소유권자들을 대변하였으나, 개별적으로 전직지원 서비스를 시행하는 전문가들은 전직지원 컨설팅 기업 협회를 통해 자신들의 특정 이익이나 관심이 잘 대변되기를 기대하지는 않았다. 그래서 1989년도에 전직지원 컨설팅 기업 협회의 능동적 지원과 후원 아래 국제 전직지원전문가 협회가 구성되었다. 그 구성목적은 '개별적으로 일하는 전직지원전문가에게 서비스와 지원을 제공하는 가운데, 그들을 발전시키고 결속시키기 위함'이었는데, 그 임무는 회원들의 전문성을 구축하고, 그런 전문성을 인증하는 데 있었다. 국제 전직지원전문가 협회는 전문가들의 배경과 관계없이 전직지원 분야의 일과 관련된 책임 혹은 이익이 있는 모든 개인에게 서비스하기 위한 목적으로 설치되었다. 회원들은 개인 혹은 집단에게 직접적으로 전직지원 서비스를 제공하는 개인, 이직한 고객 혹은 해당 기업에게 직접 컨설팅하는 개인, 그리고 지원 기업 조직에 대해 전직지원 서비스의 마케팅 책임을 진 자들이었다. 더불어 직접적으로 전직지원 서비스와 관련된 카운슬링, 컨설팅, 혹은 마케팅을 하지 않는 개인을 대상으로 한 회원자격도 있었으나, 궁극적으로 개인적 혹은 전문적 관심이 전직지원 및 그와 관련된 서비스에 두고 있는 자들을 포함하였다.

국제 전직지원전문가 협회는 지역에 기반을 두는 조직으로 설계되었으나, 그 발전상을 보면 매우 인상 깊다. 1992년 봄 즈음에 약 800여 명의 회원이 모집되면서 17개 지부가 구성되었는데, 그중 11개소가 미국 내에, 6개소가 해외에 설치되었고, 카리브 해, 라틴 및 남아메리카, 아시아, 호주 및 유럽지부를 포함하고 있었다. 많은 상설위원회는 윤리, 전문가 역량, 그리고 프로그램 발전과 같은 주제와 관련된 지침을 마련하는 책임을 졌다.

현재까지는 두 개의 전문적 협회인 전직지원 컨설팅 기업 협회, 그리고 국제 전직지원전문가 협회가 전직지원 카운슬링의 성장과 발전을 촉진하기 위해 협력하고 있다. 그러나 각 조직의 관심과 주제가 아직도 중첩된 부분이 있으나 시간이 흐름에 따라 새로운 관점으로 전환될 것으로 예상된다. 예를 들면, 1993년 봄에 국제 전직지원전문가 협회는 전직지원 컨설팅 기업 협회의 연례회의와는 별도로 자신들만의 최초 전직지원 연례회의를 개최하였다.

요약하면, 두 개의 전문협회가 전직지원 산업에서 활동 중인 상당한 수의 회사와 개인을 회원화하였다. 특히, 지난 4년 동안에 걸친 이런 협회들의 성장과 발전은 전직지원산업이라는 새로운 산업의 현재 및 미래를 정의하려는 지속적인 노력을 대변해주었다.

기업 내부 대 외부 전직지원 서비스

전직지원 서비스는 기업의 내부 프로그램, 또는 외부 전직지원전문 회사와 함께 일정 부분 혼합된 형태의 프로그램으로 진행하는 두 가지 형태로 제공될 수 있다. 본 절에서는 다양한 접근법의 장·단점을 살펴본다.

관리자들은 근로자를 해고한 이후에 다시 대면 접촉하는 일이 없기를 바라는데, 어려운 상황을 다시 기억하게 되기 때문이다. 그런 이유로 많은 관리자들은 외부 전직지원 서비스의 운용을 선호한다. 전문성을 가진 외부 전직지원전문회사는 그런 어려운 과업의 수행을 지원하는데, 기업관리자는 해고 근로자가 시야에서 사라지고 좋은 서비스를 받는다는 생각에 마음이 편안해진다.

외부의 전직지원전문가를 이용하는 다른 이유도 있다. 많은 관리자들은 전직지원전문회사가 해고 근로자를 지원할 수 있는 높은 수준의 전문성과 섬세함을 지녔다고 생각한다. 외부 전직지원전문회사는 요구되는 서비스의 제공에 헌신할 수 있는 전직지원전문가도 보유하고 있다. 추가로 개인적으로 서비스에 참여하는 고객도 그 이전 조직의 근로자 자격을 떠나서 더 자유스럽고 편하게 개인적인 정보를 말하는데, 유사한 선상에서 외부에서 온 전문가들이 개인정보를 포함하는 민감한 사안을 더욱 잘 다룰 수 있다. 더욱이, 전직지원전문회사는 해고 근로자의 구직활동에 필요한 사무실 등의 지원 서비스를 광범하게 제공할 준비도 갖추고 있다.

그러나 모든 기업이 자신들의 전직지원 필요성을 외부 전문회사에 배타적으로 맡기지는 않는다. 기업 내부적으로 전직지원 서비스를 제공하는 몇 가지 모델도 있다.

첫 모델은 완벽한 전직지원 서비스를 제공하는 상근 전문가를 자체적으로 운용하는 프로그램이다. 전문가는 기업 관리자에게 기획 및 기업 구조조정의 시행과 관련된 사항을 컨설팅하며, 개인 카운슬링, 집단 워크숍, 그리고 특별 프로그램 등의 다양한 서비스를 제공한다. 이 모델에서는 고객의 구직활동 실행을 돕는 사무실 및 행정지원 서비스를 사내에서 제공한다. 그런 사내 서비스의 지속적인 개념을 재무적으로 정당화하기 위해서 기업의 구조조정 노력도 지속적인 개념으로 실시되어야만 한다. 케미컬 뱅크와 시티그룹은 그런 모델을 잘 운용한 대표적인 사례이다. 우연의 일치는 아니지만, 두 기업은 1980년대와 1990년대에 주요 구조조정을 경험한 산업 내에 위치하고 있었다.

두 번째 모델은 일부 기업들이 프로젝트 개념으로 시행하는 내부 전직지원 서비스인데, 기업은 주요 구조조정을 하기 위해서 기업 내부에 경력센터를 설치한다. 근로자들은 전직지원 서비스와 사무실 지원을 받는 센터로 가는데, 제공되는 전직지원 서비스와 사무실 지원의 범위는 상황에 따라 매우 광범하게 변한다. 어떤 경우에는 매우 포괄적일 수 있으나, 다른 경우에는 매우 제한적일 수도 있다. 일반적으로, 구조조정 프로젝트가 종료되면 센터도 문을 닫는다. 실제로 마지막 참여자에 대한 서비스가 종료되면 '센터의 불을 끄고' 기업은 더 이상 전직지원 서비스를 제공하지 않는다.

실질적인 내부 전직지원 서비스를 제공하는 기업도 외부 전문회사를 자주 활용한다. 외부 전문회사의 전문가는 몇 가지 다른 방법으로 활용된다. 먼저, 외부 전문회사는 기업의 내부 경력센터의 설치에 대해 컨설팅하는데, 프로그램 디자인과 전달방법, 서비스에 관한 근로자들과의 의사소통, 그리고 사무실 지원 서비스에 관한 내용들이다. 일부 경우에서는 외부 전직지원전문회사의 대표자가 센터운용에 대한 책임을 지지만, 기업의 대표자가 외부 회사의 지원을 받거나 혹은 지원 없이 센터를 운용하는 경우도 있다.

두 번째 방법은 외부 전문회사가 기업 내부 전직지원 서비스와 혼합하여 임원들에 대한 서비스를 시행하는 형태이다. 기업 내부에서 상급관리자들은 고품질의 서비스가 존재함에도 불구하고 자주 외부 전문회사 서비스를 이용하는데, 이런 패턴에 대해서는 적어도 아래와 같은 추가적인 설명이 필요하다.

첫째, 외부 회사는 전형적으로 더욱 광범한 행정지원 서비스를 제공할 수 있는 위치에 있다. 대부분의 외부 전문회사들은 매우 훌륭한 사무실들을 구비하고 있으며, 개인 사무실, 헌신적인 비서 및 행정지원 서비스, 그리고 다른 편의시설도 잘 구비하고 있다. 상급 임원들의 경우는 이미 그러한 구색에 젖어있는 상황이다. 외부 전문회사에서 준비한 그런 서비스에 계속 참여한다면, 해고로 인한 심리적 타격을 완화할 수 있을 뿐만 아니라 구직활동도 효율적으로 촉진할 수 있다. 추가로 대부분의 기업은 전형적으로 상급 임원들에게 제공되는 특별한 고려사항의 유지를 중요시한다. 기업 내부에서 더욱 낮은 직급의 근로자들에게 동일한 서비스를 제공한다면 아무리 민주적인 회사라 할지라도 선택하기 힘든 상급직위의 부정이 되기 때문이다.

외부의 전직지원 서비스를 선택하지 않고, 내부 서비스를 이용하는 다른 몇 가지 이유도 있다. 먼저, 비용절감이다. 외부 전직지원전문회사는 완전한 개인 전직지원 비용으로 상급 임원들이 받는 보상의 12% 내지 20%에 달하는 비용을 요구한다. 이 비용은 매우 높은 비용인데, 많은 고연봉 임원들이 서비스에 포함되었을 경우이다. 따라서 일부 기업들은 내부에서 더욱 저렴하게 서비스를 시행할 수 있고, 절감된 비용으로 더욱 많은 근로자에게 서비스를 제공할 수 있다고 생각한다. 다른 잠재적인 이점은 전직지원 서비스를 다른 인적자원서비스와 더욱 쉽게 완벽한 형태로 통합할 수 있다는 점이다. 또한, 내부 프로그램의 시행은 기업이 구조조정을 한 인력들에 대해 완전한 책임을 진다는 인식으로도 이어지기 때문이다. 만약에 내부 센터가 참여자들의 입소문을 통해 좋은 평가를 받을 정도로 잘 운영되었을 경우에는 이후에 구조조정 등으로 기업을 떠나는 근로자들에게도 적용하도록 고무시킬 수 있다.

내부 전직지원 프로그램의 운영에는 문제가 없지 않다. 따라서 몇 가지 필수적으로 고려되어야 할 요소들이 있다. 첫 고려사항은 발생 가능한 이해의 갈등이다. 내부 프로그램의 가장 중요한 이슈는 신뢰성이다. 근로자들은 기업이 구조조정을 하는 가운데, 자신들에게 전직지원 프로그램을 통한 지원을 동시에 한다는 점에 대해 의문을 품게 된다. 여기에서는 해고와 카운슬링 프로세스를 완전히 별개로 보는 시각이 중요하다. 그렇지 않다면, 전직지원전문가는 프로그램 참여자들과 당황스러운 관계를 유지하게 되는데, 성공적인 서비스 관계에 필요한 신뢰와 라포를 형성하기 힘들다. 가장 성공적인 내부 프로그램에 의해 이미 구현된 바와 같이, 그 해법은 전직지원 프로그램에 참여하는 근로자들과 신뢰를 구축하는 일이다. 가장 확실한 방법은 전직지원전문가는 고객들의 해고와 관련 없는 중립적 위치를 유지하면서 해고와 관련된 어떠한 책임도 없다는 사실을 인식시키는 것이다.

두 번째 주요 사안은 보안유지이다. 서비스와 관련된 내용 중 특별한 내용이 기업 관리자들에게 노출되지 않는다는 사실을 고객들에게 확신시켜야만 한다. 전직지원전문가는 고객들에게 관리자들에게 전달되는 정보의 형태에 대해 명확히 언급해야만 한다. 통상적으로 서비스 시작일, 탐색의 전체적 진행, 그리고 아마도 재취업한 형태 및 위치가 일반적인 제공정보이다.

내부 서비스의 세 번째 이슈는 임원급들이 그런 서비스에 대해 저항할 경우이다. 일부 임원급, 특별히 더 상급직위에 위치하였던 임원급들은 이전에 자신들의 부하로 일했던 사람들로부터 서비스를 받는다는 점에 대해서 당황하게 된다. 또한, 그들은 노출을 우려하여 자신들의 개인정보 제공을 꺼리게 된다.

마지막 이슈는 재취업 방안으로서 아래 두 가지의 영향을 미친다. 일부 내부 프로그램에 참여하는 개인은 자신을 아직도 조직의 일부로 생각하면서 아직도 해고되지 않았다는 생각으로 이어지는데, 재취업을 향한 진로를 방해할 수 있다. 누군가가 근무하던 기업에 재고용되었다는 사실을 인지 시에 자신들도 구제될 수 있다는 믿음을 갖게 되기 때문이다. 다른 사람들은 내부 프로그램에 참여하면 구제될 수 있다는 헛된 믿음을 가지지 않는다. 그러나 아직도 많은 이전 동료근로자들에 대한 접근이 가능한 상황이기 때문에 최초의 네트워킹 노력을 촉진시켜 준다.

요약하면, 전직지원 서비스는 내부 프로그램, 외부 프로그램, 그리고 두 가지 프로그램의 혼합 형태로 진행될 수 있다. 기업관리자들은 자신들의 특정한 상황에 어떤 접근법이 최선의 방안인지를 선택해야만 한다.

■ 제2장

조직에 대한 컨설팅

✒ 이 장은 지원 기업 조직을 대상으로 전직지원에 대해 컨설팅하는 내용에 초점을 둔다. 포함된 내용은 구조조정 기업에 대한 지원뿐만 아니라 개별적으로 전직지원 서비스에 참여하는 고객들에게 영향을 미치는 이슈의 검토이다. 관련 내용은 전형적으로 전직지원 서비스를 이용하는 기업의 목표와 목적의 토의에서부터 시작한다.

전직지원 서비스를 이용하는 이유

전직지원 서비스를 이용하는 몇 가지 주요한 이유가 있는데, 그중하나는 인수, 합병, 그리고 기업규모 축소와 연계되는 개인당 소요비용의 감소이다.

1980년대의 인수합병은 주로 유사한 기능을 가진 조직과 그곳에서 헌신적으로 일하던 인력의 통합으로 이어졌다. 기업을 더욱 효율적이고 수익 중심적으로 운영하기 위해 과잉 부분과 중첩 부분의 감소를 중시하였기 때문이다. 단기적인 비용절감의 가장 신속한 방법으로 인력 및 구조조정이 선호되었으며, 전직지원 서비스는 그런 과정을 지원하는 효율적인 방법이었다.

인수합병이 없는 기업에서도 전직지원 서비스를 광범하게 운용하였다. 1980년대 말과 1990년대 초기의 경기후퇴 등은 근로자에게 생산성을 더욱 높여야 한다는 압박요인으로 작용하였고, 구조조정과 기업규모 축소는 종종 관리차원에서 필요한 대응방안으로 고려되었다. 그런 상황에서 기업 관리자들이 생산성이 저조한 근로자들에게 관심을 두게 되었다. 수익률이 높았던 시절에는 그런 근로자들도 능력의 한계에도 불구하고 유지할 수 있었으나, 어려운 상황에서는 문제가 달랐다. 기업에서는 그런 근로자들을 몇 년 동안 유지하는 재무비용이 전직지원 서비스나 퇴직수당의 제공보다 훨씬 크다는 점을 인식하였다.[5]

전직지원 서비스를 이용하는 기업 조직의 다른 고려사항은 회사의 이미지였다. 기업은 공공 이미지 관리에 많은 관심을 가지고 있었기 때문에 구조조정에 해당하는 근로자들에 대한 관리와 관심을 보여주는 일은 매우 중요한 사안이었다. 근로자 해고와 관련된 기업의 처리 상황이나 관련된 한 마디, 한 마디, 특히 서투른 한 마디는 관련 산업 네트워크를 통해 신속하게 전파되었다. 성장 중인 기업의 명성은 이상적인 근로자들을 유인 및 유지하는 데 매우 필수적인 요인이었다. 따라서 그런 긍정적인 공공 이미지의 유지 및 창출을 위한 전직지원 서비스의 적용은 매우 효과적이었다.

전직지원 서비스를 이용하는 다른 이유는 기업 내부의 사기유지인데, 아무리 해고 등의 업무가 잘 처리되더라도 잔류한 근로자들의 두려움과 분노가 조직 내부에 퍼지기 때문이다. 근로자들은 다음 차례는 자신들이라고 생각할 수도 있다. 그러한 분노 상황 속에서는 동기부여가 미약해지고, 생산성도 감소하는데, 관리자들이 상황을 잘 설명 및 처리하지 못할 경우에는 사기저하의 형태로 나타난다. 해고 근로자에게 전직지원 서비스를 제공한다는 소식은 잔류 근로자들에게 긍정적인 영향을 미친다. 비록 잔류 근로자들의 두려움을 완벽하게 해소할 수는 없으나, 자신의 차례가 될 경우에는 이전 동료들과 동일한 지원을 받을 수 있다는 확신을 하게 된다.

또한, 전직지원 서비스는 예상되는 고비용의 소송도 회피하는 방안으로 고려된다. 해고 근로자들은 분노와 거부감으로 연령, 인종, 혹은 성적 차별 등을 받았다고 생각하는데, 소송은 관련자 모두에게 매우 많은 시간을 허비하게 만드는 고비용 절차이다. 만약 해고 근로자들이 전직지원 서비스에 참여해 생산적, 창조적인 방법으로 전진할 수 있는 도움을 받는다면, 그런 소송도 줄어들 수 있다. 전직지원 산업의 일각에서는 "전직지원전문가의 서비스를 받는 해고 근로자들은 변호사에게 자신들이 차별대우를 받았다고 말하지 않는다."라고 자랑스럽게 이야기한다(Sweet, 1989, 160쪽).

마지막으로, 전직지원 서비스는 종종 정치적이거나 혹은 스타일이 다른 해고 근로자들을 편안하게 만드는 데 활용되었다. 조사에 따르면 관리자급들은 약 75% 정도의 사례에서 수행능력의 저조가 아닌 다른 이유로 해고되었다. 그들은 관계문제 혹은 스타일이 다른 문제로 해고되었는데, 가장 많은 이유는 그들 상사와의 관계 문제였다(Sweet, 1989). 전직지원 서비스는 그런 변화과정을 유연하게 촉진하는 수단이다.

전직지원 서비스의 운용에 대한 상급관리자 컨설팅

▶ 전직지원전문가가 관리자급을 어떻게 지원할 수 있을까?

전직지원 서비스의 성장은 지원 기업 조직이 확실하게 서비스를 귀중하게 생각한다는 점을 대변한다. 서비스의 신속한 전파와 관련된 한 가지 이유는 상급관리자가 해결하기 힘든 과제의 해결을 지원한다는 점이다. 근로자들의 해고업무는 관리자의 업무 중에서 가장 어렵고, 항시 지속되는 하기 싫은 업무 중의 하나이다. 그래서 많은 관리자들은 그런 프로세스를 지원해 줄 전직지원전문가들을 초빙한다는 사실을 매우 기쁘게 생각한다.

경험 없는 관리자들은 해고 프로세스의 모든 측면에서 지원을 필요로 하는데, 관심 이슈들은 적합한 해고 근로자의 선별, 최적 면담시간 선정, 퇴직수당 발표 준비, 그리고 다른 필요 서류준비와 명확하고, 직접적이면서도, 동정적인 방법으로 해고와 관련된 면담을 실시하는 일이다.

더욱 경험 있는 관리자에게도 근로자 해고는 힘든 문제인데, 머뭇거리면서 갈등하는 자신을 발견한다. 그는 오랫동안 동료 근로자나 동료로 일해온 해고 근로자에게 동정심을 느끼며, 일부 관리자는 자신이 더욱 공식적인 주제를 가지고 회사를 대변하지만, 회사에 필요한 조치라고 인식하면서도 다른 사람에게 불편함 혹은 고통을 안겨준다는 사실에 대해 개인적으로 죄스러운 감정을 가진다.

케이트 에이[6]는 경험 있는 인적자원 관리자로서 지난 삼 년간 같이 일하고 있던 부하 근로자를 해고해야만 했다. 비록 지난 몇 년 동안 케이트는 동일한 해고면담 방법을 다른 직원들에게 여러 번 지도한 경험이 있었으나, 자신에게 그런 일이 닥치면서 매우 어려운 상황을 겪게 되었다. 면담 이전에 그녀는 자신이 이미 상당한 직접적 경험을 가진 이슈에 대한 코칭을 요청하였다. 무엇을 이야기해야만 하는가? 어떻게 하면 간략하게 말할 수 있을까? 해고 근로자가 감정에 치우치면 어떻게 해야 하나? 해고 사실을 어떻게 전달하고, 미래에도 긍정적인 관계를 유지하게 만들 수 있을까? 우리는 그녀의 우려 사항을 검토하고 몇 가지의 특별한 개입내용에 대해 토의하였으며, 해고통보자와 가까운 부하 혹은 동료에게 해고를 통보하는 책임이 매우 미묘한 일이라고 생각하였다.

전직지원전문가는 전직지원 프로세스를 진행하면서 다양한 시점에서 일자리 감소 및 해고에 개입한다. 종종 그 개입수준은 관련된 기업 관리자들의 사전경험과 안도의 수준에 따라 결정된다. 전직지원전문가가 초기 개입단계에서 투입될 경우에는 효과적이고도 전문적인 결과가 나올 수 있도록 기업 관리자들과 함께 일할 수 있다. 이는 다섯 가지의 주요 분야에 대한 관심의 투자가 필요한데, 기록물, 의사소통, 법적 문제 고려, 해고 면담, 그리고 행정적 준비이다.

기록물: 해고에 필요한 모든 정보는 분류, 확인 및 기록되어야만 한다. 기업은 근로자를 해고하는 표준절차를 준비, 그리고 승인해야만 한다.

의사소통: 전달해야 할 내용, 그리고 누구에게 해고통지를 전달할지 결심해야 하는데, 이는 내부 의사소통, 외부 의사소통, 그리고 해고자에게 직접 전달하는 방법들이다.

법적 문제 고려: 이는 조직과 개인 간의 법적 의무에 관한 내용으로서, 고려 이슈 중에는 해고조건, 계약의무(실제 혹은 추정), 그리고 고용 평등과 관련된 내용이다. 이런 이슈에 대한 기업의 정책 혹은 절차적 지침의 보유가 중요함을 다시 한 번 강조하고 싶다.

해고 면담(통보): 고려사안은 대상, 시간, 그리고 장소 문제이다. 해고와 관련된 메시지는 신중히 고려해야만 한다. 사실적이고 목적적이면서도, 정확한 메시지를 전달해야만 하고, 가능성 있는 근로자의 반응도 고려해야만 하는데, 사전준비가 핵심 사항이다. 일반적으로 해고면담은 관리자들이 해고와 관련하여 수행해야만 하는 가장 감정적인 책임 부분이다.

이 분야에 경험이 일천한 많은 관리자를 대상으로 한 회의에서 첫 해고 면담 시에 무엇을 말해야 하는지를 질문해보았다. 우리는 명확하고, 직접적이며, 간결하게 말해야 한다는 사실과 더불어 동정적이면서도 인간적이고, 경의를 표하는 형태로 진행해야 한다는 사실에 동의하였다. 그래서 아래와 같은 예문을 작성하였다.

존, 저는 회사에서 내려진 중요한 결정사항을 전달하기 위해 면담을 요청하였습니다.
최근 우리 회사와 에크메사와의 합병에 따라서 기업규모 축소가 진행되고 있습니다. 회사에서는 신중한 검토를 거친 끝에 많은 직위를 감소시켜야 한다는 결론을 내렸고, 귀하도 감소대상에 포함되었음을 알려드리고 싶습니다. 모든 결정은 신중하게 내려졌음을 말씀드리고 싶으며, 관리팀 전체가 검토한 사항입니다.

이런 상황이 귀하에게 어려운 문제를 안겨준다는 점도 인식하고 있습니다. 저는 이 시간을 통해서 귀하의 새 출발에 필요한 지원과 관련된 정보를 제공하고자 합니다.

회사에서는 훌륭한 전직지원전문회사인 디.디.엔에스사와 새 출발을 지원할 전직지원 서비스 제공계약을 맺었으며, 만약에 귀하가 원한다면 서비스를 이용할 수 있습니다. 그리고 특별히 전환과 관련된 세부사항과 절차에 대해서 몇 가지를 알려드릴까 합니다. 관련 내용을 설명하는 문서를 준비하였는데, 같이 한 번 검토해 볼까 합니다.

행정적 준비: 이 부분은 해고통지서의 준비를 말한다. 해고통지서의 준비는 건실한 관리행위로서, 해고 근로자를 대상으로 한 해고 토의의 서면확인으로서 행정적 차원의 내용이다. 해고 면담의 감정적 특성 때문에 대상자가 토의된 많은 내용과 관련된 세부사항을 잘 기억할 수 없으므로 매우 중요하다. 면담을 통해서 전달된 내용을 서면요약으로 전달한 이후에 해고가 실제적이고 회복이 불가한 문제라는 사실도 인식시

키면서 발생상황으로 인해 개인이 가질 수 있는 불신을 감소시킨다.

통지서의 내용은 사무적이면서도 전문성을 띠어야만 한다. 포함내용들은 해고될 근로자의 수준, 그리고 해고와 관련된 환경수준에 따라 변화한다(예: 대상자의 수행능력 부족). 언급해야 할 아이템들은 해고 유효 일자 확인, 퇴직수당 지급방법 및 액수(일시불, 혹은 순차적 지불), 그리고 휴가보상 등이다.

해고통지서는 조직의 책임 있는 권한자와 근로자가 서명해야만 한다. 일부 조직에서는 서명자 양측을 보호하기 위해서 공증도 한다.

이미 언급된 바와 같이, 전직지원전문가는 관리자들로부터 해고 프로세스의 몇 가지 혹은 모든 부분에 대한 컨설팅 요청을 받을 수도 있다. 전형적으로 경험이 일천한 관리자들을 대상으로 할 경우에는 더 높은 수준의 컨설팅이 필요하다.

요약하면, 전직지원전문가는 기업고객의 전직지원 기획 및 해고 시행이 전문성을 띠면서도 인간적인 차원에서 진행될 수 있도록 지원한다. 관리자에게는 근로자의 해고가 가장 어렵고도 바람직하지 않은 책임이다. 전직지원전문가는 해고가 기술적으로 유연하게, 그리고 건전한 판단하에 진행될 수 있도록 이슈의 전 범위를 관리자들에게 컨설팅한다.

■ 제3장

카운슬링 관계 설정

🔖　대부분의 전직지원전문회사는 해고 근로자에게 해고 이후 가능한 한 빠른 시간 내에 전직지원전문가를 만나보라고 권고한다. 본 장에서는 그런 카운슬링 관계가 어떻게 설정되는지를 논한다.

전직지원전문가의 첫 번째 과업은 고객과의 신뢰구축과 라포 형성에서 시작된다. 신뢰는 카운슬링 관계의 기초를 다져주며, 신뢰 설정의 방법은 경우에 따라 변화한다.

예를 들면, 어떤 개인은 특정상황에서도 불행하다는 생각을 전혀 하지 않는다. 29살의 존은 명석하면서도 특정한 기술을 가진 매우 두각을 나타내는 근로자로서 기업 재무 분야의 특기를 가지고 있었다. 독신인 그는 단지 자신에 대한 재무적 책임만을 지고 있었고, 유명 대학교에서 경영학석사 학위를 획득한 이후에 5년간 동일한 직무를 수행하였다. 그는 수행능력 평가에서 항시 우수함을 인정받았으나, 지난 12개월 동안 직무를 수행하면서 휴식을 전혀 취할 수 없는 상황에 있었다. 그는 기업의 구조조정이 자신의 변화를 야기할 절호의 기회라고 생각하였고, 남다른 명성을 가진 전직지원전문회사로부터 경력기획과 관련된 지원을 받을 수 있다는 사실 때문에 매우 고무되었다. 그는 이전에 경력기획을 위한 어떠한 지원도 받아본 적이 없었다. 존은 자신과 전직지원전문가 간의 공식관계를 고려한 이후에 첫 만남에서 생생한 정보교환을 하면서 매우 높은 수준의 신뢰와 라포도 형성하였다.

반면에, 50세의 조지는 지난 25년 동안에 많은 조직에서 부동산 및 시설 관리를 하였으나, 그때까지도 하급이나 중급 관리자급 수준을 벗어나지 못하고 있었다. 비록 그에 대한 전직지원 서비스 추천은 직위 감소라는 확실한 이유 때문이었으나, 상급 관리자가 그의 조직 기여도를 더 이상 인정할 수 없었기 때문이었다. 조지는 재혼한 상태로 가족부양과 자녀양육에 대한 의무를 지고 있었고, 회사 차량을 사용하고 있었으나, 해고를 통지한 날에 반납해야만 하였다. 그런 이유 때문인지 전직지원전문가와의 첫 만남에서 그는 분노와 긴장 상태를 보여주었다. 그는 자신의 직위감소 결정에 대해서 매우 놀랐으며, 자신의 연령대뿐만 아니라 부동산 시장의 현 상황을 고려 시에 구직이 매우 어렵다는 사실도 인식하고 있었다. 그는 자신에게 지급되는 일반적 퇴직수당 이외에는 다른 재무적 출구가 거의 없었기 때문에 전직지원 서비스가 자신에게 어떤 도움을 주는지에 대해서 질문하였다. 초기 몇 회차 만남에서 상당한 분노와 불신을 표현하였기 때문에 총 12회차 중 6회차까지는 신뢰 구축과 라포 형성이 매우 어려웠다.

전직지원전문가와 고객은 서로 매우 독특한 스킬, 스타일, 성격, 그리고 경험을 카운슬링 상황에 대입한다. 그래서 각 카운슬링 관계는 다소 다른 결과를 낳지만, 일부 일반적인 패턴과 주제에 대한 토의는 가능하다.

앞에서 우리는 전직지원 서비스를 제공하는 지원 기업 조직의 이득에 대해 언급한 바 있으나, 이 시점에서는 고객이 전직지원 서비스로부터 기대하는 이득을 고려해보는 일도 유용하다. 그런 기대이득은 고객이 전직지원 서비스에 가져올 동기의 수준에 큰 영향을 미친다.

고객들의 전직지원 서비스에 대한 이해수준과 유용성의 기대수준에 따라 그들의 동기 수준은 크게 달라진다. 일부는 서비스가 자신에게 유용하다는 점을 확신한 상태에서 전직지원전문가와의 첫 대면을 하는데, 신뢰성 있는 동료가 이미 전직지원 서비스를 이용해보고 추천한 경우이다. 이런 상황은 고용주가 제공하는 서비스의 성격과 질이 신속하게 전파되는 사내 전직지원의 경우에 빈번히 발생한다. 혹은 매우 효과적인 방법으로 자신의 경력 기획 및 관리를 해보지 않았다는 점을 인식하는 고객이 훈련된 전문가들의 지원을 환영한다.

다른 사람들은 전직지원 서비스의 긍정적인 성격에 대해 거의 기대가 없는 상황으로 서비스에 참여한다. 일부는 단지 이력서 작성을 지원하는 정도로만 생각하고, 다른 일부는 자신들이 이미 과거에 직업을 전환해보았거나, 혹은 새로운 구직자들을 고용해보았기 때문에 구직활동에 대해서 잘 알고 있다는 생각을 한다.

전직지원전문가의 초기 과업 중의 하나는 고객들에게 어떤 서비스가 제공되고 그를 통해 무엇을 얻을 수 있는지를 알리는 일이다. 고객이 얻을 수 있는 주요한 세 가지 범주의 이득은 아래와 같다.

첫째는 감성적 지원 및 동기 부여,

둘째는 경력 기획 및 직업 탐색을 위한 공고한 지원,

셋째는 행정서비스 지원이다.

감성적 지원 및 동기 부여

　고객들은 전직지원 서비스를 통해 다양한 감정을 경험한다. 분노, 고통, 두려움, 실망, 안도, 흥분, 그리고 희망 없음 등인데, 전직지원 서비스의 과정에서 발생하는 감정들이다. 따라서 전직지원전문가는 많은 양의 감성적 지원을 제공해야만 한다.

　로베타 오는 전직지원 초기에 심한 흥분과 함께 희망이 없다는 사실을 경험하였다. 48세의 그녀는 25년 전에 직장생활을 시작한 이래로 통제분야의 낮은 직급에서 계속 근무하였다. 그녀는 기업규모 축소로 자신의 직위가 감소하면서 조직 내의 다른 직위를 제안받았으나, 그 제안을 수용하지 않고 해고 수당 및 퇴직이 주는 혜택 쪽을 선택하였다. 그녀는 전직지원전문가에게 지금이 오랜 둥지를 떠날 적절한 시간이라고 말하면서 대학에 진학 혹은 다른 사업을 생각하고 있었다. 그녀가 처음 전직지원 사무실에 나타날 때에 흥분과 가능성이 혼합되어 있었고, 친숙하지 않은 분야로 진출해야 한다는 점에서 다소 신경이 날카로웠다.

　레이첼 비는 자신이 희생되었다는 감정적 배경을 지닌 채로 서비스에 들어왔다. 그녀는 동일회사에서 20년 이상을 근무하였는데, 자신의 부서가 다섯 명에서 두 명으로 감원된다는 사실을 인식한 이후에는 더욱 열심히, 그리고 긴 시간 동안 지푸라기를 잡는 심정으로 일했다. 그녀는 감원조치가 해당 부서의 장기적 생존을 암시한다는 사실 등에 대해서 관리자와 상의해본 적이 전혀 없었다. 다른 효율적인 관리자와 마찬가지로 관리자 측에서도 역시 그녀에게 어떤 명확한 정보를 제공하지 않았다.

그녀는 자신이 열심히 일하면 그런 상황 속에서도 안전할 것이라는 가정을 하였으나, 불행하게도 자신하고만 거래하고 있었고, 관리자 중 누구도 그런 상황에 찬성하지 않았다. 결과적으로, 그녀의 직위가 몇 달 이후에 사라지면서 자신이 배반당했고, 이용당했다는 감정을 느꼈다. 그녀는 전직지원전문가의 도움으로 그런 감정에서 벗어났지만, 초기에는 분노, 실망, 그리고 두려운 감정으로 전직지원 서비스를 받았다.

위의 여러 가지 사례가 말해주듯이, 전형적으로 고객들은 전직지원 서비스 초기에 많은 감정을 경험한다. 직장을 그만둔 사건은 그때까지도 생소한 충격으로 남아있는데, 일부 근로자는 아마도 삼 분의 일 정도의 서비스 프로세스가 지난 뒤에 별 어려움 없이 직업 탐색을 시작한다. 그러나 다른 근로자들은 상당한 분노, 고통, 그리고 미래에 대한 두려움에 휩싸여 있는데, 특별히 오랫동안 근무한 근로자들의 경우가 더욱 그러하다. 그들은 직업 안정성이 전형적으로 완벽히 보장되었던 시기에 입사하였고, 자신들의 모든 경력기간 중 동일한 고용주를 위해 일했다. 그제야 자신이 단 하나의 조직을 위해 일했다는 사실을 발견하면서, 자기 이미지의 많은 부분이 심각하게 손상되면서 일과 관련된 세계의 질서에 대한 감각도 흐려진다. 인위적으로 게임규칙이 무시된 상황 속에서 방향감각을 잊고, 불확실한 미래에 대응할 자원도 없다는 생각이 든다.

할은 주요 재무회사에서 21년의 경험을 가진 운용자로서, 키도 크고 날씬하였으며, 매우 탄탄한 건강도 지니고 있었다. 일의 세계에서 두각을 나타낸 그의 성공은 매우 큰 자랑거리였다. 해고된 며칠 뒤에 전직지원전문가를 처음 만났을 때에 며칠간 잠을 못 잔 모습을 한 상태에서 최소한의 눈 접촉만 하고 있었다. 질문에 대해서도 간단한 한 마디로만 대답하였고, 항시 전직지원센터의 구석에 앉아서 다른 고객과 최소한의 접촉만 하였다. 그를 잘 아는 고객들도 첫 몇 주 동안에 그의 존재를 거의 인식하지 못하였다. 그러나 시간이 지나면서 점차 전직지원전문가와의 면담에 적극성을 띠면서, 전문가의 격려와 지원을 통해 해고에 대한 자신의 실망뿐만 아니라 자신을 경외하던 커뮤니티에 대한 실망도 인식하였다. 추가로, 오랜 기간에 걸친 충성적인 근무도 이러한 위기에서 자신을 구해주지 못했다는 사실에 대해 불공평하다고 말하였다. 그의 직업 탐색은 전체적으로 6개월이 소요되었고, 약 일 년 전에 이전과 유사한 직위에 취업하였다.

상실감 이해 모델들

쿠블러-로스(Kubler-Ross, 1975)의 이론에서 알 수 있듯이 심각한 상실감은 슬픔으로 이어진다(Holmes&Rahe, 1967). 직업의 상실은 매우 주요한 상실로서 쿠블러-로스가 언급한 것처럼 슬픔의 단계로 진입하게 만든다.

첫째 단계에서 고객은 충격과 불신감을 경험하게 되는데, 거의 자지러진 상태에서 마치 세상의 종말이 온 느낌이 든다. 그런 충격은 부정을 동반하면서 개인적인 방어벽에 숨게 만들거나 혹은 표면적으로 실직 때문에 실망하지 않는다는 감정을 나타내게 해준다.

방어벽으로 들어간 사람들은 자신들이 네트워킹 혹은 다른 대면 접촉과 같은 외형적인 형태의 직업 탐색 활동과 시작하고픈 의지를 가질 때까지 몇 주가 소요된다. 그들은 서비스 시작 초기에 어떤 탐색활동에 몰입한다더라도, 거의 수동적인 형태(서신 작성, 신문 광고에 응답 등)로서 전직지원센터의 안전함 속에서만 실시하는 활동에 불과하다.

해고 때문에 실망이나 분노상태에 빠지지 않는 다른 고객은 언어적 표현과 비언어적 표현이 상반된 모습을 보이기도 하는데, 어떤 고객은 첫 만남을 마칠 때 "이 사무실의 빨간색 벽은 사람들의 분노를 끌어낼 것 같습니다. 색상 선택이 잘못된 것 같네요."라는 이야기를 하였다. 그러나 사무실의 벽은 안정적인 효과를 내기 위해 최근에 부드러운 핑크 파스텔색으로 칠해져 있다는 사실이다. 전직지원전문가는 침체감, 기력상실, 집중애로, 근육긴장, 혼란, 피상적 이야기, 그리고 초기의 충격상태를 보여주는 마비 등과 같은 고객의 행위적 실마리를 잘 기록해두어야만 한다.

두 번째 단계는 강한 능동적 감정으로 표출된다. 비록 슬픈 일이기는 하지만 분노로 노출될 가능성이 높다. 고객들은 근무기업에 충성을 다한 몇 년 동안의 근무 이후에 해고된다는 사실에 대해서 분노를 느낀다. 해고가 근로자 측에서 사용하는 용어가 아니므로 통상적으로 힘이 없다는 느낌과 어쩔 수 없다는 감정을 표출한다.

다소 통상적인 이런 분노의 표현은 개인이 다른 직위로 전환하도록 많은 기업이 제공하는 연계보수(bridging pay)를 대하는 고객의 태도에서 나타난다. 여론조사 기관인 쿠퍼 앤 라이브랜드사(Coopers&Lybrand, 1991)가 500개의 주요 기업을 조사한 결과 약 40%의 기업이 퇴직 시점에 보상과 관련된 총액을 지급하는 대신에 사전에 지정된 기간에 걸쳐서, 보수 형태로 지급하는 연계보수라는 이름의 퇴직금을 지급한다는 사실을 알았다. 전직지원전문가는 탐색 기간에 퇴직금의 지급형태가 고객의 행동에 영향을 미칠 수 있다는 사실도 명심해야만 한다.

마이크 엠은 19년 동안 근무한 50대 중반의 중간급 수준의 임원으로서 "이전 회사가 나에게 빚을 진만큼 회사가 제공하는 연계보수를 다 받을 때까지 실질적인 직업 탐색을 시작하고 싶지 않습니다. 그들로부터 가능한 한 많이 받아내고 싶네요. 그러면 안 되나요?"라고 반하였다. 마이크의 분노와 연계보수에 대한 태도는 전직지원 서비스의 진전을 진부하게 만든다. 그를 담당한 전직지원전문가는 진행의 촉진을 위해 다양한 개입을 시도하였으나, 연계보수가 종료되기 이 개월 전에 이르러서야 직업 탐색의 변화를 가져왔다. 그 시점에 그의 활동이 가속화되면서 몇 개월 이후에 재취업하였다. 그는 이전 기업에 대한 재무적인 보복을 비교적 완벽하게 하였다는 점에서는 '성공한' 고객이었다.

세 번째 단계에서는 슬픔 혹은 걱정거리가 깊어지는 것으로 특징이 나타나는데, 자기가치를 낮추는 느낌도 동반된다. 슬픔은 무언가 중요한 상실이 있으며, 회복될 수 없다는 인식에서 깊어지기 시작한다.

브리지스(Bridges, 1988)에 의하면, 개인이 직업상실 때문에 경험하는 상실감은 여러 가지 형태라고 한다. 첫째, 소속감의 상실이다. 직업상실은 개인의 특정한 관계, 혹은 단체 멤버십의 변화를 가져오며, 어딘가 자신보다 더욱 큰 그 무엇에 연계하고 싶은 감정으로 이어진다. 동료 근로자, 상사, 그리고 부하도 사라졌으며, 힘이나 자부심의 근원이었던 조직의 일부라는 감정도 사라진다.

두 번째 상실은 자신의 기반이었던 물리적 영역 혹은 책임분야의 상실이다. 개인이 근무하는 분야의 물리적 위치, 규모, 그리고 특징은 매우 중요한 기반 제공요인인데, 전직지원 서비스에 들어온 다수 고객은 이전의 고용주가 제공하던 개인 사무실을 떠나 전직지원전문회사의 공유사무실을 사용하면서 그런 상실감을 경험한다. 이전 고용주는 협업노력에 참여할 장소와 예상되는 노력을 모든 이들이 분담하는 방법을 사용하였는데, 예를 들면, 컴퓨터에 관한 모든 질문은 존에게, 마케팅에 관한 모든 질문은 메리에게 하는 것과 같은 방법이었다. 그런 책임분야는 존과 메리의 기반이었다. 이제 직업상실로 인해서 그런 책임을 수행할 물리적 공간과 분야는 사라졌다.

세 번째로 심리적인 구조물의 상실이다. 권한, 정책, 일정, 그리고 제한시간이라는 다양한 패턴들이 근로자를 둘러싼 구조물로 작용하는데, 그런 구조물들은 근로자들이 자신의 근로 생애가 예측불가 하거나 혼란스럽다고 생각하지 못하도록 막고 있었다. 실직에 처하면 그렇게 생각하던 개인이 매우 빠른 속도로 감압을 하는 심해잠수사와 같은 위험에 처한다.

네 번째는 실직 이후에 경험할 수 있는 미래에 대한 상실감이다. 실직은 문제가 발생하기 전까지는 신경을 쓰지 않았던 문제였으며, 대부분의 개인은 머리와 가슴에서 미래에 대한 기대를 하고 있다. 그런 기대는 계획, 꿈 혹은 비전으로 언급되지 않았고, 단지 미래가 어떨 것이라는 아이디어 수준이다. 만약에 실직이 그들의 꿈을 이룰 수 없는 수준까지 위협해오면 매우 혼란스럽게 된다. 각 개인은 미래의 꿈이 매우 중요하고, 수정이 용이한지 여부에 따라 변화의 정도가 다르다. 일부는 수정된 미래에 대한 비전을 신속하게 재창출하지만 다른 이들은 실직 이후에 새로운 계획 수립에 많은 시간을 소비한다.

통제감의 상실은 그때까지도 다른 범주에 속하는데 인생역정에서 무언가를 손에 잡기 위해 살아가지만 실직 때문에 결과물에 미칠 영향이 효과적이지 않을 수 있다는 생각을 하게 해준다. 다른 형태의 상실감과 같이 일부에게는 다른 사실보다 이 사실이 더욱 충격을 준다. 전형적으로 항시 통제 속에 머무는 상황(분 단위로 하루가 계획된, 결과물이 예상되고, 쉽게 측정되는)을 좋아하는 사람들은 이러한 형태의 상실감 때문에 큰 위기에 처한다.

그랜트 에이치와 엘리스 비의 예를 보면 사람들의 생각이 다르기 때문에 상실로 인한 영향도 다르다는 점을 상기시켜준다. 그랜트는 50대 중반의 컴퓨터시스템 전문가로서, 매우 수준 높은 대학교에서 박사학위를 받았으며, 세계적으로 알려진 연구소의 과학자/연구자로서 15년 동안 경험을 축적하였고, 그 이후에 유명 재무회사에서 10년 동안 근무하였다. 그는 실직에 따른 심리적 상실감으로 인해 어찌할 줄 모르면서, 통제감을 상실하였다. 실제로 그는 전직지원전문가에게 자신에게는 다양한 직업 탐색 주제를 좀 더 체계적이고 단계적으로 밟아주기를 희망하였다. 전문가가 틀에 박힌 듯한 접근법은 없다고 여러 번 조언하였음에도, 그는 자신의 주장을 굽히지 않으면서 직업 탐색 방법이 가장 논리적으로 전개되어야 한다는 생각을 가지고 있었다. 그의 요구는 실직 때문에 사라진 통제감과 구조감을 회복하고 싶은 매우 강력한 욕망을 반영하고 있다. 그는 전직지원 서비스 기간 중 단 한 번도 이전의 동료 혹은 상사에 대한 소속감이나 연결과 관련된 자신의 느낌을 표현하지 않았고, 대인관계 상실과 관련된 감정도 표현하지 않았다.

엘리스는 그 반대상황이었다. 그녀는 동일한 부서에 12년 동안 근무한 중년의 미혼 여성으로서 가장 아픈 상실감은 일과 관련된 소속감과 관계에서 나왔다. 그녀는 많은 동료 근로자와 매우 밀접한 관계

전직지원전문가 가이드 북

를 유지하였는데, 혈연관계도 아니고 다른 지역에 근무하고 있는 동료도 그녀를 가족과 같이 생각하였다. 일과 관련된 가치 있는 관계의 와해는 전직지원 서비스 초기에 더욱 많이 조명된 토의내용이었다. 엘리스의 직업 탐색과 관련된 진전은 전직지원 서비스 센터에 있던 그녀의 동료들과 새로운 관계를 일부 맺으면서 가속화되기 시작하였다.

비록 다양한 형태의 상실감 인식은 고통스럽지만, 시간이 지남에 따라서 실직을 제한적으로 수용하는 방법론을 터득하게 된다. 상황의 수용은 새로운 직업 혹은 방안을 고려할 가능성으로 이어지면서, 자기 존중감이 향상되고, 긍정적인 마음을 갖게 해주는데, 직업 탐색활동을 계획하고 시행할 동기가 확실해졌기 때문이다.

일부 참여자들로부터는 그런 단계를 인지하기가 매우 힘들다. 일부는 그런 단계가 단지 며칠에 불과할 수도 있으나, 힘들고, 좌절을 느끼는 다른 사람들은 실제로 대안을 고려하거나 탐색활동을 위해 결정적인 시간을 투자할 준비에 이르는 데 몇 개월이 걸린다. 어떤 사람들은 의지를 갖추고 서비스 프로세스를 시작할 수도 있으나, 특별한 어려움이 없어도 6주 혹은 8주 후에 슬럼프에 빠질 수도 있다. 이런 사람들은 감정적인 반응이 지연된 사람들이지만, 그 이후에도 더욱 깊은 슬럼프에 빠질 가능성이 있다.

전직지원 서비스가 실제로 암시하는 바는 전직지원전문가가 매우 다양한 감정을 처리해주어야 한다는 점이다. 전직지원전문가는 슬픔의 프로세스에 어떤 수준의 관심을 투자해야 하는지, 그리고 언제 고객들이 기획 및 활동단계로 전환할 준비가 되는지를 명확히 판단할 능력을 갖추어야만 한다.

고객들은 탐색활동이 전개되면서 나타날 수 있는 감정적인 롤러코

스터에 대한 교육도 받아야만 한다. 고객들은 불가피한 '상승 및 하락'의 단계 속에서 지원을 받거나 혹은 대응을 해야 하는데, 특별히 직업 탐색 활동이 몇 개월간 지속할 때에는 더욱 그러하다.

　장기적인 서비스를 받는 고객들이나 오랫동안 직업 탐색을 하는 고객들과 관련된 이슈는 매우 복잡성을 띠는 문제인데, 다음 장에서 더욱 깊이 토의한다. 그러나 현시점에서 언급해야 할 몇 가지는 아래와 같은데, 구직활동의 중간시점 혹은 마지막 시점에서 감성적 지원과 동기 부여를 하는 문제이다.

　첫째, 중간시점 그리고 마지막 시점의 감성적 지원과 동기 부여는 출발점에서 제공한 내용과 다르다. 출발점에서 전직지원전문가는 초기 신뢰 및 라포의 설정과 명확한 정보 제공 사이를 왕래한다. 전문가의 역할은 탐색활동의 초기 단계 이후에 변화되며, 새로운 역할의 시행을 위한 다른 기법을 필요로 한다. 예를 들면, 전문가의 역할은 구직활동 관리자 혹은 코치의 형태로 전환된다. 이는 고객의 구직활동과 초기의 문제나 장애물 식별능력을 세밀히 관찰한 이후에 가능한 그 내용에 대한 고객의 관심을 명확히 이끌어내 주는 역할이다. 이런 전문가의 조치를 일부 고객에게는 적용하기가 힘들 수 있는데, 그런 경우에 전문가는 더욱 자주 고객과 접촉을 하는 가운데 신뢰와 라포의 구축을 지속해야 한다.

　오랜 기간 지속하는 직업 탐색도 전문가에게 다른 형태의 영향을 미친다. 서비스의 초기 단계에서 일부 전문가들은 최선을 다하지만, 일부 전문가들은 일시적으로 고객과의 '거리를 유지'한다. 예를 들면, 일부 전직지원전문가는 상황이 새롭고, 신선한 상태이며 관련 지식전달이 매우 빠른 속도로 진행되는 시작단계에 가장 많은 관심을 느낀다.

그런 새로운 시점이 지나면, 일부의 관심과 열정은 감소한다. 그러나 일부 전직지원전문가는 높은 수준의 관심과 열정을 새로운 시점이 지나가도 그대로 유지한다. 전문가는 구직활동이 지연되는 시점에서도 도움을 주는 효과적인 지원수준을 유지하기 위해 노력해야만 한다. 그런 노력의 시행은 매우 힘들 수도 있는데, 특히 고객의 좌절이 심각한 수준이거나, 새로운 아이디어의 식별이 어려울 경우이다. 장기적인 카운슬링 관계를 유지할 수 있는 접근법과 기법 일부에 대해서는 이후의 장에서 토의한다.

■ 제 4 장

전직지원 카운슬링 검사

🔖 　전직지원 카운슬링 프로세스에서 검사는 매우 중요하다. 본 장은 전형적으로 검사와 관련된 일부 주제뿐만 아니라, 검사로 인해 야기되는 전문적 이슈들에 대해서도 살펴본다.

검사는 두 가지 주요 목표를 가지고 시행한다. 첫째 목표는 가능한 한 완벽하게 고객에 대한 그림을 그리는 것이다. 이는 가치, 흥미, 스킬, 스타일, 그리고 직업적 비전을 포함하는데, 검사에서 나온 정보를 통해 고객들의 자기이해를 가능한 한 도모해주어야 한다. 더불어 고객들이 자신의 직업, 경력, 그리고 생활양식에 대해 많은 정보를 가지고 결심을 내리도록 지원한다.

검사의 두 번째 목표는 고객의 자기 존중감 향상을 촉진시키는 것이다. 많은 고객은 일과 관련된 책임을 이행할 때에 자신이 사용하는 스킬을 분명히 인식하지 못한다. 그들은 주어진 과업을 일일 단위로 마치는 일에는 익숙하나, 어떤 스킬이 적용되었는지는 정확하게 이해하지 못한다. 예를 들면, 행정직 베네데트는 "컴퓨터에 자료를 입력하는 일이 내가 한 일이다."라고 말하는 직원이다. 그러나 전직지원전문가가 사정한 결과에 의하면 그녀는 자신의 직무를 수행하는 데 여러 가지

　　　　　　　　　　　　　　　　　　　전직지원전문가 가이드 북

스킬을 사용하고 있었다. 그녀는 복잡한 내용을 매우 정확하게 처리하였으며, 어려운 상황 속에서도 직무를 잘 수행하였다. 결과물도 반드시 시한 이내에 생성하고, 동료직원들과 협업도 잘하면서 신입직원들에게는 업무절차를 잘 설명하면서 도움을 주고 있었다. 베네데트는 자신이 산출하는 성과물을 더욱 명확히 이해할 수 있도록 지원을 받고, 그런 성과물을 생산하는 데 사용된 자신의 스킬을 이해한 이후에 자기 존중감이 상향되었다. 그녀는 '단지 컴퓨터에 자료를 입력하는 일'보다 훨씬 높은 수준의 일도 할 수 있다는 사실을 인지하였기 때문이다.

누구를 평가해야만 하는가?

아래 가이드라인은 전직지원 서비스를 선도하는 전문회사 중의 하나인 리헥트해리슨사에서 공식적인 검사의 인증 여부를 결심할 때에 사용하는 내용이다.

검사는 아래의 고객들을 이해하기 위해 실시한다.

1. 역전적 노동시장 상황 때문에 경력 방향의 변화를 모색해야만 하는 고객
2. 관리 스타일, 대인관계 역량, 혹은 개인적 동기 부분에서의 어려움으로 인해 이전의 직장을 떠난 고객
3. 해고의 방법 및 환경, 혹은 직업 탐색 그 자체로 인해 심각한 스트레스를 경험하는 고객
4. 가능한 한 자신에 대해 많이 이해하기 위해 검사를 요청하는 고객

5. 장기간에 걸쳐 감정적 조절에 어려움을 겪는 고객으로 전직지원전
   문가가 추가적인 치료를 추천할 수 있는 정보의 획득이 필요한 고객

위와 같은 가이드라인에 기초하여 고객에 따라 검사의 양과 형태가 달라진다. 공식 검사 기법을 사용하려는 결심은 세심하게 고려된 논리를 가지고 시행되어야만 한다. 전직지원전문가는 검사의 목표와 목적에 대해서 명확한 의견을 가지고, 적합한 검사 도구를 선택해야만 한다. 검사를 통해 가장 많이 다루는 주제 중의 일부는 아래와 같다.

꿈

사람들은 어린 시절에 미래에 어떤 사람이 될 것인지, 무엇을 할 것인지에 대한 생각과 꿈을 가지기 시작한다. 이러한 생각은 환상, 바램, 연극, 예술, 그리고 읽는 책을 통해 나온다. 그러나 불행하게도 많은 경우에서 그런 꿈은 실현되지 않는다. 시간, 돈, 재능, 그리고 동기라는 현실이 개입하면서 꿈을 수정하기 때문이다. 전직지원 서비스에 참여하는 고객들을 대상으로 하는 최초의 과업이면서 종종 가장 흥미로운 과업은 어릴 시절에 가졌던 꿈을 검사를 통해 다시 찾아보는 일이다. 다양한 검사방법이 존재하기 때문에 전직지원전문가들도 다양한 접근법을 시도한다. 이런 기본과제는 고객이 지향하는 미래의 방향 설정을 결심할 때에 어린 시절의 꿈과 바람을 재발견하도록 도와준다.

전직지원전문가는 꿈의 주제들 사이에서 세심한 균형을 유지해야만 한다. 다시 말하자면 가능성과 제한 사항을 세심히 관찰해야 한다. 일부 고객들을 대할 때 전직지원전문가는 "예, 그러나…"라는 현실

에 고객들이 신속하게 저항하도록 지원하면서 꿈의 확장을 격려할 필요가 있다. 다른 고객들에게는 현실적인 자료를 확인시킬 필요가 있는데, 그 이유는 그런 정보들에 꿈과 환상을 비추어보도록 하기 위한 목적이다.

더크 케이는 전자의 경우이다. 그는 경력 기획 시에 자신의 영역을 확대해줄 지원을 필요로 하였다. 더크는 20년 동안 동일한 재무서비스 조직 내에서 근무한 중간급 수준의 지원사무실 운영담당이었다. 그는 자신의 직위가 감축된다는 생각을 전혀 하지 않았기 때문에 다른 경력에 대해 생각해본 바가 전혀 없었다. 그의 직업 탐색이 지연되는 가운데 전직지원전문가는 그의 이전 흥미 사항을 재발견하도록 도와주었는데, 그러한 지원에 힘입어 더크는 많은 지역 장인들을 만나면서 자신의 손재주에 대해 많이 알게 되었다. 마침내 그는 지역 유리가공업자 밑에서 도제수련을 받게 되었고, 자신의 사업도 펼치고픈 꿈을 가지게 되었다. 전직지원전문가는 미래의 가능성에 대한 더크의 비전을 확장하는 데 기여하였다.

반면에, 워렌은 전문가의 지원을 통해서 특정한 현실을 잘 검토한 이후에 마침내 자신의 꿈을 찾았다. 워렌은 최근에 결혼한 30대 초반으로서 이름난 비즈니스 스쿨을 졸업한 고객으로서 자신이 지닌 투자가 정신에 대한 자부심을 가지고 있었다. 전직지원 서비스를 시작하면서, 워렌은 자신이 지향하는 사업은 유아 관련 시설을 다루는 고급시장이라는 생각을 표현하였다. 그는 그 시장이 잠재적으로 환상적이면서도 다수가 필요로 하는 서비스를 제공한다고 생각하였다. 그 꿈은 인생의 특정시점과 일치하고 있었는데, 그의 아내와 함께 몇 년 이내에 아이를 가질 생각이었기 때문이다. 다소 오랜 시장조사를 거친 이후에 실망스럽게도 관련 투자의 생존 가능성을 저해하는 다양한 규제와 부동산 구매, 그리고 높은 인건비 때문에 불가한 일이라는 결론을 내렸다. 그에 대한 서비스를 담당한 전직지원전문가는 현실적 장애물을 명확하게 평가하도록 지원하는 가운데 처음부터 성급하게 그의 꿈을 막지는 않았다.

가 치

가치는 우리가 경건히 여기는 생각이다. 우리 모두는 서로 다른 가치를 가지고 있는데, 사람마다 어떤 특정가치에 더 많은 관심을 기울인다. 예를 들면, 일부는 독립성과 개인적 자유를 안정성이나 친구 관계보다 더 중시하고 있으며, 어떤 이들은 개인적 성장보다는 높은 수입에 가치를 둔다.

직업환경도 상이한 가치를 그 속에 반영하고 있다. 예를 들면, 일부 환경에서는 개인적 주도성과 진취성을 강조하지만, 어떤 환경은 정해진 규정과 절차의 집중에 가치를 둔다. 전직지원전문가와 고객이 수행해야 할 과제는 직업에서 요구되는 가치와 고객 개인의 가치를 놓고 가장 최선의 공통점을 발견하는 일이다. 그 과제의 해결이 매우 어려운 이유는 근본적으로 직업 혹은 조직 고유의 가치는 명확하지 않을 뿐만 아니라 그곳에 두는 무게도 어느 정도인지 식별하기 힘들기 때문이다. 그래서 직업과 구직자를 놓고 가치의 적합성 여부에 대해 검사를 할 때는 종종 추론을 한다.

베네타는 자신의 가치와 제시된 조직의 가치가 매우 일치한 직업을 찾은 경우이다. 그녀는 대형은행의 회계부서에서 오랫동안 근무하면서 자신의 직무에서 요구하는 역량을 잘 발휘하였으나, 만족감을 느낄 수 없었다. 그녀는 자신이 속한 지역사회에 봉사한다는 생각으로 교회와 관련된 일에 더욱 열정을 보였다. 결국, 그녀는 지역사회 병원에서 동일한 재무업무를 하는 직업을 찾으면서 구직활동을 마무리하였는데, 그 조직의 가치 및 임무가 은행에서 일할 때보다 훨씬 적합하다는 사실을 발견하였기 때문이다.

흥 미

흥미는 특정 활동에서 더욱 중시된다. 경력과 관련이 있거나, 혹은 없는 흥미의 식별은 고객에 대한 완벽한 그림을 그릴 때 중요한 고려사항이다.

가장 많이 사용되는 흥미검사는 스트롱 흥미검사이다(Humsen& Campbell, 1985). 이 검사는 이미 존재하는 약 110개의 직업에서 만족감을 느끼는 직업인들의 흥미와 고객의 흥미를 비교한다. 이는 직업적성과 관련된 존 홀랜드의 이론에 기초한 홀랜드의 6개 주제와 23개 기본 흥미 분야의 점수를 보여준다. 스토롱 흥미검사는 유유상종(類類相從)이라는 가정에 기초한다. 다른 말로 표현하면, 개인의 흥미가 자신이 원하는 분야 직업인들의 흥미와 일치하면 할수록 그가 직업환경에 만족을 느낄 가능성이 높다. 스트롱 흥미검사는 존재하는 직업의 범위에 대해 다양한 그림을 그릴 때에 특히 유용한데, 자신의 직업 이외의 다른 직업을 모르는 고객들에게 매우 유용하다.

다른 고객들에게는 스트롱 흥미검사가 이미 고려하는 특정주제나 직업을 확신하는 데 필요한 자료를 제공한다. 예를 들면, 리차드 알은 티

브이 상업방송, 발간, 그리고 저작권을 포함하는 다양한 분야의 투자 업무를 수행하고 있었다. 그는 가장 최근의 직무에서 협소한 사업범위, 그리고 독자성의 결여로 인해 불만족을 느꼈다. 스트롱 흥미검사 결과는 그에게 몇 가지 포인트를 제공해주었다. 첫째, 그가 가장 흥미를 느끼는 직업은 창의적 흥미를 채워주고, 자율적 투자를 할 수 있는 형태라는 사실이었다. 둘째, 그는 광범한 흥미를 가지고 있었기 때문에 다각적이고도 다양한 활동에 참여하는 상황을 즐긴다는 사실이었다. 스트롱 흥미검사 결과를 검토한 이후에 그는 자신이 매우 긍정적으로 추구하던 방향이 적합하다는 사실을 강화하면서 서비스를 마쳤다.

스킬/성취업적

성인의 스킬이나 능력은 특정 운동 근육을 필요로 하거나 수동적인 손재주를 필요로 하는 매우 뚜렷한 비즈니스 상황이 아닐 경우에는 직접적으로 측정하기는 매우 어렵다. 특히, 전직지원 현장에서 보는 뚜렷한 스킬이 없는 개인들에게는 전체적으로 통용된다. 따라서 전직지원전문가는 다른 직업에 전용할 수 있는 소질을 식별하기 위해 고객의 성취 업적에 대한 세심한 분석을 해야 한다.

이런 검사목적을 지닌 다양한 도구가 있는데, 거의 모든 도구에서 고객들에게 성취업적 목록을 작성하라고 요구한다. 그 목록을 검토한 이후에 전직지원전문가와 토의를 하는데, 토의의 목적은 고객이 자신의 스킬을 어떻게 다른 직업이나 환경에 적용할 수 있는지를 명확하게 인식하기 위해 성취업적 작성결과에서 나타나는 스킬들을 식별하는데 있다.

성격/기질

성격 혹은 대인관계 스타일도 광범하다. 이 분야의 검사는 고객에게 더욱 두드러진 성향 일부에 대한 자료를 제공하는 데 유용하다. 예를 들면, 일부 개인들은 집단 속에서 일하는 상황을 선호하나, 다른 사람들은 혼자 일하는 상황을 선호한다. 가장 광범하게 사용되는 도구는 마이어스-브리그스 성격 유형검사(MBTI)이다. 성격 유형검사는 칼융의 개인 성격 유형에 기초하며, 비 판단적, 비 평가적 방법으로 개인의 차이점에 관한 검사를 해주기 때문에 고객의 관심을 끌 수 있다. 성격 유형검사와 관련된 많은 문헌을 언급하지는 않겠지만, 최근에 카운슬링 분야와 조직 분야에서 매우 광범하게 읽히고 있다. 이 검사가 적용되는 분야는 직업과 구직자의 적합성 여부, 인력관리에 필요한 차별적 요인의 이해, 그리고 감독과 관리 및 리더십이다. 이 검사는 고객들이 사고, 결심, 그리고 행동할 때에 특정 유형별로 다른 방법을 사용한다는 점을 보여준다.

검사시행 시 이슈들

이 시점에서 전직지원전문가들이 사용하는 검사방법뿐만 아니라, 그 사용과 관련된 이슈 몇 가지도 논해보고자 한다.

첫 번째 이슈는 전직지원전문가들의 검사 배경 및 훈련에 관한 내용이다. 일부 전직지원전문회사에서는 심리전문가들이 검사를 시행하는데, 그들은 상근직, 비상근직과 관계없이 다른 회사 소속의 전문가로 구성된다. 때때로 심리전문가들은 검사의 실시와 해석만 도맡아

하는데, 다른 경우에는 심리전문가들이 전직지원 프로세스 전반에서 일차 혹은 이차 전직지원전문가의 역할도 수행한다.

어떤 전문회사에서는 모든 전직지원전문가들을 검사에 참여시키는데, 이때 어떤 검사 도구를 어느 정도 수준으로 훈련하고, 자격을 부여하는지에 대한 이슈가 대두한다. 이런 형태로 검사를 시행하는 대부분 회사에서는 심리전문가가 아닌 전직지원전문가가 수행하는 검사를 제한한다. 검사 도구는 스트롱 흥미검사와 같은 흥미검사, 그리고 MBTI와 같은 성격 유형검사, 그리고 스킬 식별을 위한 도구를 포함하는데, 해당 전직지원전문가의 역량을 넘어선 검사 도구의 사용을 제한한다. 그러나 아직도 전직지원 서비스 분야에서 검사를 위한 훈련 문제는 민감한 사안으로 남아있다. 많은 경우에 전직지원전문가들은 충분한 훈련을 받지 않은 채로 검사 도구를 사용하거나 해석한다. 전문가들이 반드시 도구의 이점 및 제한점을 확실하게 이해하고, 검사자로서의 자신의 강점과 제한점도 이해하도록 조치해야만 한다.

두 번째 이슈는 검사의 범위 및 피드백의 성격이다. 검사 도구를 선택할 시에는 세심하게 판단해야만 한다. 경력전환의 심각성을 겪는 고객들에게는 더욱 광범한 검사가 적합하다는 생각이 들지만, 경력의 지속을 명백하게 추구하려는 고객들에게는 광범한 검사가 다소 부적합하다. 경력의 지속을 희망하는 참여자들에게는 초기에 광범한 검사 도구를 적용하지 않고, 전문가의 지원 아래 신속한 직업 탐색을 실시한다. 그들이 초기의 탐색노력을 통해 훌륭한 결과를 낳지 못할 경우에는 추가로 시행하는 광범한 검사나 피드백에 대해 더욱 수용적이기 때문이다.

결과의 해석 시에는 몇 가지를 중시해야만 한다. 첫째는 전직지원 서비스에서 전형적으로 사용하는 검사는 자기 보고식 검사를 포함한다는 점이다. 그 자료는 고객의 선택에서 나온다. 따라서 전직지원전문가는 검사절차를 비밀스럽게 하지 말고, 나타난 검사 결과가 개인의 숨겨진 부분을 말해준다는 이야기를 하지 말아야 한다.

다른 이슈는 전직지원전문가가 포괄적인 방법으로 검사 결과를 제시하는 일인데, 고객들이 수용할 수 있는 방법으로 제시해야만 한다. 전직지원전문가가 결과를 제시하고 패턴, 일치성 및 불일치성을 제시할 때에는 고객이 그 해석을 잘 이해한다는 피드백도 받아야만 한다. 검사 결과 프로파일을 고객들에게 제공하는 방법도 매우 유용한데, 여유시간에 고객이 다시 볼 수 있기 때문이다.

또 다른 이슈는 검사목적을 어느 정도의 범위까지 명심해야 하는지이다. 꿈, 가치, 스킬, 성취업적, 그리고 유형에 관한 정보는 고객들이 가능한 한 자기 이해를 잘 하도록 도와주고, 정보에 기초하여 직업, 경력, 그리고 생활양식에 관한 결심을 내리도록 촉진해준다. 일반적으로 검사수단의 논리성이 그들을 지배할 경우에 가장 도움을 주는데, 특정 검사자료가 제공하는 일부의 특정 이슈가 유용화 되기 때문이다. 단지 전직지원전문가의 호기심을 충족시키거나 혹은 모든 고객이 특정 검사를 해야만 한다는 전직지원전문회사의 정책 때문에 평가를 시행해서는 아니 된다.

요약하면, 평가는 전직지원 프로세스에서 매우 중요한 부분을 차지하고 있다. 전직지원전문가는 개인고객에게 실시하는 검사의 양과 형태를 결심할 가이드라인을 설정해야만 한다. 검사를 통해서 언급되어야만 할 주제는 고객의 스킬, 성취업적, 흥미, 스타일, 가치, 그리고 직업과 관련된 꿈이다. 또한, 검사의 시행과 관련된 많은 이슈 역시 고려해야만 한다.

제 5 장

성공적인 직업 탐색의 장애물

🔖 가장 포괄적인 전직지원 서비스의 근간을 형성하는 다양한 주제들이 있다. 그런 주제들은 전형적으로 자기평가, 목표설정, 이력서 작성, 면접, 그리고 연봉협상을 포함한다. 추가하여 네트워킹, 직접 메일, 그리고 마케팅 등과 같은 다양한 직업 탐색 방법에도 관심을 투자하면서, 구직 시장 연구와 채용대행자들을 대응하는 방법도 포함한다.

직업 탐색 주제를 매우 구체적으로 논한 훌륭한 저작물들도 많이 있다. 그중에는 『What Color is Your Parachute?』(Bolles, 1994)[7], 『The Complete Job Search Handbook』(Figler, 1988), 그리고 『Through the Brick Wall』(Wendleton, 1992)과 같은 저작물들이 포함된다. 직업 탐색과 관련된 정보를 알고 싶은 독자들에게는 이 책자들을 권한다. 이 책자들은 동일한 내용을 다룬다기보다는 다양한 직업 탐색 주제들을 색다르게 논하는데, 고객들이 다양한 주제에 대한 성공적 직업 탐색 활동을 하는 데 방해가 되는 내부적 혹은 심리적 장애물에 중점을 둔다. 추가로 본 장에서는 고객들이 구직활동을 하면서 어려움을 가질 수 있는 장애물이 되는 가장 통상적인 합리화 몇 가지를 논한다.

이러한 장애물 혹은 합리화를 식별하는 목적은 그 내용을 강조하여 고객들이 좀 더 쉽고, 효과적으로 직업 탐색 프로세스를 진행하도록 지원하기 위함이다. 몇 가지 경우에서는 추가 정보를 통해 장애물들을 극복할 수 있으나, 다른 많은 경우에서는 장애물에 대한 자세와 느낌도 언급한다. 본 장은 각 직업 탐색 주제를 언급하면서 관련된 주요 장애물 몇 가지를 강조하면서, 다양한 주제를 가로지르는 주요한 내용 중 몇 가지를 통합함과 동시에 전직지원전문가가 장애물을 극복하기 위해 어떻게 개입하는지에 대해서도 논한다.

직업 탐색 주제 및 장애물

▶ 자기평가

첫 주제는 자기평가이다. 본 주제는 고객들이 자신의 흥미, 스킬, 성취업적, 스타일, 그리고 직업 비전을 더욱 명확하게 식별하도록 지원하기 위해 전형적으로 직업 탐색 프로세스 초반에 실시한다. 자기평가를 둘러싼 고객들의 참여를 제한하는 장애물과 합리화는 아래와 같다.

- 검사 실시를 꺼림. 고객들은 이전에 평가한 경험이 있으며, 너무 평가적, 제한적이며, 유용하지 않다고 생각한다.
- 노출에 대한 두려움. 고객들은 평가도구가 자신들의 개인적 정보를 너무 많이 드러낼 수 있다는 점을 우려한다.
- 귀중한 시간의 소비. 고객들은 완벽한 직업 탐색 활동을 희망하며, 평가가 너무 많은 시간을 소비해서 자신들의 활동 속도를 지연시킨다고 생각한다.

- 평가의 잠재적 이점에 대한 언급이 없음. 일부 고객들은 평가도구에 익숙지 않으며, 평가를 시행하면 어떤 이득이 있는지를 모른다.
- 불필요. 일부 고객들은 자신에 대해 이미 많이 알고 있기 때문에 더 이상 평가를 통해 얻을 내용이 없다고 생각한다.
- 평가가 너무 심리적인 사항 중심이다. 일부 참여자들은 평가가 자신들을 '움츠리게' 만들기 때문에 흥미를 잃었다.

▶ 이력서 작성

다음 주제는 이력서 작성이다. 성공적인 이력서 작성을 방해하는 다양한 내부 장애물과 합리화는 아래와 같다.

- 아무것도 말할 게 없다. 일부 고객들은 자신들이 성취한 업적이 많지 않고, 스킬도 많이 보유하고 있지 않다고 느낀다. 그래서 이력서에 작성할 내용이 빈약하며, 인상적으로 작성하기 힘들다고 생각한다.
- 말할 내용이 너무 많다. 일부 고객들은 너무나 많은 성취업적이 있고 풍부한 경력 때문에 한 장 혹은 두 장의 이력서로 작성하기가 힘들다고 한다. 그들에게 한정적인 양을 요구하면 너무 제한적이고 모욕을 느끼게 만든다.
- 더 이상 바꿀 수 없다. 일부 고객들은 자신들이 무언가를 작성하면 변경할 이유가 없다고 생각한다. 만약 그들이 그때까지도 다양한 방안을 강구하고 있다면, 이력서의 완성이 너무 구속적이라고 생각한다.

- 실행 준비가 되어있지 않다. 고객들이 종종 자신들의 이력서를 요구하는 타인에게 이력서를 제공하고 있다면 구직활동이 잘 진행되고 있다는 의미이다. 그런 경우에 전달하기 위한 이력서를 준비하지 않았다면 아직도 결정적인 구직활동을 시행하지 않고 있다는 의미이다.

▶ 면접

　다음 주제는 면접이다. 대부분의 고객은 직업을 갖기 위해서는 예상되는 고용주와 면접을 보아야만 한다는 사실을 잘 알고 있다. 따라서 그들은 원칙적으로 면접지도와 훈련을 수용한다. 그러나 그런 코칭과 훈련을 전적으로 수용하지 않는 고객들도 있는데 단순한 생각을 가졌기 때문이다. 그런 고객들에게 면접은 고뇌의 연속인데, 그 여러 가지 이유 중 몇 가지를 아래에 예로 들어본다.

- 편안함의 결여. 일부 고객들은 면접상황을 당황해 하고 불편하게 생각하는데, 특히 그들이 '곤혹함을 느낄 경우' 때문이다.
- 난처함/상대의 거부에 대한 두려움. 일부 고객들은 면접에서 탈락하는 상황과 면접관에 의해 난처하게 되거나 부끄럽게 되는 상황을 매우 걱정한다.
- 과도하게 방어적 자세를 취함. 일부 고객들은 면접을 일방통행이라고 생각하는데, 모든 질문에 답하면서 점수를 높여야만 하기 때문이다. 그들은 면접이 희망직업과 자신의 적합성을 평가하는 적법한 정보의 양방통행이라는 생각은 하지 않는다.
- 결과에 대한 희망을 품지 않음. 일부 고객들은 아무리 열심히

준비하고 노력해도 결과가 크게 변하지 않는다고 생각한다. 그들은 성, 나이, 용모, 신뢰성 결여, 혹은 다른 요소 때문에 고려해볼만한 채용대상에서 자동 탈락한다고 느낀다.

· 외부인들과 경쟁할 수 없음. 고객들은 채용예정인 직위가 불가피하게 내부 인력으로 충원된다고 생각한다. 자신들이 어떻게 회사의 업무지식을 잘 갖춘 사람들과 경쟁할 수 있을까? 그런데 왜 면접으로 괴롭히는가?

· 구인자들은 낚시질만 하고 있음. 구인자는 나에게 큰 관심이 없다. 구직자들이 구인자가 요구하는 경쟁에 참여했기 때문에 면접을 볼 따름이라고 생각한다. 구인자는 면접을 이용해서 구직자가 가진 정보만 획득할 따름이다.

▶ 네트워킹

대부분의 고객이 불가피하게 참여하는 면접에 비교해보면 네트워킹에서는 더욱 많은 장애물과 합리화가 머리를 든다. 이 방법은 많은 전직지원전문가가 촉진시키는 직업 탐색 기법이다. 많은 임원급은 궁극적으로 이 방법에 기초해서 구직을 하는데, 아직도 고객별로 일정한 범위의 어려움을 안겨주는 접근법이다. 네트워킹을 회피하게 하는 장애물과 합리화 일부는 아래와 같다.

· 분노. 고객들은 실직으로 인해 분노하고 있으며, 구직을 위해 네트워킹을 두드렸다는 사실에 대해서도 분노를 금치 못한다.

· 사람들을 이용하거나 지원의 요청을 꺼림. 고객들은 네트워킹을 하면서 지원을 '구걸'한다는 느낌을 가진다. 자신들이 굽실

거린다라는 생각을 함과 동시에, 자신들의 조그마한 이익 때문에 사람들을 이용한다는 느낌도 들게 된다. 일부는 다른 사람에게 무엇을 요청하는 일이 자신의 독립성과 타협하는 일이라고 생각한다.

- 다른 사람들은 너무나 바쁨. 특정 고객들은 다른 사람들이 너무 바쁘기 때문에 정보를 수집하려는 자신 때문에 방해받거나 이야기할 시간을 투자할 수 없다고 생각한다.

- 거부의 두려움. 고객들은 잠재적인 네트워킹 대상으로부터 거부당하는 일을 두려워하는데, 간단한 만남을 요청해도 거부당할 것이라고 생각한다.

- 인적 네트워크가 많지 않음. 고객들은 자신들이 네트워크를 가지고 있지 않다고 생각하면서, 지원해줄 사람이 누구인지를 알지 못한다.

- 접촉해야 할 사람들은 다른 수준임. 고객들은 채용 결정을 할 수 있는 사람들을 모르기 때문에 네트워킹을 할 이유가 없다고 생각한다.

- 접촉해야 할 사람은 관련 산업에 근무하지 않음. 종사하는 산업을 바꾸고자 하는 고객들은 자신들이 오로지 이전에 근무했던 산업 종사자들만 안다고 생각한다. 그들은 새로운 목표산업에서는 아는 사람이 없다고 생각한다.

- 접촉해야 할 사람들은 먼 곳에 있음. 고객들은 새로운 지역에 대해서 아는 바가 없으며, 아직도 이전에 있던 지역에만 거주해야 한다고 생각한다.

- 자신을 손상된 상품이라고 생각함. 고객들은 취업상태에 있는

사람들이 실직자인 자신들을 만나주지 않는다고 생각한다. 실직 상태라는 의미에는 심각한 흠이 있다고 생각한다.

- '새로운' 아이디어 시행에 대한 의지 부족. 일부 고객들은 이전에 자신들에게 작동되었던 구직활동 방법만을 배타적으로 사용하고자 한다. 예를 들면, 이전의 탐색 시점에 비해 현재의 시장 상황이 변화되었음에도 불구하고 이전에 즐겨 했던 광고나 채용자들에게 집중한다. 만약 그런 광고나 채용자가 이전에 잘 작동했다면, 왜 지금 새로이 네트워킹할 필요가 있을까?

- 동일한 상황에 있는 나 혹은 다른 사람들에게 작동되지 않음. 고객들은 자신들의 상황을 완전히 특이하고, 차별적인 상황으로 보고 있다. 다른 사람에게 작동하는 방법은 자신들에게는 작동하지 않는다고 보는데, 그 이유는 특이성과 차별성이다.

- 위협. 일부의 고객들은 네트워킹을 무서워한다. 일부는 전화를 거는 상황, 혹은 대면을 하는 상황을 불문하고, 대인관계 상황을 불편하고 비효과적이라고 말한다.

- 기법 부족. 물론, 일부 고객에게 네트워킹의 기본 원칙과 기법을 숙지시킬 수 있는 지원이 필요하다.

▶ 채용대행자

다른 주제는 채용대행자를 이용하는 방법이다. 고객들의 채용대행자 사용을 가로막는 여러 가지 설명이 있는데, 아래는 그 몇 가지이다.

- 대행자는 윤리적이지 않으며, 너무 얄팍하다. 고객들은 모든 대행사들을 유유상종으로 본다. 그 모두가 신뢰성이 없으므로,

회피해야 한다는 생각을 하고 있다.

- 거부될 수 있거나 급속한 해고에 대한 두려움. 고객은 채용 대행자로부터 비인간적인 대우를 받을 것으로 예상하기 때문에 회피한다.

- 나의 기회를 손상. 일부 고객은 모든 채용대행자가 자신의 이력서를 서로 공유한다고 생각한다. 이런 생각에 기초하면 몇 가지 문제가 발생한다. 첫째, 고객이 자신의 직업 탐색에 대한 통제력을 잃는다. 둘째, 고객들이 기업에 직접 접근할 기회를 상실한다.

- 나의 산업/기능은 상이함. 고객은 자신이 종사한 산업과 기능이 독특하다고 생각하기 때문에 채용대행자들이 효과적으로 일해주지 못한다고 생각한다.

▶ 직접 메일

세 번째 주요한 직업 탐색 기술은 채용공고에 대응하거나 혹은 상대가 원하지 않는 직접 메일을 송신하는 형태인데, 기업에 대해 맹목적으로 서신을 보내는 방법이다. 여기에도 많은 장애물과 합리화가 있다. 그 내용은 아래와 같다.

- 너무 경쟁률이 높음. 고객들은 모든 채용광고에는 너무 많은 지원자가 몰리기 때문에 이력서를 제출해도 소용이 없다고 생각한다.

- 나의 배경은 너무 다양하고 광범함. 고객들은 채용공고가 너무 특정한 자격을 요구한다고 생각하고, 자신의 배경이 너무 광범

하고 일반적이라면 직무 요구조건에 잘 매칭되지 않는다고 생각한다.

- 너무 높은 수준을 요구함. 단지 평범한 구직자로서 채용공고가 과다하고 높은 자격수준을 요구한다고 본다. 모든 자격조건에 부합할 수 없기 때문에 응답할 필요가 없다고 생각한다.
- 메일을 잘 쓸 수 없음. 메일을 잘 작성할 능력이 없을 때에는 그것도 하나의 스킬 분야로 간주하면서, 서신은 큰 영향을 미치지 못한다고 생각한다. 결과적으로 시도할 가치가 없다.
- 메일이 누구에게 가는지 모름. 요구하지 않은 직접 메일을 쓸 경우에 누구에게 메일을 보내야 할지 모르기 때문에 이 접근은 자신들에게 작동되지 않는다.
- 시간이 너무 소비됨. 요구하지 않은 메일을 보내면서 수신자를 정확히 식별하는 데는 너무 오랜 시간이 걸린다고 생각한다. 또한 많은 메일을 쓰는 일은 시간 낭비라는 생각을 한다.

▶ 검색 자료

다음 주제는 직업 정보를 이용한 방법인데, 많은 고객들이 다소 이를 어렵게 생각한다. 검색 내용을 효과적으로 이용할 수 없게 만드는 장애물들은 아래와 같다.

- 정보 부족. 고객들은 어떤 문헌을 연구해야 하는지, 그리고 가용한 자료를 어떻게 생산적으로 활용할지를 모른다.
- 필요하거나 도움이 된다는 확신이 없음. 고객들은 자료 검색이 자신의 직업 탐색 활동을 얼마나 효율적으로 만드는지를 이해

하지 못한다. 가장 중요한 직업 탐색 활동은 대면접촉을 포함한다고 생각하면서, 구직정보 탐색은 훌륭한 시간사용이 아니라고 생각한다.

· 너무 평범한 과업으로 봄. 일부 고위급 구직자들에게는 정보 및 자료획득을 위한 문헌탐색이 이전에 하급 근로자에게 자신들이 시킨 일과 비슷하다고 생각한다. 그래서 그런 일 자체에 불편함을 느낀다.

· 문헌 탐색을 일반적으로 싫어함. 일부 고객들은 학생 혹은 비즈니스 시절의 경험을 보유하고 있다. 따라서 문헌 탐색은 시간소비, 혼란, 그리고 관리하기가 힘들다는 느낌을 가지고 있다.

▶ 보수 협상

직업 탐색의 마지막 주제는 보수 협상이다. 다른 모든 주제와 같이 여기서도 장애물들이 존재하는데 그중에서도 더욱 평범한 내용은 아래와 같다.

· 이전의 경험이 없음. 고객들은 협상 요소가 잠재해 있는 채용제안을 받아본 적이 없다.

· 채용제안을 잃을 것 같은 두려움. 고객들은 자신들이 협상할 경우에 잠재고용주를 자극하고 채용제안을 잃을 수 있다는 생각을 한다.

· 주장의 어려움. 일부 고객들은 모든 상황에서 자신의 주장을 하기가 어렵다는 생각을 한다. 다른 사람을 대신해서 주장은 할 수 있으나, 자신을 위한 주장은 다소 제한해야 한다는 생각

을 한다.

- 나 자신은 단지 직업을 원하기 때문에 어떤 제안을 받아도 좋다는 생각. 일부 고객에게는 실직의 경험이 매우 힘든 경험이었기 때문에 주장은 하지 않는다. 그들은 상황이 절망적이라고 느낄 때 에는 보수협상을 할 수 있는 여지가 있음에도 불구하고 잠재고용주가 최초에 제안한 내용을 그대로 수용한다.
- 채용 시장이 너무 경쟁적이라서 협상의 여지가 없음. 고객들은 시장 상황이 고용주에게 유리한 쪽으로 쏠려있기 때문에 협상의 여지가 없다고 생각한다. 고용주들은 항상 동일한 직위에 다른 사람을 채용할 수 있다는 생각을 하고, 기업은 자체의 엄격한 절차와 보수 지급지침을 가지고 있기 때문에 협상이 어렵다는 생각을 한다.

주요한 주제 및 전문가의 개입

다양한 직업 탐색 주제 전반에서 발견되는 장애물 속에는 많은 기본적인 주제가 발견된다.

첫째는 정보 혹은 경험의 부재이다. 이는 다양한 직업 탐색 전략 및 기법의 구사에 필수적인 좋은 정보가 부족하다는 이야기이다. 즉, 직업, 산업 및 경력에 대한 정보의 부재로 볼 수 있다. 또한, 직업 탐색 활동을 능동적으로 수행하지만 주요한 직접적 경험이 없다는 이야기도 된다.

이러한 주제에 대한 가능성 있는 전문가의 개입은 아래와 같다.

- 고객이 직접 많은 직업, 목표기업, 그리고 산업개관에 대해서 많이 배울 수 있는 적합한 문헌 자료를 탐색하도록 개입한다.
- 직업, 기업, 그리고 산업에 대한 일차적인 정보를 획득할 수 있도록 고객들의 네트워킹을 독려한다.
- 직업 탐색 주제들을 상당한 수준으로 토의할 수 있는 포괄적인 워크숍을 개최한다.
- 정보 혹은 경험이 부족한 고객들이 경험 있는 동료들로부터 배울 수 있도록 직업 탐색 팀 혹은 그룹을 구성한다. 만약에 전직지원전문가의 조직이 그런 정도의 그룹을 구성할 정도가 아니라면 고객에게 그런 내용을 전달해줄 수 있는 종교기관, 모임 혹은 사회단체의 식별을 지원한다.
- 전직지원전문가가 지원하는 과거나 현재의 고객들이 보유한 직업탐색 경험에 기초하여 적합한 사례정보를 제공하여, 참고하도록 한다.
- 전직지원전문가 자신의 직업 탐색 경험과 관련된 적합한 일화적인 사례정보를 제공한다.
- 다양한 직업 탐색 주제에 대해 독서할 수 있는 적합 자료를 제시한다.
- 네트워킹 목적으로 대학교 동창모임에 등록하도록 격려한다.
- 더욱 경험 있는 구직자와 접촉할 수 있는 기회를 제공하기 위해 노력한다. 일부 고객들은 그룹 참여보다는 일대일 상황을 더욱 선호하기 때문이다.

요약하면, 정확한 최신정보를 포괄적으로 그리고 관리 가능한 형태로 수집하여 많은 장애물을 극복하는 방안이다. 성공적인 직접적 직업 탐색 경험 역시 그런 장애물을 극복할 수 있다.

두 번째 주제는 거절과 노출의 두려움이다. 직업 탐색은 자신을 노출시킨다. 직업 탐색은 자신에게 질문하는 다른 개인들 앞에 자신을 노출시키는 프로세스로서 의심의 여지 없이 자신에 대한 인상을 형성시키는 절차이다. 많은 고객은 그러한 상황을 꺼리는데, 그들이 우려하는 바는 거친 판단 속에 들어가서, 비판적인 평가를 받고, 궁극적으로는 거절당하는 일이다.

이러한 주제에 대한 전직지원전문가의 가능한 개입은 아래와 같다.

- 재구성. 이 기법은 고객들이 거절당한 경험을 다른 관점으로 생각해보게 한다. 예를 들면, 전문가들은 직업 탐색 프로세스에서 일정한 거절은 불가피하다고 고객이 생각하게끔 지원한다.
- 고객들은 직업 탐색 시에 '예스'라는 말을 듣기 이전에 수많은 '노'라는 말을 듣게된다. 고객들은 숱한 '노'를 경험한 이후에 조만간에 '예스'라는 말을 듣게 된다.
- 혹은 직업 탐색의 양과 속도의 관점에서 거절을 재구성. 많은 거절은 고객들이 많은 양의 직업 탐색 활동을 한다는 증거이다. 속도에 있어서도 고객이 면접 이후에 거절을 받았을 경우라면 적어도 면접까지 도달했다는 점에서 자신에게 보상을 줄 수 있는데, 많은 경쟁을 통해서도 면접에 도달하지 못하는 경우도 많기 때문이다.
- 거절의 가능성을 인정하고 그에 대한 대비책을 세우는 직업 탐색 전략을 채택. 전직지원전문가 고객이 어떤 직무에 지원할 때

에 '자신이 가진 모든 것을 거는 행위'를 자제하도록 하는데, 거절을 당할 경우에는 처음부터 상처를 받게 되기 때문이다. 항시 '추진하는 다른 계획'을 가진다면 동력을 유지하게 된다.

- 거절을 예상하고, 사전에 재도약전략을 수립. 고객들은 사전에 전직지원전문가와 함께 거절의 경우에 대응하는 방안을 사전에 정해둔다. 예를 들면, 고객들은 일정한 양의 새로운 서신을 송신한다. 혹은 고객들은 기업의 거절과 관련된 결심논리가 무엇인지를 알기 위해서 방어적 자세가 아닌 방법으로 피드백을 받기 위해 거절을 받은 일주일 이내에 결심권자를 재접촉하기로 약속한다. 이런 조치는 미래를 지향하는 고객의 위치를 공고히 해준다.

- 개인 참여자로서 거절의 의미를 완전하게 이해. 많은 사람들에게 거절은 각기 다른 의미를 가진다. 각 개인은 서로 다른 경력을 가지고 있기 때문에 거절에 대해 서로 다른 동적인 대응을 한다.

- 전직지원전문가는 거절의 의미를 사전에 알 수 없다는 사실을 인지하고, 고객별로 거절의 특별한 의미가 무엇인지를 연구 및 탐색하도록 한다.

- 개인의 이야기를 관찰. 전직지원전문가는 거절에 대해서 고객이 홀로 하는 생각이나 이야기를 발견해야만 한다. 그런 방법을 통해서 유해한 가정이 존재할 경우에 고객과 논의를 하고 대응해야만 한다. 이는 혼자의 이야기가 파괴적으로 지속되는 사태를 방지한다.

- 거절 받을 경우에 좋은 느낌이 아니라는 사실을 인정. 고객들

의 느낌은 확인되어야만 한다. 거절은 아픔을 동반하고 있기 때문에 다른 사람들이 자신의 느낌을 이해하고 동정한다는 사실을 알게 되면 감사하게 생각한다.

세 번째 주요 주제는 목표설정이다. 다수 고객들의 큰 어려움은 목표 혹은 방향에 대한 확신 없이 직업 탐색을 한다는 사실이다. 전직지원전문가는 특정 고객들의 경력을 펼쳐보면서 목적을 가진 경력기획이나 목표 설정이 매우 부족하다는 이야기를 자주 한다. 그런 경우의 관성은 매우 강해서 다른 사안으로 이어지면서 영향을 미친다. 그러나 실직은 종종 정신적 쇼크 혹은 아침 기상신호로 인식되면서, 다수는 어느 정도 방황을 한 이후에 최초의 명확한 목표와 방향을 설정하는 과업으로 들어간다.

불명확한 목표에 대해 전직지원전문가가 개입 가능한 내용은 아래와 같다.

- 스킬, 성취업적, 흥미, 가치, 스타일, 그리고 직업 비전 혹은 환상에 대한 완벽한 평가를 통해 고객을 안내하는데, 서면 혹은 대면으로 평가내용을 토의한다.
- 즉각적, 단기적, 그리고 장기적 목표를 설정한다. 고객들은 경력 목표가 단기간이 아닌 점차적인 방법으로 수립되는 것으로 알고 있기 때문에 그 과정에서 성취 가능한 일정표를 작성하는 것이 중요하다. 그런 조치는 장기적인 목표를 지향하는 가운데 동기 및 사기의 지속도 가능하게 해준다.
- 목표는 정의되고 측정될 수 있음을 확신한다. 고객들은 자신들

이 얼마나 성취하였는지를 판단할 필요가 있다. 또한, 그 목표가 언제 달성되었는지도 알아야만 한다.

- 고객들은 자신의 목표가 다른 사람들의 관심과 필요에 얼마나 부응하는지를 알기 위해서 소중한 사람들과(배우자, 자녀, 친구, 친척) 자신들의 목표에 대해 토의해야 한다. 소중한 다른 사람들의 지원은 매우 중요한데, 그들이 목표설정 과정에서 배제될 시에는 지원획득이 불가하다.

- 고객 자신이 수립한 목표가 적합한지에 대해 신뢰하는 동료들로부터 피드백을 받는데, 그 과정을 전직지원전문가가 지원한다. 그런 동료나 친구들은 고객의 가족보다 더욱 목표지향적일 수 있는데, 특정 결과에 대한 이해관계가 없기 때문이다. 따라서 그들의 조언은 매우 소중하다.

- 단지 고객들의 경력기획만이 아닌 인생기획에도 중점을 두도록 지원 해야 한다. 고객들의 경력목표와 가족, 종교, 취미, 사회와 같은 중요한 인생의 다른 분야와의 관계는 무엇인가?

- 목표를 달성하는 데 도움이 될 수 있는 자산을 식별하기 위해 고객과 전략을 수립한다. 자산식별은 감정적 지원, 재무적 지원, 행정적 지원, 정보, 조언, 그리고 접촉해야 할 사람들을 포함한다.

- 고객과 목표달성을 방해할 수 있는 장애물을 제거할 전략을 수립한다. 사전에 장애물을 식별한다면 발생 시에 처리하기가 더욱 용이해진다. 장애물을 극복할 수 있는 방법은 별도로 토의할 수 있으며, 추가로 이차적인 혹은 예비 목표를 식별하여 특정 장애물을 극복할 수 없을 경우를 대비해야만 한다.

- 고객이 목표를 생성하는 다양한 접근법을 사용하도록 지원해야 한다. 전문가는 고객이 문제 해결이나 결심 시에 선호하는 방법이 극대화될 수 있도록 지원해야만 한다. 또한, 문제 해결이나 결심의 질을 높이기 위해서 익숙하지 않은 접근법도 사용하도록 독려해야 한다. 예를 들면, 전형적으로 논리적이고 개인적인 분석에 과도하게 의존하는 고객에게 직관, 환상, 시각자료, 그리고 기타 자료도 사용하도록 독려해야만 한다. 직관적이고, 비선형적인 접근법을 이용하는 고객은 찬반 목록, 결심 지원도표, 그리고 기타 논리적, 선형적 접근법을 이용하도록 격려해야 한다.
- 요약하면, 자신의 목표와 방향에 대한 큰 확신을 가진 고객은 구직활동에서 그렇지 못한 고객들보다 훨씬 더 동기 부여될 수 있다. 전직지원전문가의 주요한 도전은 고객이 자신의 경력기획 및 직업 탐색 노력을 촉진시킬 명확한 목표를 설정할 때에 가능한 수준에서 효과적으로 지원하는 일이다.

네 번째 주요 주제는 자신감 혹은 자기 존중감의 부족이다. 실직의 경험은 이미 자신감을 상실한 고객뿐만 아니라, 자신에 대한 확신이 매우 높은 고객들의 자신감까지 뒤흔들어놓는다. 많은 고객은 자신이 특정 고용주에게 관심을 보일 경우에 다른 고용주는 자신에게 관심을 두지 않는다고 오해한다.

고객의 자신감 결여에 대한 전직지원전문가의 가능한 개입은 아래와 같다.

- 고객들이 과거의 개인 성취업적이나 성공에 대한 관심을 투자하도록 지원한다. 종종 성취업적을 통한 자기평가 연습은 자신의 스킬을 더욱 명확하게 식별하게 해주며, 잠재 고용주들에게 자신의 가치를 더욱 잘 표현하게 해준다.

- 고객들로 하여금 과거의 개인 성취업적이나 성공에 대해 많은 관심을 두게 한다. 동일한 개인평가를 통해 개인적 성취업적에 사용되었던 스킬을 식별하도록 도움을 준다. 성취업적은 가족, 사회, 종교, 교육 혹은 운동을 배경으로 나타날 수 있는데, 이런 성취업적에서 나타나는 특정 스킬들은 일의 현장에 더욱 완벽하게 전용될 수 있다.

- 고객들이 이전의 약점이나 실패를 어떻게 성공적으로 극복하였는지를 이해하는 일도 지원한다. 모든 개인들은 적어도 실망과 실패로부터 자신들을 재활하게 해준 특정한 대응전략을 발전시켰다. 고객들은 이전에 자신이 어떻게 대응했는지를 인식할 필요가 있으며, 실직에 대응하는 성공적인 전략으로 사용할 수 있다.

- 가족, 친구, 귀중한 동료 및 친구들로부터 강점, 자산, 스킬, 그리고 제한점을 피드백 받도록 고객들을 고무시킨다. 이런 피드백은 소중한데, 고객 자신이 제공할 수 있는 자산에 대한 확신을 강화시킨다.

- 고객들이 즐거운 활동을 하도록 독려한다. 일부 고객에게는 여가, 레크리에이션, 혹은 문화적 활동의 즐거움을 배제하고픈 마음이 존재한다. 그들은 그런 일을 추구하면서 시간과 돈을 사용해서는 안 된다는 생각을 한다. 구직활동 중인 고객들은 직

업 탐색에 많은 시간을 쏟아야 하지만, 그런 즐거운 활동을 완전히 배제할 수는 없다. 그런 활동들은 자기표현, 휴식, 스트레스 감소, 지인들과의 관계, 완성감, 혹은 경쟁심과 같이 필요요소에 접근할 기회를 제공한다.

- 고객들에게 다른 가능성 있는 자기존중에 중점을 두도록 격려한다. 전직지원전문가는 고객들이 실직의 상태하에서도 계속 유지해야 할 현재의 약속과 책임을 강조하고 지원해야 한다. 책임을 유지하고 사회단체에 참여하는 활동은 이 범주에 속한다.

- 사회적 지원 네트워크 설정 및 사회적 자산과의 연계를 촉진시킨다. 연구결과에 의하면 사회적 지원은 실직의 부정적 효과를 감소시키는 중요한 완충제이다(Amundson&Borgen, 1987). 전직지원전문가는 고객들이 실직자를 위한 사회적 조직 혹은 지원단체에 합류하도록 격려한다. 이는 고객들로 하여금 자신들의 생각이나 감정이 특이하지 않다는 인식을 심어주고, 특별히 가치 없는 생각에 빠지는 일을 최소화해준다. 전직지원전문가는 실직으로 인해 야기되는 재무 및 실제적 어려움에 대응할 수 있는 사회적 자산을 적합하게 추천해줄 수 있다. 유나이티드 웨이[8], 교육기회 부여기관, 그리고 소비자신용 카운슬링과 같은 것이 그러한 자산들이다.

앞에서 전직지원전문가의 적합한 역할을 유지하기 위한 전문가의 개입을 제시해보았다. 고객들의 내면 깊은 곳에 있는 성격구조의 수정은 전직지원 서비스의 목표가 아니다. 반면에, 전직지원전문가는 정기적으로 고객들의 경력 기획 및 직업 탐색 프로세스를 촉진할 수 있는 자신감을 고무시켜야 하는데, 개입은 이런 배경하에서 권고하는 바이다.

요약하면, 고객이 전직지원 서비스를 경험하면서 전형적으로 노출한 정보와 경험의 축적된 실체가 있다. 비록 많은 고객들이 큰 어려움이 없이 정보를 사용하면서 앞으로 전진하나 갈등을 하는 경우도 발생한다. 광범하게 큰 어려움을 겪는 자 중의 다수는 공고한 정보나 스킬 훈련의 제공으로도 불충분하다. 그런 개인들은 직업 탐색 시에 다양한 요소와의 연계노력을 방해하는 장애물을 가지고 있는데, 특정 장애물들은 식별 및 처리될 수 있다. 그런 장애물을 극복하고, 생산적인 경력기획 및 구직활동 노력을 촉진하기 위해 전직지원전문가의 다양한 개입 노력이 투자될 수 있다. 미래의 전직지원전문가는 고객들의 장애물 극복을 지원하는 더욱 높은 수준의 스킬을 필요로 한다.

■ 제 6 장

전직지원 집단서비스

✦ 여태껏 대부분의 토의는 일반적인 개인 전직지원 서비스에 대한 내용이었다. 그러나 전직지원 서비스의 다른 주요한 시행 형태가 있는데, 바로 집단서비스이다.

본 장에서는 집단서비스에 중점을 둔다. 중점은 집단서비스의 합리성, 내용, 그리고 전달방법에 둔다.

합리성

무엇이 지원기업으로 하여금 개인서비스보다 집단서비스를 요구하게 하였을까? 거의 모든 경우에서 그 답은 비용으로 이어진다. 집단서비스는 훨씬 더 저렴한 비용으로 시행할 수 있다. 전형적으로 완전한 개인서비스는 고객 보수의 10~15% 수준에 이르지만, 집단 프로그램은 하루에 1,500~2,000불 수준으로 실시되는데, 전형적으로 약 15명을 수용한다. 그래서 지원기업의 부담비용은 인당 일일 100~150불에 이른다.[9] 결론적으로 집단서비스를 이용할 경우에 지원기업은 전직지원 서비스 비용의 사용범위를 넓히게 되면서, 조직 내에서 좀 더 광범한 범위로 더욱 많은 개인에게 서비스를 제공할 수 있게 된다.

집단서비스를 이용하는 두 번째 이유는 고객의 현재 위치이다. 만약에 해고 근로자들이 원거리 지역에 거주하고 있고, 자격 있는 전직지원전문가가 고객과 가까운 곳에 위치하지 못할 경우가 있기 때문에 개인고객에 대한 경쟁력 있는 개인서비스를 지속하지 못할 수 있다. 그러한 상황에서는 그곳에서 고객들을 모아서 다소 제한된 기간 내에 집단서비스를 제공할 자격 있는 전직지원전문가를 운용하면 시행 가능성이 더욱 높아진다.

전직지원 집단서비스를 받는 고객들은 어떤 이득이 있을까? 아문드센과 보르겐(Amundson&Borgen, 1988)은 집단서비스와 실직에 대한 연구내용을 요약하였다. 주요 발견사항은 집단 접근법을 실직한 개인들에게 실시하면 적합하다는 내용인데, 아래의 이유 때문이다.

1. 다른 고객들의 관점을 이해
2. 더욱 효과적인 사회관계 스킬 향상
3. 유사한 문제를 겪고 있는 다른 사람들과 관심사 및 아이디어의 공유 방법을 숙지
4. 제시된 문제에 대한 다양한 대응책 강구
5. 다른 사람의 지원과 격려 획득
6. 유용한 정보 획득

아문드센과 보르겐은 많지 않은 경험적 연구 중 하나를 수행하였는데, 직업 탐색 집단 프로그램에 참여한 고객에게 특별히 도움이 된 요소들을 식별하는 연구였다. 연구결과에 따르면 도움이 되는 요소는

두 가지 범주로 구분되었는데, 하나는 지원과 자기존중을 촉진시키는 요소, 그리고 다른 하나는 직업 탐색 과업을 촉진시키는 요소였다. 그들은 아래와 같은 결론을 내렸다.

> 감정의 하강을 막고 더욱 긍정적인 감정적 경험으로 이동하게 만드는 집단의 힘은 놀라울 정도인데, 집단을 통해 획득된 긍정적 자세는 더 이상 집단을 운용하지 않더라도 오랫동안 지속된다. 재취업할 수 있는 직위를 찾을 수 없어도, 집단에 참여한 결과를 통해 실직자들은 더욱 효과적인 직업 탐색 활동의 유지와 긍정적인 자기 이미지를 유지할 수 있었다고 보고된다(Amundson&Borgen, 113쪽).

더욱이 아문드센 및 보르겐은 실직 이후 최초 삼 개월 이내에 실시되는 직업 탐색 집단은 매우 중요하다고 말하였는데, 그 이유는 그 기간에 많은 개인들이 감정적 저하를 경험하기 때문이다.

내 용

집단 프로그램에는 주요한 두 가지 범주가 있다. 첫째는 전통적인 집단 프로그램인데, 비록 전형적 집단 프로그램은 하루간 시행되는 프로그램도 있으나, 통상적으로 이틀 내지 삼일에 걸쳐서 진행된다. 그동안에 전직지원전문가는 다양한 고객들이 직업 탐색 주제에 대해 적어도 '얼른 훑어보기'를 하도록 만든다. 전형적이고도 전통적인 집단 프로그램들은 아무리 간단하더라도 자기평가, 이력서 준비, 면접, 직업 탐색 기법, 탐색, 그리고 보수협상을 주제로 다룬다. 각 주제에 배당하는 시간은 상황에 따라 변화되나, 상당한 시간이 이력서 준비나 면접에 주어진다. 진행은 통상적으로 주입식과 경험적 수업 형태이다. 이후에 종종 전직지원전문가와 전화 혹은 제한된 직접 만남의 형태로 사후관리를 진행한다. 집단 구성은 통상 약 15명으로 제한된다. 역사적으로 볼 때에 집단서비스는 하급근로자 혹은 시간제 근로자들에게 제공되었으나, 최근에 재무적 압박의 이유로 다수 기업에서 집단 서비스를 더욱 광범하게 관리자급에게도 적용하여 운영한다.

전직지원전문가의 입장에서 볼 때에 집단 프로그램은 종종 그들이 이 분야에 진입하는 수단으로 사용된다. 집단 프로그램은 신입 전직지원전문가에게 귀중한 현장 경험을 제공해주는데 많은 전직지원전문 회사들은 완전한 서비스를 제공해야 할 경우에는 자사의 정규직 선임 전직지원전문가에게 고객들을 배당한다. 만약에 집단 프로그램이 특별히 지리적으로 원거리에서 시행될 때에 전문회사들은 프리랜스 전직지원전문가를 활용한다. 이는 전직지원전문가 자원을 유용하게 사용하는 방법 중 하나이다.

전통적인 이틀 혹은 사흘간에 걸친 집단 워크숍 프로그램에 추가하여, 직업 탐색 활동의 효과적 촉진을 위해 집단을 더욱 능동적으로 운용하는 일부 노력도 있다. 이런 형태의 집단은 구직 시장 공략팀, 구직팀, 구직클럽 혹은 전환팀이라는 이름을 포함하는 다양한 이름으로 불린다.

그중에서 가장 효과적인 접근법은 경험 있는 전직지원전문가의 주도하에 정기적으로 동일 구직자 집단을 구성하여 참여시키는 방법이다. 이 접근법은 많은 개인이 자신보다 많은 자산을 가진 다수로 구성된 집단 속에서 더욱 효과적인 직업 탐색을 할 수 있다는 논리에 기초한다. 인정된 산업 전문가이면서 이런 접근법의 지지자인 프리차드는 직업 탐색 팀의 효율성 향상이 가능한 몇 가지 이유를 아래와 같이 들고 있다(Prichard, 1992).

1. 고객들은 동료 구직자들의 추천을 받아서 네트워크를 상당한 수준으로 향상시킬 수 있다.
2. 자신들의 동료 일부에게만 작동된다는 개인적인 생각하에 실시하지 않았던 직업 탐색 활동을 고객들로 하여금 시도하게 한다.
3. 고객들은 자신들을 잘못하고 있다고 보는 집단의 동료들로부터 피드백을 받으면서 '혼란스럽지 않게' 만드는 정보를 접하게 된다.

그런 집단을 구성 및 운용할 시에는 고려해야 할 몇 가지 이슈가 있다. 첫 단계는 회원가입이다. 정보 오리엔테이션은 종종 집단에게 프로그램에 대해 설명하고 참여를 독려할 때에 사용하는 수단인데, 고객들의 수준 및 배경을 주의깊게 살펴야 한다. 종종 선발은 유사한 직종 근로자들이 서로 함께 일하게 만들기 위해 직업수준에 기초하여 결정하는데, 전형적으로 집단은 직업 기능 및 성별로 통합한다.

집단의 구조도 중요한데, 그 규모는 전형적으로 8명에서 15명으로 구성되며, 정기적인 출석을 요구하고 협력 및 참여를 독려한다. 종종 집단의 회차는 평균적으로 8회에서 12회차로 제한하여 설계한다. 다른 경우에 있어서 집단은 공석이 생길 때에 새로운 회원 가입이 가능한 원칙으로 운영한다.

성공적인 직업 탐색 집단의 근간을 구성하는 다양한 활동은 아래와 같다.

전직지원전문가 가이드 북

1. 매주 이슈, 질문, 그리고 각 집단 구성원들의 탐색활동 발전을 검토하는 시간을 배정한다. 만약에 그룹의 운용이 잘 될 경우에는 많은 문제 해결, 브레인스토밍, 그리고 서로 추천까지 하는 형태가 된다.

2. 상호 간에 흥미가 있는 주제는 정보가 많은 리더 혹은 집단구성원들이 사례식으로 발표한다.

3. 다양한 직업 탐색 활동을 위한 매우 특별한 목표를 설정한다(다수의 네트워크 관련 미팅, 콜드콜, 채용권한자들과의 만남, 채용 공고 대응 등). 이러한 목표를 모든 구성원이 알고, 이후에도 참고할 수 있도록 공고한다. 시간이 지나면서 목표와 결과는 진행 상황의 측정을 위해 공개적인 방법으로 추적한다.

4. 다양한 연습 위주의 집단활동인 최상의 수행능력훈련을 통해 고객들이 긍정적 자기 이미지를 유지하고 목표로 하는 생산적인 활동에 부응할 수 있도록 지원한다. 최상의 수행능력 훈련을 구성하는 요소는 스트레스 감소, 가시화 훈련, 부정적 사건의 효과 최소화, 그리고 긍정적인 자세 유지를 포함한다. 개인서비스의 경우 보다 집단서비스를 통해 많은 개인이 더욱 효과적으로 임무를 수행한다는 점을 완전하게 이해하는 전직지원전문가는 최상의 수행능력 훈련, 토의 및 주간 목표 검토회의를 포함하는 모든 활동을 편안한 방법으로 진행할 수 있다.

집단 리더의 특성

집단을 성공적으로 이끌 수 있는 전직지원전문가의 특징에 대해 몇 가지를 말하고자 한다. 리더십을 토의함에 있어서 전통적인 집단 프로그램과 직업 탐색 집단 프로그램 사이의 구분을 다시 한 번 명확히 하고 싶다.

전통적인 집단 프로그램 리더가 지녀야 할 중요한 특성은 많다. 첫째, 제한하는 것은 아니지만, 리더는 이력서 준비, 면접, 구직탐색 기법, 연구, 그리고 보수협상을 포함하는 전방위적 직업 탐색 주제에 대한 식견을 가져야만 한다. 리더는 그러한 주제에 관한 필수정보를 상세하게 소통할 수 있어야만 하는데, 많은 주제를 단시간 내에 다루어야 하기 때문이다.

둘째, 리더는 적어도 집단 프로세스 및 집단의 동적 요인에 대한 일정한 기본지식을 가져야만 한다. 리더의 책임은 다양한 범위에서 기업의 훈련담당관과 유사한 책임을 지는데, 쉽고 포괄적인 방법으로 사전에 정해진 정보에 대해 소통할 필요가 있다. 리더는 각본에 의한 방법을 고집하지 말아야 하며, 어떤 질문을 할지, 어떻게 토의를 촉진할지, 그리고 방해를 하는 개인 혹은 물러나 있거나 참여를 하지 않는 개인들과 같은 특별한 도전을 던지는 집단 구성원들에 대해 어떤 방법으로 대응할지를 잘 알아야만 한다.

셋째, 높은 에너지 수준을 유지해야만 한다. 며칠 동안에 걸쳐서 일일 6시간에서 8시간 정도 집단을 일치되게 이끄는 일은 에너지, 열정, 그리고 지속적인 관심을 투자할 능력을 필요로 한다. 그렇지 못할 경우에는 집단구성원들의 긍정적 참여를 유지하기가 어렵다.

직업 탐색 집단 프로그램의 리더십에도 앞서 언급한 특성 중 다수가 매우 중요하다. 특별히 집단 리더는 직업 탐색 주제에 대해서 확실하고도 완벽한 지식을 갖추어야만 하며, 높은 수준의 에너지와 열정도 가져야만 한다. 그러나 직업 탐색 그룹의 리더로서 성공하기 위한 몇 가지 핵심적인 추가 스킬 및 개인적 자질은 아래와 같다. 프리차드에 의하면 리더는 아래와 같은 자질을 갖추어야만 한다(Prichard, 1992).

1. 집단 프로세스 및 집단의 동적 요인에 대한 완전한 이해력을 가져야 한다. 각 집단이 다르다 하더라도, 어려운 고용시장에서 실직과 관련된 이슈를 해결할 때에 부상하는 통상적인 주제들이 있다. 항상 수면상으로 떠오르는 두 가지 이슈는 두드러진 집단을 어떻게 다룰 것인가와 새로운 직업을 수용하고 집단을 떠나는 집단 구성원들에 대해 어떻게 반응할지이다.

2. 실직이나 직업 탐색에 대해 반응하는 개인으로 구성된 다양한 계층에게 동기부여할 수 있는 능력은 다양한 감정 및 접근법을 아울러야만 한다.

3. 집단 내에서 다양한 역할을 선택하는 유연성을 가져야만 한다. 리더가 수행해야 할 것으로 요구되는 전형적인 역할들은 퍼실리테이터, 코치, 교사, 자문, 그리고 전문가이다. 프리차드는 많은 리더들이 보이는 주요한 취약점은 전문가의 역할에 고착된 나머지 집단구성원들이 서로 강점을 끌어내는 기회와 서로 효과적으로 문제 해결을 할 기회를 제한한다는 점이다.

요약하면, 집단 활동은 전직지원전문가가 제공하는 매우 중요한 서비스이다. 집단서비스는 비용을 절감할 수 있기 때문에 기업 조직이 원하는 많은 수의 근로자들에게 가용하다. 집단서비스는 다양한 형태로 제공되는데, 직업 탐색 집단의 경우 성공적인 직업 탐색 활동을 저해하는 장애물들을 해소하는 매우 효과적인 잠재수단이다.

제 7 장

전직지원 환경의 물리적, 행동적, 그리고 카운슬링 관련 사항

대부분의 전직지원전문회사가 제공하는 주요 서비스는 개인 혹은 집단에 대한 경력 기획 및 직업 탐색에 관한 서비스이다. 더불어 전문회사들은 고객들에게 전직지원센터를 통해 사무실 공간 및 행정지원 서비스도 제공하는데, 전직지원센터는 많은 고객이 직업 탐색을 수행하는 근거지가 된다. 실제로 전직지원센터의 사무실은 고객이 이전의 직장 근무 시에 사용하던 사무실을 대체하는 역할을 한다.

그렇다면 어떤 형태의 시설, 자산, 그리고 서비스가 제공되어야만 하는가? 알. 리(R. Lee, 1987)는 전직지원 사무실은 편안하고, 기능적으로 잘 꾸며져야 한다고 말한다. 그리고 지원 기업 조직이 이전에 근로자들에게 제공하던 사무실의 형태와 다소 일치된 수준으로 갖춰져야 한다. 주요한 차이점은 대부분의 전직지원 고객들은 이전 고용주가 제공하던 개인 사무실에 익숙해져 있고, 전직지원 상황에서는 자신의 사무실을 보유하지 못한다는 사실이다. 전직지원전문회사들은 제한된 유사 사무실을 보유하고 있으나, 전형적으로 전직지원전문회사에서 제공할 수 있는 가장 포괄적이고 고비용의 서비스를 받는 임원급들에게만 그런 개인 사무실을 제공한다.

　대부분의 고객은 전직지원센터에 있는 도서관 형태의 칸막이 공간이나 책상 공간에 대해 매우 만족하는 자신을 발견한다. 그 공간은 '먼저 온 사람이 우선권을 가지는 개념'으로서 일일 사용권을 가진다. 비록 일부 고객들이 자신의 사무실이 없다는 점에 대해서 초기에 저항할 수 있으나, 그나마 다소 적합한 가용공간이 있다는 사실도 깨닫는다. 만약에 최초의 불신이 존재할 경우에는 새로운 시설에 대한 기능적 적합성 여부보다는 실직상태에 대한 고객들의 느낌과 수입의 상실이라는 상징적 성격에 대한 서비스를 먼저 제공해야만 한다. 일부 고객들에게는 사무실의 물리적 환경도 매우 중요한데, 그것이 전직지원전문회사를 선택하는 핵심 평가요소가 된다. 결론적으로, 전직지원전문회사들은 훌륭한 형태의 사무실 공간을 설계하고 치장해야만 한다.

　전직지원 사무실의 위치도 매우 중요한 고려사항이다. 만약에 사무실이 고객들의 집이나 이전의 회사 인근에 위치하거나 구직활동을 할 수 있는 주요 지역에 있다면 최상이다. 출퇴근 수단 혹은 적합한 주차장도 종종 고려사항으로 작용하는데, 전직지원전문회사들은 사무실 위치를 선정 시에 그런 사항을 고려해야만 한다. 사무실이 좋은 위치에 있지 않을 경우에 대형 기업의 사업을 수주하기에는 어려움이 따른다는 인식도 있다. 그렇지만 그런 사무실의 임대비용은 매우 고가이며, 특히 주요 도심지역에 위치할 경우에 더욱 그러하다. 전직지원전문회사가 사무실 임대비용을 잘 관리하는 일도 큰 도전이다. 사무실 장비에 관해서는 메시지를 정확히 수신할 수 있는 효율적인 통신체계가 잘 구비되어야만 한다. 전화기와 메시지 수신 서비스는 고객들과 잠재 고용주를 이어주는 생명선이기 때문이다. 팩스 장비는 1980년대에는 통상적이지 않았으나, 1990년대부터는 전직지원전문회사의 실제적인 장비로 등장하였다.

구직 관련 문서를 적합하고 정확한 방법으로 생산할 수 있는 능력 역시 핵심적인 요소이다. 대부분의 전문회사들은 헌신적인 행정지원 요원들을 두면서 고객들이 제출한 문서를 24시간이나 48시간 이내에 처리한다. 추가로 고객들이 사용할 개인 컴퓨터도 준비한다.

참고자료도 매우 중요하다. 대부분의 전직지원전문가들은 고객들에게 잠재목표를 식별하고, 식별된 목표산업과 그 경향에 대해서 더욱 많은 정보를 숙지 및 획득하는 직업 탐색 관련 연구의 중요성을 강조한다. 전직지원전문회사들은 전형적으로 적어도 전화번호부, 저널, 신문, 책, 그리고 기업목록을 갖춰두고 있다. 고객들이 사용할 수 있는 도서관, 상공회의소, 그리고 대학교와 같은 지역 자산에 대한 추가적인 정보도 보유하고 있다.

많은 다른 분야와 마찬가지로 전직지원도 1980년대의 신속한 정보 확산으로 인한 영향을 많이 받았다. 많은 전직지원전문회사들은 전직지원전문가가 단지 정보자산에 대한 가치만 고객들에게 알리고 직접 찾아보도록 조치하는 일은 충분하지 않다고 생각한다. 오히려 전문회사들은 주요한 데이터베이스에 대해 고객들의 현장 정보에 대한 접근이 가능하게 해준다. 산업 동향, 기업 정보, 핵심 임원들의 이력자료, 그리고 재정자산과 같은 주제에 대한 온라인 정보가 그런 내용이다. 모린과 요크스에 의하면 새로운 정보체계가 미친 두 가지 주요 영향이 있다(Morin&Yorks, 1990). 첫째, 고객들이 더욱 효율적인 발언자료를 만들게 해주면서 구직 관련 만남에서 더욱 효율적으로 행동하게 해준다. 둘째, 전직지원전문회사가 경쟁 속에서 살아남기 위해서 그런 기술적 혁신을 통해 전직지원 서비스를 보완하도록 요구한다.

마지막으로, 전직지원전문회사뿐만 아니라 기업 내부의 시행단위에서 적어도 일정 범위 내에서 고객을 우대하는 서비스를 시행해야 한다는 인식을 높여야만 한다. 친밀하면서도 우대하는 환경은 고객들의 사기를 높여주면서 직업 탐색 전반에 필요한 에너지 충전과 자세를 유지하게 해준다. 고객들은 종종 행정요원들뿐만 아니라 전직지원전문가로부터 받는 대우가 자신들의 긍정적 자세 유지에 일부 영향을 미친다고 말한다.

▶ 전직지원 서비스 환경이 고객의 행동 및 카운슬링에 미치는 영향

본 절에서는 전직지원 서비스 환경의 단순한 물리적 형태, 자산, 그리고 서비스에서 벗어난 더욱 동적인 관련 주제를 토의해보고자 한다. 전직지원 환경은 고객의 행동 및 서비스에 영향을 미친다. 전직지원 서비스 환경하에서 더욱 특정적으로 나타나는 고객의 행동과 그 형태는 서비스의 촉진을 위한 프로세스에 통합될 수 있는데, 직업 탐색을 장기간 실시하는 고객들에게는 특별한 관심 투자가 필요하다.

▶ 전직지원 서비스 환경의 독특한 성격

전직지원 서비스 환경은 전문적인 서비스 활동과 연계되어 일부 특별한 가능성을 제시하는 독특한 것이다. 전직지원전문가의 입장에서 보면, 전직지원 서비스 환경은 고객이 전형적으로 가지는 환경보다 더욱 넓은 범위에서 고객을 관찰하고, 더욱 자주 상호작용을 할 기회를 제공한다.

혹자는 그런 환경하에서 고객이 얼마나 시간을 보낼 수 있는지, 그리고 전문가 혹은 지원요원들과 접촉할 기회가 얼마나 많은지와 같은 다양한 서비스 환경의 차이점을 연속성 차원으로 생각해볼 수 있다. 특별히 입원 중이거나 혹은 집단 거주시설과 같은 곳에서 실시하는 일부 특정한 서비스 상황에서는 고객들이 그곳에 24시간 거주하는 상시 구성원이다. 그들은 다양한 상황에서 종일 전문요원들과 상호작용을 한다. 다른 차원의 연속성은 경력 혹은 개인적 성격과 관계없이 더욱 많은 고객이 서비스 활동에 참여하게 만드는데, 외래고객 개념과 같이 약속에 따라 전직지원전문가의 사무실에서 서비스를 진행하는 형태이다. 이런 상황에서 전직지원전문가와 고객은 약속된 회기에 만나지만, 회기 사이에는 만나지 않는다. 그래서 서로를 직접 알 수 있는 기회는 지정된 약속시간으로만 제한된다.

전직지원 카운슬링은 신기하게도 위 두 가지 형태 사이의 특정한 위치에서 시행되면서 두 가지 형태의 특성을 동시에 지닌다. 이는 전직지원전문가와 고객 양자에게 흥미로운 가능성을 안겨준다.

반면에, 전직지원 서비스 환경은 확실하게 입원실 혹은 거주시설 환경과는 다르다. 전직지원 고객들은 대부분 기능을 잘 발휘하는 사람들로서 대부분 오랫동안 고용된 상태를 거쳤다. 그들의 전직지원 서비스 참여는 전적으로 자기가 원해서 참여하게 되며, 지원의 중점은 경력과 관련된 이슈이며 개인적인 이슈는 아니다. 그들은 자신들의 상황을 전환적인 시각으로 보고 있으나, 실직상황의 탓을 외부상황으로 돌리는데, 적어도 해고의 경우에는 그러하다. 이런 차이 때문에 전직지원 서비스 환경과 대부분 종일토록 환자가 거주시설에 있는 환경 사이에는 주요한 차이점이 있다.

전직지원 서비스 환경은 외래환자 상황과 대부분 동일하지 않다. 전형적인 외래 상황에서는 전직지원전문가와 고객이 지정된 시간 이외에는 서로 볼 수 없는 상황인 반면에, 전형적인 전직지원 서비스 상황에서는 더욱 광범위하게 접촉하는데, 물론 전직지원전문가와 고객이 그런 환경에서 얼마나 시간을 사용하는지에 기초한다. 그래서 전직지원 서비스 환경은 전형적인 외래환자 상황과 다르나, 종일을 사용하는 환경과 유사한 요소를 일부 포함한다.

전직지원 서비스 환경에서 배우는 것은?

전직지원전문가와 고객 사이의 접촉 기회 증가가 의미하는 중요성은 무엇일까? 그리고 서비스의 발전을 추구하는데 어떻게 유용할까? 질문에 대한 답을 아래에서 논해본다.

접촉 기회의 증가를 잘 이해하고 적절히 운용한다면, 전직지원의 발전을 도모하는 데 매우 유용하다. 전직지원전문가에게 더욱 많은 기회를 제공하면서 고객에 대한 이해를 심화시키는데, 경력 기획 및 직업 탐색에 적합하게 적용할 수 있다.

전직지원전문가의 고객에 대한 이해는 개별서비스 회차를 통한 직접 접촉뿐만 아니라 고객이 다른 사람들과 상호작용을 하는 모습을 보면서도 높아진다. 전직지원전문가는 많은 질문을 통하여 자신들의 관찰 사항을 조직화하고, 고객에 대한 자신의 이해를 조정한다. 예를 들면, 고객이 전직지원 서비스 환경에서 최초 적응을 어떻게 할까? 고객이 준비한 상태 아니면 바쁜 상태로 올까? 고객이 새로운 동료들과 어떻게 관계를 형성할까? 고객들은 다른 사람들과 최초 접촉을 본인이 시도할 것인가 혹은 다른 사람이 접촉해오기를 기다릴까? 그런 환경 속에서 고객들이 찾는 사람은 어떤 유형일까? 그들은 다른 고객들과 얼마나 비슷하거나 혹은 다를까?

고객들은 지원요원들과 어떻게 관계를 시도할까? 고객들은 지원요원과 전직지원전문가의 사이에서 얼마나 다른 모습을 보일까? 고객들은 전직지원 서비스 상황에서 시간과 장소를 어떻게 구성할까? 그런 환경에서 고객들은 어떻게 시간을 보낼까? 시간이 지나면서 전직지원 서비스 환경이라는 현 상황을 어떻게 받아들일까? 고객들은 동적인 집단환경 속에서 어떤 역할을 할까? 전직지원전문가는 다른 질문과 마찬가지로 이런 질문들을 고객과의 광범한 접촉에 기초하여 더욱 완벽하게 논할 수 있다.

전직지원 환경하에서 고객들이 보여줄 수 있는 일부의 행동과 관련하여 여러 가지 특별한 관찰도 이루어진다. 비록 사례로만 고려될 수도 있으나, 정기적으로 발생할 수 있는 행동에 대한 아이디어 일부를 제공한다.

고객들이 동료뿐만 아니라 지원요원들과의 사이에서 보여주는 대인관계에서도 참고할 점이 많다. 일부 고객들은 개별적 회차 중에 전직지원전문가에게 자신이 인간관계 스킬을 지녔다고 말하기도 하는데, 주요 능력 중의 하나로 볼 수도 있다. 일부 사례에서 고객들의 대인 관계에 대한 전직지원전문가의 독자적인 관찰 내용은 고객이 자신을 바라보는 시각과 일치할 수도 있다. 동일 수준에 있는 동료들과 관계를 잘하는 일부 고객들이 낮은 수준 혹은 더욱 높은 수준에 위치한 사람들과 좋은 관계를 형성하지 못하는 경우도 있다. 혹은 전직지

전직지원전문가 가이드 북

원전문가와 좋은 관계를 구축하는 고객들이 전직지원전문회사의 행정 요원들에게는 매우 다른 행동을 보이기도 한다.

고객들이 환경 속에서 중점을 두고 하는 역할은 검사에 필요한 좋은 객관적 자료를 제공해준다. 일부 고객들은 지속적으로 자신들의 동료들에 대해 격려, 지원 및 주도를 하면서 매우 지원적이다. 다른 고객들은 자신 속에 머무르면서 다른 사람들에게 지원을 제공하지도, 지원을 요구하지도 않는다. 그들의 자세는 "너희들이 나를 홀로 두면, 나도 홀로 있겠다."라는 것으로 보인다. 다른 고객들은 신속하게 사내 전문가와 같은 역할을 한다. 직업 탐색에 남달리 오랫동안 머물렀던 고객들은 새로이 참여하는 고객들에게 자신들이 가진 지식과 경험을 전달한다. 그런 시행방법과 내용의 전달은 어느 정도까지 환영받지만, 상황에 따라서 다르게 작용한다.

일부 고객들은 사내 평가자의 역할을 한다. 그들은 전직지원 환경과 서비스의 제한점을 신속하게 식별한다. 때때로 다른 고객들을 자신의 자리로 데려가서 자신의 직업 탐색 시간보다 전직지원전문회사들의 발전에 관해 더 많은 시간을 이야기한다.

다른 사항은 고객들이 자신을 어떻게 조직화하고, 얼마나 생산적으로 보이게 만드는가이다. 물론, 일부 고객들은 매우 조직적이고도 생산적이다. 전화도 하고, 서신도 보내면서, 만남도 하는 등 자기 주도적이다. 일부 고객들은 분주함을 생산성과 동일시하는데, 시간이 지나면서 밝혀지는 사실은 매우 혼잡한 정기적인 활동을 하였으나, 실제로 많은 출구로 이어지지 않는다는 점이다. 일부 고객들은 참석률을 생산성과 동일시한다. 그들은 전직지원 환경에서 많은 시간을 보내지만, 많은 시간을 비생산적인 방법으로 사용한다.

고려해야 할 다른 부분은 긍정적 태도를 유지하는 고객의 능력이다. 모든 직업 탐색 활동에는 굴곡이 있다. 일부 고객들은 매우 순항하는 가운데 쉽게 좌절하거나, 비현실적인 즐거움을 표출하지 않는다. 어떤 고객들은 더욱 광범한 좌절에 빠지기도 한다. 또한, 일부 고객들은 불가피한 좌절감에서 신속하게 회복하지만, 일부 고객들은 다시 회복될 때까지 시간이 다소 소요된다. 전직지원전문가는 장기간에 걸쳐 고객이 자신의 감정을 어떻게 관리하는지를 인지하면서 매우 많은 고객 정보를 획득할 수 있다.

환경에 따른 지식의 적용

일단 전직지원전문가가 여러 가지 부분에 대한 관찰을 한 이후에, 발견한 내용을 어떻게 전직지원 서비스의 발전에 활용할 수 있을까? 아래와 같은 여러 가지 가능성이 엿보인다. 첫째, 초기평가를 위해 그 내용을 사용할 수 있다. 경험 있는 전직지원전문가는 전직지원 환경 속에서 수백 명의 고객을 만난다. 그들은 고객들이 전형적으로 보여주는 행동을 보고 많은 관점을 발전시켰다. 그런 관점에 기초해서, 새로운 고객을 더욱 정확히 평가할 수 있는 위치에 이르렀고, 가능한 한 조기에 효과적인 개입을 할 수 있다. 예를 들면, 고객들은 초기 서비스 회차에서 다수 혼란된 상태 혹은 집중을 못하는 상태를 보이는데, 능동적 직업 탐색을 시행할 준비가 되지 않은 상태이다. 만약에 전직지원전문가가 고객들과 접촉하는 기회가 개별 상담으로만 제한되어 있다면 '문제'의 심각성과 성격을 확인하기 힘들다. 반면에, 전직지원전문가가 전직지원 환경 속에서 고객을 계속 볼 수 있다면, 무언가 희망적인 추가정보를 획득할 수 있다. 예를 들면, 고객이 개별서비스 회차에서 혼란스럽거나 집중하지 못하더라도 다른 고객들과 인간관계는 맺을 수 있다. 직업 탐색에 대한 다른 고객들의 경험에 대해 질문할 수 있기 때문인데, 그들도 자신들의 배경에 대한 일부 정보를 말하게 된다. 그리고 정기적으로 전직지원 환경 속에서 이루어지는 워크숍에도 참석하는데, 보고된 바에 의하면 깊은 관심을 표명하면서, 참석한 강사 및 참여자들과 사려 깊은 대인관계도 한다. 또한, 지원요원들에게도 친밀감과 존경심으로 대한다.

이 고객을 초기 개별서비스 회차에서 다소 혼란스럽고 중심을 잡지 못하는 다른 고객과 비교해보자. 이 두 번째 고객은 능동적 방법으로 직업 탐색을 진행하지 못한다. 앞의 고객과 달리, 이 고객은 전직지원 환경 속에서 그를 관찰하는 전직지원전문가의 눈에 뜨인다. 그는 다른 고객들과 어떠한 인간관계를 시도하지 않고, 사무실 내부의 칸막이가 된 구석 공간을 요구한다. 다른 사람들과 먼저 대화하지도 않고, 다른 사람들이 시작한 짧은 대화도 끊어버리는 모습을 보인다. 그는 다양한 직업 탐색 주제를 다루는 워크숍에도 참석하지 았고, 사무실 지원요원들에게도 불친절하였다.

비록 두 고객 모두 개별서비스 회차에서는 동일한 행동을 자주 보였으나, 회차 외의 환경 속에서는 매우 다른 행동을 보였다. 이 두 고객을 다양한 다른 상황 속에서 볼 기회가 있었던 어떤 전직지원전문가는 서비스 회차 중 보여준 행동을 더욱 잘 파악할 수 있다. 그런 경우에 전직지원전문가는 두 번째 고객에게 더욱 많은 관심을 가지면서, 상황을 완벽히 파악한 이후에 초기 접촉 상황에서 적합한 개입을 할 수 있다.

전직지원 환경을 통해 생성되는 정보를 이용하는 상황에서 고객에게 직접적인 피드백을 제공하는 방법은 매우 중요하다. 전직지원 상황에서 고객들과의 교류 혹은 그들에 대한 관찰을 통해 획득한 행동자료는 다른 상황에서는 쉽게 획득할 수 없는 귀중한 자료이기 때문이다. 그 자료는 직면 혹은 도전 시, 확인 및 유효성 평가 시, 고려해야 할 이슈 제기 시, 혹은 몇 가지 가능성을 제기 시에 사용할 수 있다.

예를 들면, 미스터 리는 개별서비스 회차에서 자신을 지원하는 전직지원전문가에게 자신의 인간관계 스킬은 모든 계층의 사람들과 상대할 수 있을 정도라고 말하였다. 그러나 전직지원전문가는 그가 전문회사의 지원요원을 매우 퉁명스럽게 대하는 모습을 발견하였다. 전직지원전문가는 그런 일을 기억하였고, 직무 관련 스킬에 대한 서비스 프로세스의 후반부에 그의 모든 인간관계 스킬이 너무 강하다는 이의를 제기하였다. 전직지원전문가는 이전에 자신이 본 지원요원들과의 상황을 이야기하였다. 그는 사실을 인정하면서, 자신이 상사들과의 관계는 잘하였으나, 낮은 직급의 직원들은 잘 대하지 못했다고 말하였다. 또한, 자신이 몇 군데의 회사에 근무할 때에 고용상황을 관리하였는데, 이직률이 높았다는 사실과 직원들의 사기저하 문제, 그리고 생각보다 비생산적이었다는 점을 인정하였다.

그러한 상황에서 전직지원전문가가 명심해야 할 핵심사항은 자신과 고객의 관계 속에 존재하는 신뢰 수준이다. 서로 간에 높은 수준의 신뢰가 없이 그런 관찰사항이 전직지원전문가에 의해 성급하게 처리된다면, 고객은 방어적으로 바뀐다. 반면에, 충분한 신뢰가 존재하는 상황에서 기교 있게 처리한다면, 전직지원전문가의 관찰은 매우 훌륭한 참고사항이 된다. 몇 가지 요소가 영향을 미치기 때문이다.

첫째, 고객의 자기 보고를 통한 내용이 아니고, 전직지원전문가의 직접적 관찰에 따른 내용이기 때문이다. 둘째, 신뢰에서 나온 내용이다. 관계가 더욱 완전하게 발전할수록 고객은 전직지원전문가를 신뢰하기 때문이다. 셋째, 그런 관찰은 사무실의 자연스러운 일일 환경 속에서 수집된다. 고객은 자신의 '훌륭한 행동'을 개별서비스 회차에서 보여주지만, 사무실 내부에서 관찰된 고객의 특정한 다른 행동은 다른 실마리를 제공한다.

전직지원전문가의 현장관찰은 특이사항의 지원 혹은 확인을 위해 사용될 뿐만 아니라 유사시에도 활용된다. 미세스 비는 40대 여성으로서 자기 존중감이 흔들리는 분이었다. 그녀는 오랜 재직기간에 걸쳐 여러 번 진급한 장기근무 근로자였으나, 전직지원전문가에게 자신의 강점을 명확하게 전달하지 못하였다. 그녀는 자신이 지닌 많은 스킬과 집중력에 초점을 두면서, 자신의 성공에 그런 스킬들이 도움을 주었다고 말하였다. 전직지원전문가는 몇 주간에 걸친 관찰을 통해서 그녀가 전직지원 환경 내에서 특이한 역할을 한다는 결론을 내렸다. 그녀는 새로이 서비스를 받는 고객 몇 명에게 능동적인 관심을 보였는데, 자신과 같은 소수인종이었으며, 20대가 두 명이나 있었다. 그녀는 그들을 격려하고 지원을 제공하였으며, 환경에 대한 설명과 실직이라는 새로운 상황에 대해서도 설명하였다.

그녀를 담당한 전직지원전문가는 서비스를 제공하면서 적합한 시점에 자신의 관찰사항에 대해 언급하였다. 대화는 그녀의 스타일, 지원 능력과 기타에 대한 토의로 이어졌는데, 이미 이전 직장에서 자신의 부하직원들을 관리할 때에 계속 사용한 스킬이었으나, 전직지원전문가와의 첫 만남에서 그 스킬에 대한 내용을 간과하였다. 그녀는 부하

직원들의 발전에 도움을 준 자신에 대한 인식을 증대시켰고, 이후 직업 탐색 활동 시 추가적인 마케팅 포인트로 사용하였다.

전직지원 환경을 풍부한 고객정보의 출처로 이용한다면, 사무실 지원요원들의 배치에도 의미를 부여해야 한다. 앞서 예를 든, 몇 가지 참고사항은 선임 전직지원전문가가 고객과 지원요원들과의 관계를 관찰하면서 나왔다. 전직지원 환경의 잠재성을 정보의 출처로 극대화하기 위해 일부 전직지원 조직에서는 전직지원전문가뿐만 아니라 사무실의 핵심 지원요원들을 서비스 진행회의에 참석시킨다. 선임 전직지원전문가는 이런 방법으로 고객들과 상호관계를 하는 개인으로부터 완전한 피드백도 받을 수 있다. 그러나 종종 다수 정보가 일치성을 보이지만, 전직지원전문가는 다른 지원요원들의 고객관찰에 기초하여 고객과 관련된 다양한 해석을 받을 수 있다. 추가로 다수 지원요원을 회의에 참여시키는 조치는 더욱 협력적인 분위기를 형성할 수 있다. 통합적인 고객대응법은 모든 지원요원들이 동일한 목표를 가지고 고객들과의 접점에서 일하게 만들어주기 때문이다.

시티은행의 내부 커리어 서비스 부서는 이런 접근법을 오랫동안 사용했다. 고객들의 진행 상황을 공유하기 위해서 지원요원들을 대상으로 하는 회의도 정기적으로 개최하는데, 특정한 핵심 지원요원들이 참여한다. 고객들과 접촉했던 모든 전직지원전문가와 지원요원들은 자신들의 의견을 제시하면서 전직지원 상황 속에서 다양한 고객들과의 상호작용에 관한 큰 그림을 전직지원전문가가 그릴 수 있게 해준다. 그런 일에 참여하는 지원요원들의 선발, 훈련 및 코칭을 책임지는 부서의 관리자들과 상근 서비스 제공요원들은 상호 간에 노력을 조화롭게 하려고 힘쓴다. 이런 접근법을 통해 서비스 진행 시에 참고할 중요한 정보를 선임 전직지원전문가에게 전달한 조치는 매우 성공적이었다.

장기간 직업 탐색 중인 고객 – 전직지원 환경을 둥지로 사용

전직지원 서비스 및 고객의 행동과 관련된 사항을 결론짓기 전에 장기간 직업 탐색 중인 고객에 대한 몇 가지 내용을 언급해본다. 비록 장기간 직업 탐색 중인 고객의 정의는 여러 가지일 수 있으나, 전직지원 서비스에 일 년 이상 혹은 그 이상 머무는 고객들은 모두 여기에 해당된다고 보아도 틀림이 없다. 전직지원 지원요원들은 전직지원 서비스에 일 년 혹은 그 이상의 기간에 머물렀던 일부 고객들을 '둥지 지킴이'라고 부르는데, 전직지원 환경을 외부로부터 안전하고 아늑한 피난처로 생각하기 때문이다.

장기간의 직업 탐색 혹은 둥지 지키기에 영향을 미치는 많은 요인들은 아래와 같다(Morn&Yorks, 1990).

- 상당한 퇴직금
- 고용계약의 연장 가능성
- 직업 탐색 활동이 특정 혹은 한정된 지리적 구역에 치중
- 해고의 초기 충격이 거부, 분노, 혹은 우울함에 머무는 시간을 확장하고 그 회복을 지연
- 신체적 용모 불량
- 자기 이미지 및 자기 존중감 형성 부족
- 셀프 마케팅 상의 큰 어려움

- 타인 의존적인 수동성
- 개인적 혹은 가족 문제의 복합적 상황-별거, 이혼, 약물 남용
- 이전 고용주에 대한 잦은 소송 제기

위와 같은 요소에 추가하여, 전직지원전문가는 고객이 둥지 지킴이로 전락하는 상황을 방지하기 위한 지시적 조치도 할 수 있다. 단기간 혹은 미래의 둥지 지킴이가 될 가능성을 보이는 고객들의 행동은 여러 가지이다. 첫째, 일부 고객들은 환경 속에서 자신의 전용석으로 선언할 물리적 공간을 찾는다. 만약에 전문회사에서 영구적 사무실 및 칸막이 공간을 고객에게 제공할 경우에 고객들은 그림이나 자신의 소유물을 비치하면서 그 공간을 개인화한다. 만약 전직지원전문회사가 전형적으로 '먼저 온 자가 먼저 사용하는 개념'으로 칸막이 혹은 사무실을 운용한다고 선언한다면, 둥지 지킴이들은 일치되게 동일한 공간 사용을 요구한다. 종종 그들은 원거리 지역이나 원거리 사무실에 있는 전직지원전문회사의 공간을 요구하거나, 혹은 적어도 교통이 편리한 지역에 위치한 공간을 요구한다. 예상되는 사항은 그런 공간에서 장시간 머무는 고객들은 네트워킹이나 만남을 위해서 좀처럼 공간을 떠나지 않는다는 점이다. 그런 고객들은 공간에서 보내는 시간을 직업 탐색의 생산성 향상에 투자하는 시간과 동일시한다. 그러나 가장 효과적인 직업 탐색은 전직지원 사무실에서 전화하면서 보내는 시간, 서신이나 메일 발송에 보내는 시간, 그리고 동료들과 접촉하는 시간 간의 균형을 유지함에 있다. 다른 사항은 전직지원 환경 속에서 자신들이 시행해야 하는 직업 탐색보다 지원요원 및 진행사항 등에 더욱 많은 흥미를 느끼는 고객들인데, 불합리한 양의 시간이 지원요원이나 전

직지원전문가에게 소비되는 형태이다. 혹은 전직지원 환경의 일일 운영기능 향상에 자기 생각을 투자하는 고객들이 환경 변화에 중점을 둔 토의를 하는 부적합한 시간의 사용이다. 일부 고객들은 자신들의 일이 아닌 다른 고객들의 직업 탐색에 더욱 많은 흥미를 두고 있다.

그러나 장기간의 직업 탐색을 하는 고객들을 모두 둥지 지킴이로 볼 수는 없다. 전직지원 초기에 이런 행동을 몇 가지 보인다고 해서 그들을 둥지 지킴이로 볼 수 없다. 전직지원 상황에서 고객들이 보여주는 행동은 전직지원전문가가 어떻게 고객과의 서비스 진행을 촉진할지에 대한 더욱 완전한 그림을 그려준다.

요약하면, 전직지원전문회사는 고객에게 사무실과 행정지원 서비스, 그리고 전직지원 서비스를 제공하는데, 전직지원 사무실 환경은 매우 많은 고객이 다양한 상황 및 인간관계 속에서 어떻게 행동하는지에 대해 알 수 있는 특이한 환경을 제공한다. 전직지원전문가는 추가적인 직업 탐색 진행의 촉진을 위해 인지된 정보들을 서비스 프로세스에 통합한다.

제 8 장

전직지원 카운슬링 이론

📌 본 장에서는 전직지원 서비스와 관련된 이론을 다룬다. 전직지원의 가장 통상적으로 사용하는 카운슬링 접근법을 이론적으로 잘 언급한 책자는 거의 없다. 본 장에서는 전직지원의 기초가 된 하는 모델들을 분석하고, 현장의 전문적인 시행내용과 일치하는 일부 대안적인 공식들을 제안한다.

전직지원에 사용되는 많은 카운슬링 접근법은 커리어 카운슬링 분야에서 유래하였다. 심리요법을 포함하는 개인 커리어 카운슬링은 개인적인 일대일 카운슬링의 변형으로 간주할 수 있다. 카운슬링과 심리요법의 흥미로우면서도 종종 혼란된 관점 중의 하나는 존재하는 다양한 학교기관 및 그 접근법에서 나온다. 혹자들의 주장에 의해 적어도 100가지의 상이한 형태 혹은 접근법이 존재한다고 생각한다(국립정신건강연구위원회 태스크포스, 1975). 그중 세 가지의 가장 잘 알려진 매우 특이한 접근법은 정신분석, 고객중심 인간주의, 그리고 행동요법 혹은 학습접근법이다. 이 세 가지는 전직지원 서비스의 현 시행을 점검할 수 있는 참고내용들이다.

행동/학습 모델

    많은 전직지원 접근법이 행동 혹은 학습 모델에 기초하고 있으나, 전직지원 카운슬링은 더욱 광범한 이론적 모델에 기초해도 잘 시행될 수 있다는 주장을 하고 싶다. 첫째, 전직지원 서비스에 비추어 행동모델의 특정한 기본 원칙들을 검토하고자 한다. 둘째, 다른 이론들을 통합하여 전직지원 과업수행에 효과적으로 적용할 수 있는 주요 기여사항에 관해 토론을 한다. 비록 독자들이 처음에는 심리적 원칙에 대한 토의가 전직지원 카운슬링 분야와 매우 동떨어진 것으로 생각할 수 있으나, 본 장을 읽어가면서 그 적합성을 더욱 명확히 이해할 수 있다.

    행동접근법은 전통적으로 고전적인 보상과 장려를 추구하는 정신장애자에 대한 강화요법을 강조하였다. 그러나 억압된 무의식적인 갈등 혹은 행동 부조화의 기원을 이해하기 위해 유아기의 경험이 중요하다는 점은 강조하지는 않는다. 대신에 강화의 환경적 특징 및 일정을 강조한다. 전직지원 사무실 내부와 외부에서 고객이 보여주는 실제적 수행능력도 중시되면서 사회적 학습과 인지 재구조화 역시 강조한다.

    행동접근법은 카운슬러와 고객 간의 관계를 심리 분석적 혹은 고객 중심적 접근이 아닌 적어도 몇 가지 주요한 다른 방법으로 관찰한다. 첫째, 그들은 빠른 속도로 발전되는 관계를 유지한다. 행동 카운슬러에 의하면 그 관계는 신뢰의 구축 이전까지는 시간이 소요되나, 다소 신속히 형성된다. 이는 '신뢰'라는 복잡한 상황의 발전에 몇 주, 몇 달, 혹은 몇 년이 걸리는 분석적인 고객 중심적 접근법과 크게 구분된다. 이런 차이점의 상당 부분은 소위 카운슬러-고객 관계를 논하는 다양한 접근법에 그 뿌리를 두고 있다. 행동 카운슬러는 깊은 관계 혹은 결속을 생각하는 것이 아니라, 추천된 기법에 대해 고객들이 신뢰를 느끼도록 해주는 충분한 업무관계의 유지, 그리고 고객에게 문제가 되는 카운슬러의 대인관계 강화사항을 중시한다. 고객의 목표가 자아와 그 자아를 위협하는 부분을 끊임없이 탐색하고 밝히는 데 있다면, 필요한 신뢰의 양은 심리 분석적 접근법에서 요구되는 양처럼 그렇게 크지 않다.

두 번째 측면은 카운슬러-고객 관계가 카운슬링 결과에 미치는 효과에 관한 것이다. 종종 행동 카운슬러들은 이를 특이하지 않은 요소로 일컫는다. 기본적으로 행동 카운슬러들은 고객에게 미치는 잠재적 영향을 관계에서 획득하나, 카운슬러-고객 관계를 영원하다고 보지는 않는다. 절차, 기법, 그리고 정보는 훌륭한 학습중심 카운슬링의 존재 이유다. 그 내용은 고객들이 제일 먼저 조치가 필요하다고 생각하는 문제의 해결에 가장 크게 이바지하는 요소들이다.

이러한 관점에서 관계는 기법의 이상적인 적용과 적합한 설득, 강화, 기법의 사용을 가능하게 하고, 고객의 문제에 관한 세부사항의 노출을 촉진시킬 수 있는 영향력, 혹은 힘의 기반을 카운슬러에게 제공한다. 기법과 관계요소의 혼합은 학습접근법의 '이중효과'를 내게 해준다(Wolpe, 1969). 다른 말로 표현하면, 관계는 카운슬러가 고객들에게 언어, 비언어, 그리고 인지행동을 포함하는 행동의 변화를 가르치는 범위까지 이르게 해줄 정도로 중요하다. 학습은 추구되는 것이고, 관계는 그 자체가 핵심 혹은 결론적인 것이 될 수는 없다.

세 번째 부분은 카운슬러와 고객 간의 관계에서 발생하는 감정전이의 중요성에 관한 내용이다. 감정전이는 지난 시절 주요한 사람들과의 관계에서 발생한 갈등(항상 그렇지는 않으나 통상적으로 유아 시절 초기에 발생한)의 연속으로 정의하는데, 바로 그런 초기관계에서 주요한 사람들로부터 배제된 느낌, 행동, 그리고 태도와 같다. 카운슬링에서 그런 좌절감은 치료전문가에게 인계한다(Gelso&Carter, 1985). 다른 형태로 개념화하는 방법은 과거에 최초로 형성된 행동 패턴, 느낌, 그리고 태도가 현재 반복된다고 보는 방법이다. 많은 행동 카운슬러의 접근법에 따르면, 감정전이는 크게 중요하지 않다고 한다. 비록 일부 행동 카운슬러들은 감정전이를 간단히 논하지만, 그들 대부분은 감정전이를 카운슬링의 발전에 필요한 기회적인 요소로 본다(Ellis, 1984; O'Leary&Wilson, 1975). 가장 관심을 끄는 카운슬러-고객 간의 관점은 업무협력 관계에 있다. 이는 카운슬러와 고객 사이에서 일어나는 제휴로 정의하거나, 더욱 정확히 말하자면 고객의 이성적 측면과 카운슬러의 업무 혹은 카운슬링 측면에서 발생하는 일로 정의한다(Gelso&Carter, 1985). 그 구성요소는 고객들 간의 감정적 결합, 카운슬링의 목표에 관한 합의, 그리고 업무과제에 대한 합의이다(Bordin, 1975). 예를 들면, 실제로 어떤 전직지원 동료는 고객들과의 계약관계를 고안하였는데, 그 내용은 카운슬러와 고객 간의 기대사항과 책임에 대해 세부적으로 언급하고 있다. 참석률, 일정수립/만남의 취소, 노력, 생산성 및 만남의 주제가 그런 내용들이었다. 이런 삼차원적인 내용(카운슬러와 고객과의 관계에서 요구되는 신뢰의 정도, 결과에 관계가 미치는 영향, 그리고 감정전이적 관계)들은 행동 접근법을 심리 분석적 접근법이나 고객 중심 접근법과 더욱 잘 구분해준다.

그러나 본 저자의 절대적인 판단에 의하면, 전직지원 동료 실행자들의 다수는 특정한 행동 원칙에 기초하고 있다. 다음 절에서는 이런 원칙들이 전직지원 카운슬링의 가이드라인으로 어느 정도 유용 및 유효

한지에 대해 중점적으로 설명한다.

학습모델과 전직지원 간의 상호적합성

전직지원 프로세스의 이론적 기초로서 행동기반 접근법을 선택하는 많은 이유가 있다. 이는 특별히 직업 탐색을 간단히 실시하는 경우, 혹은 목표를 경력지속으로 고려하는 경우, 그리고 대인관계 혹은 감성적 반응의 기복이 없는 경우의 고객들에게 적합하다. 그러나 오늘날의 전직지원 서비스에서 카운슬링에 대한 전방위적 도전에 대응하기에는 행동 접근법의 여러 가지 방법론들이 충분하지 않을 수도 있다.

▶ 전직지원 서비스 기간

첫째, 1970년대와 1980년대 초반에 임원급들은 다른 직업을 찾는데 5개월 내외의 기간 소요가 일반적이었으나, 현재의 자료에 의하면, 평균적으로 8개월이 소요된다(제이 아론과의 개인적인 의사소통, 1994. 2. 1). 전직지원전문회사들은 고객들의 약 15%에서 20%가 전직에 12개월 이상이 소요되었다고 한다. 비록 단기 서비스가 무엇으로 구성되는지에 대해서 명확하게 합의된 바가 없지만, 일단 서비스 관계가 9개월 이상 지속되면, 단기 서비스라기보다는 장기 서비스로 볼 수 있다(Garfield, 1989).

현재 시행되는 전직지원 서비스의 성격은 기간 문제를 복잡하게 만든다. 단기 전직지원 서비스 접근은 기간 문제에 관한 한 전형적으로 두 가지 접근법 중 하나를 택한다. 일부 전직지원전문가는 시작 시부터 서비스 시간 및 회기를 제한한다. 기타 전직지원전문가는 가능성

전직지원전문가 가이드 북

있는 회기의 범위 혹은 가능성 있는 종료점을 제시하여 고객들로 하여금 서비스가 언제까지 지속될 수 있는지에 대한 합리적이고도 명확한 생각을 하게 하여 지원기간에 대한 모호함을 감소시킨다.

반면에, 종종 그들이 다른 직위를 찾을 때까지 혹은 전직지원전문 용어로 '안착'할 때까지 지원하는 방법도 있다. 이 무제한적 기간은 전형적으로 완전한 서비스 방안으로 일컬어진다. 전직지원전문가는 고객이 다른 일을 찾을 때까지 발생할 여러 가지 불확실성을 고려할 때에 서비스를 언제까지 지속해야 하는지를 예측할 수 없다. 따라서 많은 고객들에 대한 서비스 관계가 단기 서비스 접근법보다는 더욱 길어질 수 있는데, 그 이유는 시작 시에 서비스의 종료를 예측하기 힘들기 때문이다. 종료 시점을 명확히 할 수 없는 점을 고려할 경우, 전직지원은 행동접근법과 유사한 수준에서 고객중심 접근법과도 유사하다.

▶ 전직지원 이슈의 범위

두 번째 이슈는 전직지원 카운슬링에서 언급할 주제의 범위에 관한 내용이다. 많은 고객들에게 전직지원 카운슬링의 목표는 경력 지속이다. 그들은 해고되었던 직장에 상응하는 직위를 원하는데, 다른 경력 대안을 탐색하고 싶은 욕구가 없다는 내용이 보고서상에 나타난다. 따라서 최소한의 심리검사를 한다. 더욱이, 고객들은 해고로 인한 감정적 영향에 대응한 어려움에 대해 거의 이야기하지 않으며, 다른 전직지원전문가에 의해서도 그런 어려움이 관찰되지 않는다. 이런 고객들에게 전직지원 서비스의 목표는 가능한 한 단기간 내에 가장 가능성 있는 적합하고도 상응한 직위의 확보이다.

그러한 고객들 중 다수는 서비스 회차를 통해 다양한 직업 탐색 기법과 수단을 배우고자 한다. 대부분의 초기 회차에서는 전직지원전문가가 고객들에게 효과적인 이력서 작성법과 면접 시에 어떻게 인상 깊게 보일 수 있는지를 교육한다. 이후의 회차는 네트워킹, 채용공고 대응법, 그리고 직접 메일 발송을 포함하는 다양한 직업탐색 방법의 '해야 할 일'과 '하지 말아야 할 일'을 검토하고, 다른 회차에서는 명확한 목표 설정과 활동목표의 설정에 투자하면서, 보수협상과 정보자산의 사용과 같은 주제도 언급한다. 이런 전직지원 프로세스는 기본적으로 전직지원전문가가 절차, 기법, 정보 제공, 안내, 그리고 일반적 수준의 감성적 지원을 하는 내용으로 구성되어 있다.

그러나 많은 고객들에게 더욱 광범한 수준의 이슈가 언급된다. 실질적인 내부평가 프로세스를 거치는 고객들은 개인 성격, 성품, 가치, 그리고 흥미뿐만 아니라 스킬과 성취업적과 같은 이슈를 다룰 기회가 있다. 상당한 변화를 가져올 미래의 의미도 토의한다. 이런 고객들에게 효과적 카운슬링은 자기 존중감 재구축, 삶에 대한 새로운 의미부여, 그리고 일—가정의 이상적 양립을 구현하게 해준다. 이런 종류의 카운슬링은 직업 탐색이라는 구조를 넘어선 완벽한 기법을 요구한다.

패트릭은 전직지원을 통해 자신의 생애를 결정적으로 수정하였다. 그는 55세의 기혼남성으로서 모 은행의 기업훈련부서에 근무하였는데, 그 이전의 경력은 성직자와 교사의 경력을 가지고 있다. 그는 아내와 함께 지난 5년 동안 노스캐롤라이나로 이사하는 문제를 토의하였다. 그런 계획은 정원관리, 하이킹, 그리고 낚시와 같은 외부활동을 더욱 많이 해야 하는 생활방식의 극적인 변화를 초래한다. 그러나 여러 번의 논의에도 불구하고 확실한 실행계획의 수립이 힘들었다. 패트릭은 전직지원 프로세스에 적극적으로 참여하여, 전직지원전문가와 강한 업무관계를 신속하게 설정한 이후 자기평가를 통해 자신의 가치, 흥미, 그리고 스킬을 더욱 명확하게 알았다. 그리고 그런 자기평가 프로세스의 결과가 라이프 스타일의 변화를 다소 빠르게 진행할 수 있도록 해주었다. 더불어 전직지원전문가의 완벽한 지원은 그로 하여금 이전에 중단하였던 조치도 다시 한 번 생각해보도록 강화시켜 주었다. 그와 아내는 노스캐롤라이나를 사전탐색차 방문하였고, 그곳에서 아내가 간호사로 일할 수 있다는 약속도 받아낼 수 있었다. 그도 이사 이후에 훈련 관련 직무를 할 수 있는 직위를 찾을 수 있는 근거도 마련하였기 때문에, 몇 달 내에 자신들의 삶이 극적인 변화를 겪게 될 것이라고 생각하였다. 그들은 뉴욕에 거주할 때보다 노스캐롤라이나에서 외부활동을 추구하면서 일-가정 양립이라는 목표를 더욱 만족시킬 수 있게 된 것이다. 패트릭은 삶의 방향을 변화하도록 자신에게 동기 부여, 지원, 정보, 그리고 지침을 제공해준 전직지원 서비스에 대해서 많은 찬사를 보냈다.

비록 개인 전직지원 서비스의 핵심은 전문가와 고객 간의 관계를 포함하지만, 일부 전문회사나 전문가들은 서비스 프로세스에 배우자를 포함시키는 경우도 있다. 배우자는 전형적으로 고객과 함께 일 회차 혹은 이 회차 정도 참여하는데, 전직지원전문가는 배우자에게 전직지원 프로세스에 대한 많은 내용을 설명하는 가운데, 앞으로 몇 개월 동안 고객이 무엇을 경험할 것인지를 인식시킨다. 전직지원전문회사인 제노타 브레이라는 고급임원들의 배우자 서비스를 위해 지정 프로그램을 운용한 바가 있다. 90% 이상의 배우자들은 고객을 담당하는 전직지원전문가와 대화하면서 많은 내용을 인지하였다. 배우자 서비스는 고객의 전체적인 직업 탐색 프로세스 중에 시행되는데, 배우자를 포함시키는 방법은 전직지원 서비스의 더욱 광범하고, 포괄적인 관점을 보여준다. 이런 관점은 더욱 가족 중심적인 접근사례인데, 배우자를 거의 고려하지 않는 간략한 학습기반 접근법에서는 찾아볼 수 없다.

▶ 감성적 지원

세 번째 이슈는 전직지원전문가가 제공하는 감성적 지원의 범위 및 형태이다. 고객들은 전직지원 서비스를 경험하면서 다양한 감정을 맛본다. 종종 안도감과 분노, 고통, 두려움이 혼합되는데, 이는 해고에 동반되는 일부의 감정일 따름이다. 직업 탐색 기간 중에 고객들은 종종 감정의 기복이 매우 크다는 느낌을 말한다.

그래서 전직지원전문가는 정기적으로 광범한 범위의 복잡한 감정들을 처리해야만 하는데, 그런 지원을 제공하기 위해서는 직업 탐색 기법의 기본을 훨씬 넘어선 범위를 포함하는 카운슬링 스킬을 보유해야만 한다. 개인의 감정을 표현하면서 관리하도록 지원하기 위해서는 고객이 전직지원전문가에게 상당한 수준으로 마음의 문을 열게 만드는 높은 신뢰관계의 구축을 필요로 한다. 이런 방법을 통해 카운슬링 관계는 혹자가 기대하는 학습기반 접근법보다 높은 수준으로 설정되며, 인간 중심 혹은 심리중심 접근법에서 찾을 수 있는 카운슬러–고객 관계를 더욱 강조하는 형태가 된다.

전직지원 모델의 재공식화

따라서 어떤 상황에서는 실제로 전직지원 관계가 기본적인 행동접근법 원칙에 완전히 고착되지 않는 모습을 보여준다. 이런 상황은 현

재의 실행상태를 고려한 전직지원 카운슬링 관계의 성격을 재공식화
하도록 요구하고 있다. 이런 재공식화는 종종 단기적이면서도 거의 전
적으로 학습기반 경험에 기초하던 전직지원 초기 개념과 매우 다른 현
재의 시행상황을 인정한다.

이런 상황의 좋은 사례는 40대의 재무서비스 마케팅 임원인 수잔
케이였다. 수잔은 자신의 마케팅 서비스 사업을 벌이기 전에 12개월
이상을 전직지원전문가와 만났다. 그 기간에 수잔과 전직지원전문가
간의 신뢰는 깊어졌고, 자신의 부친, 언니와의 관계에 관한 상당한 양
의 정보를 공개하였을 뿐만 아니라 특히 성공, 경쟁, 그리고 독립성과
같은 이슈도 공개하였다. 그녀의 부친과 언니는 그들이 일하는 분야에
서 매우 성공하였기 때문에, 그런 성공에 기초하여 그녀에게 경력 관
리 조언을 하는 일을 정당화하였는데, 그녀는 오랫동안 그들의 제안
을 주제넘은 일로 보았다. 전직지원 서비스 회차를 통해서 그녀는 통
찰력을 가지게 되었고, 가족관계 때문에 이전의 상사와 핵심 여성동료
들과의 관계가 잘못된 상태로 발전되었다는 결론을 내렸다. 더불어 그
녀는 자신의 최근 업무상황에서 나타난 갈등도 다른 관점으로 접근하
게 되었다.

전직지원전문가의 지원에 힘입어 자신의 경력에 대한 이해가 깊어질
수록 그녀는 자신만의 컨설팅 서비스 창업을 신중하게 고려하였다. 그
리고 전직지원전문가와 함께 사업계획의 발전, 그 계획의 추진에 대한
결심, 그리고 초기 단계의 시행 등에 대해 토의하면서, 사업의 가능성
을 탐색하기 시작하였다. 그녀는 범위가 좁은, 학습기반 전직지원 관
점을 넘어서는, 몇 단계 높은 수준의 소중한 서비스를 받았다.

▶ 전직지원에서의 감정전이

본 저자는 개인 전직지원 서비스가 개념화될 수 있다고 주장하였는데, 적어도 특정상황에서는 단기적, 그리고 엄격한 행동기반 경험을 초월하는 카운슬링 활동으로 개념화되어야 한다고 생각한다. 그렇다면 그 복잡성을 더욱 완벽하게 고려하는 형태로 전직지원 카운슬링 경험을 재공식화하는 데 적용할 심리적 개념 혹은 원칙은 무엇일까? 카운슬링 이론 및 실행에 관한 지식의 실체로부터 많은 개념을 추출할 수 있다. 감정전이와 감정역전이가 그 두 가지이다. 동일하게 다른 이론에서도 용이하게 추출할 수 있으나, 전이와 역전이의 개념은 전직지원전문가와 고객 간의 상호작용을 분석하면서 오랫동안 사용한 그 중요성 때문에 토의해본다.

대부분의 전직지원전문가는 아마도 전직지원 고객들과 상호신뢰와 존중으로 특징지어진 좋은 관계설정의 중요성을 인정한다. 그러나 더 토의해야 할 문제는 전직지원 카운슬링의 감정전이 혹은 '비현실적' 관계를 조명할 적합한 방법이다. 전이관계의 인식은 심리 분석적 이론에 기반을 두고 있으며, 일부는 전이를 심리분석 혹은 분석기반 카운슬링을 할 경우에만 발생한다고 본다. 여러 사람 중에서도 겔소와 카터는 전이(그리고 역전이)가 보편적인 일로서 거의 모든 카운슬링 관계에서 발생한다고 제시하였다(Gelso&Carter, 1985). 더욱이 그들은 전이반응이 이론적 경향 전반에서 처치기간의 길이와 관계없이 발생한다고 말한다. 그런 상황은 전직지원전문가와의 첫 대면에서도 나타나며, 혹은 고객이 만남을 기대하거나, 개입을 경험하기 이전에도 발생한다.

그럼에도 불구하고, 전이가 모든 종류의 카운슬링에서 동일한 형태로 발생한다는 주장은 사실이 아니다. 어떤 형태로 발생하든지 간에, 여러 가지 요인에 기초하여 서비스 진행에 영향을 미친다. 그런 요인들은 서비스 프로세스 진행장소(혹은 장소가 결여된), 특별한 고객, 그리고 특별한 전직지원전문가의 환경과 관련된 관점을 포함한다. 전직지원전문가는 심리 분석적 혹은 심리 역학적 접근법의 배경하에서 일할 경우에 전이를 잘못 해석한 상태에서 공고화, 심화, 그리고 작업을 할 경우가 있다. 예를 들면, 전직지원전문가는 고객이 계속 반대되는 행동을 보일 경우에는 그가 부친의 통제, 권위에 대해 대응할 때에 나타내던 모습을 카운슬링의 특정시기에 보인다고 해석한다. 어린아이로서 부친이 가졌던 권위에 대응한 일이 필요했을 수도 있으나, 성인으로서 통제 혹은 지배적이지 않은 요법가들에게 그런 행동을 보이는 것은 매우 부적합하다. 대학교 카운슬링 센터와 같은 다른 상황에서 학생 고객들에게 간단한 요법을 제공하는 카운슬러들은 전이관계를 발전시키지 않으려는 신중한 노력을 투자한다. 대신에 카운슬러는 느낌 혹은 행동변화에 대하여 이야기하고, 감정전이는 업무를 방해하는 수준일 경우에만 다룬다.

더욱이 겔소와 카터는 모든 전직지원전문가가 전이로 불릴 수 있는 상황을 유도하기 위해 노력한다고 주장한다. 전직지원전문가가 아무리 모호한 노력을 기울인다 해도, 스크린 상에 무언가 나타난다. 그들은 항싱 감정전이 반응의 종류와 강도에 영향을 미치는 이미지를 만들어낸다.

전직지원 카운슬링에서도 이런 인식을 가진다면 매우 유용할 수 있다. 비록 전직지원이 앞에서 설명한 예와 같이 심리 분석적 접근법보다 대학교 카운슬링 센터의 접근법에 더욱 유사하지만, 전직지원 카운슬링을 할 때에 전이현상을 이해하고 주의를 기울여야 한다. 전직지원전문가는 적어도 그 개념(그것이 전이 혹은 자극 일반화를 의미하는 것과 관계없이)을 잘 알고 있어야만 하고, 전이가 상시로 나타날 경우에는 자신들의 자세와 스타일에 의해 야기되는 전이의 형태 전반을 잘 고려하는 가운데, 서비스의 진행을 방해하는 경우에는 전이를 처리하는 단계로 들어가야만 한다. 하나의 예는 60세의 백발인 남성 전직지원전문가가 젊은 고객과 강한 라포를 구축하는데 어려움을 겪은 경우였는데, 전직지원전문가의 가장적인 스타일이 고객에게 독립성과 권한이라는 이슈를 상기하게 만들면서, 부친 혹은 다른 권한자로부터 경험한 갈등과 관련된 느낌을 자극하였기 때문이다. 그러한 상황에서 전직지원전문가가 전이유도에 대해 모르고 있을 경우에는 서비스 프로세스가 붕괴하는 상황으로 이르는데, 특히 앞에서 설명한 젊은 고객과 유사한 경우이다.

전이반응에 대응하는 전직지원전문가의 조치는 그들의 배경을 이해하기 위한 어린 시절의 문제를 언급하거나 혹은 분석형태의 해석을 포함할 필요는 없다. 전직지원전문가는 그들의 자세를 수정하거나 어떤 이론적 용어가 편안한지를 생각하지 말고, 오히려 관계상의 어려움만을 논해야만 한다. 40대의 여성 코카시안 전직지원전문가가 좋은 사례를 가지고 있었는데, 유사한 나이의 아시아계 남성을 카운슬링 할 때의 경우였다. 그녀는 고객이 받은 문화적 영향 때문에 일자리에서 여성의 역할, 그리고 남녀관계에 대한 잘못된 생각을 가지고 있고, 그것이 좋은 관계의 형성을 방해한다는 사실을 초기에 인지하였다. 그녀는 전직지원전문가로서 고객과의 관계에서 얻을 수 있는 이점에 중점을 두는 가운데, 진지하고 비 방어적 토론을 허용하는 방법으로 그 주제를 논하였다. 그런 방법이 더욱 강한 라포를 형성해주었고, 그가 직업 탐색에 더욱 열중하도록 만들었다. 이는 전이현상에 대한 전직지원전문가의 이해가 카운슬링 진행의 장애물을 해소하는데 크게 기여한 바를 명확하게 보여준 사례이다.

전이현상에 관심을 두는 방법은 고객이 미래의 잠재적 고용주를 대하거나 혹은 이전의 고용주를 대하는 방법으로 전직지원전문가를 대하는 방법의 사용을 포함한다. 고객들이 업무 관련 상황에서 다른 사람들을 대하는 방법과 일치된 행동을 전직지원전문가에게 보여주는지를 고객이 알도록 전문가가 도와주는 방법이다. 예를 들면, 실제로 어떤 노조가입 근로자는 전문가가 자신을 위해 이력서를 대신 써주기를 원하였다. 이런 기대는 서비스 사무실에서 나타났는데, 전직지원전문가는 고객의 그런 행동이 이전에 그의 상사가 수동적, 그리고 의존적이었을 가능성이 있다는 점을 토의의 도입부로 사용하였다. 그런 수동적 행위는 고객이 솔선해서 일을 해나가거나 개인적 주도권을 요구하는 급변하는 업무환경 속에서 자신의 직무를 수행하는 데 어려움으로 작용한다.

다른 사람을 대하는 고객의 스타일이나 영향을 이해하는 모델로서 전문가-고객 관계를 적용하는 일은 고객을 지향하는 전직지원전문가가 계속 사용할 수 있는 매우 귀중한 자산 중의 하나이다. 장기적인 전직지원 관계에서 전직지원전문가는 일과 관련된 고객의 적합한 스킬을 목록화하기 위해 고객이 스트레스 관리, 시간관리, 과제 제출, 단점 처리방법, 주도권 행사, 자산 파악을 어떻게 처리하는지를 관찰한다. 추가로, 시간이 경과함에 따라 전직지원전문가는 고객의 관계

구축을 보고 대인관계 스킬 및 스타일의 수준을 평가한다. 다수 관리자가 보이는 과제의 성공 혹은 실패의 결과는 기술적 경쟁력이 아닌 스타일에서 나오는 문제이기 때문이다.

전직지원전문가는 진행하는 전직지원업무에 적합한지 여부를 불문하고 전이반응과 그에 대응하는 방법을 훈련해야 한다는 사실을 인식해야만 한다. 이는 역사적으로 전이현상, 고객에 대한 공고한 이해, 그리고 고객과 함께 일하기 위해 설계된 전직지원전문가의 개입을 많이 논하지 않았던 행동접근법의 명확한 새로운 출발점이 될 수 있다.

▶ 전직지원에서의 역전이

혹자가 역전이와 관련된 이슈를 세밀하게 살펴보지 않고 전이를 논의할 수는 없다. 엡스테인과 페이너는 '역전이'라는 심리분석 문헌을 검토하면서 역전이를 "환자의 전이 혹은 관련 스타일에 필요한 자연스러우면서도, 역할에 부응하는 보완사항 혹은 반대사항"으로 정의하였다(Epstein and Geiner, 1988, 293쪽). 일부는 '요법자들이 환자를 향해 보이는 모든 느낌과 자세'라는 사항을 더하면서 더욱 세부적으로 정의하였다. 이러한 정의는 전직지원전문가에게 역전이 관계가 회피할 수 없는 전방위적으로 존재하는 관계라는 점을 말해준다.

전직지원 과업은 감정적, 그리고 지적으로 많은 것을 요구한다. 감정적으로 긴밀하고 요구적인 전직지원 과업의 성격은 전직지원전문가가 자기 이해를 얼마나 하는지, 그리고 어떤 수준의 통찰력을 가졌는지, 혹은 전문적인 차원에서 얼마나 책임을 가지는지와 관계없이 그들의 심리적 내력 및 동적 요소에 기초한 반응과 대응을 불러일으킨다.

그런 사례는 매우 많다. 이슈를 둘러싼 한 가지 일반적 사례는 전직지원 진행속도 및 발전에 관한 내용이다. 대부분의 전직지원전문가는 특정 고객들이 충분한 속도로 진전하지 못한다는 점에 대해 많은 좌절과 성급함을 경험한다. 그러나 고객에게 직접 질문할 경우에 그들은 진행속도에 대해서 매우 만족한다고 말한다. 그런 경우에 전직지원전문가의 반응은 고객보다는 자신과 더욱 관계가 있다. 예를 들면, 전직지원전문가 자신이 비효과적이거나 능력이 떨어지기 때문에 느린 진행을 보인다고 생각하기 때문이다. 전직지원전문가는 자신이 동료 혹은 전직지원전문회사 관리진의 눈에 나쁘게 비칠 수 있다는 점을 우려한다. 이는, 직업 탐색 진행에 대한 고객의 자세가 목적을 가진, 목표지향적인 방법으로 상황을 책임지는 전직지원전문가의 특징적 스타일과 반대되는 경우이다. 그런 경우에 전직지원전문가는 고객을 과거에 동일한 방법으로 자신을 좌절시켰던 다른 사람과 같다고 생각하게 된다. 간단하게 말하면, 전직지원전문가는 자신의 다양한 고객들에게 광범한 역전이 반응을 보일 수 있다는 점이다.

결론적으로, 이런 역전이 반응을 도움이 안 된다거나 제거해야 할 요소로 보기보다는 무언가 관심을 두어야만 하는 실체로 보게 되면 더욱 유용해진다. 전직지원전문가는 고객을 향한 자신의 광범한 반응범위에 대해 주의를 기울일 필요가 있으며, 자신들의 욕구를 충족시킬 목적으로 그런 반응을 보여서는 아니 된다. 오히려, 고객을 돕는 서비스에 적용해야만 한다. 만약 전직지원전문가가 고객을 통해 자신이 야기하는 반응을 인식하도록 훈련되거나, 업무 서비스에서 그것을 어떻게 사용할지에 대한 교육을 받는다면 전직지원 고객의 발전에 긍정적 효과를 낳을 수 있다. 다시 한 번, 이는 카운슬링 프로세스의 역전이 반응에서 나오는 충격에 대해 거의 언급하지 않았던 전통적인 행동접근법의 새로운 출발점을 말해준다.

요약 및 결론

요약하면, 전직지원 카운슬링 관계는 다수의 전직지원 서비스가 최초에 목표지향적, 행동지향적 사안에 중점을 두는 상황을 넘어서는 훨씬 복잡한 형태이다. 그래서 전형적으로 단기간의 행동접근법과 관련이 없는 상황 속에서도 카운슬링 관계를 모든 차원에서 가능한 한 완벽하게 바라보는 일이 매우 중요하다. 혹자는 장기적인 전직지원 관계가 여러 가지 측면에서 비슷한 기간과 강도를 가진 다른 일대일 카운슬링 관계와 유사하다고 주장한다. 그런 전직지원 관계는 좋은 관계의 유지, 혹은 전이, 그리고 역전이 현상을 완전히 배제하는 가운데 시작할 수 있다. 그런 현상을 이해할 경우에 어떤 점에서는 카운슬링의 발전도 촉진할 수 있다.

전직지원 고객들은 역사적으로 학습기반, 행동접근법에 의해 좋은 서비스를 받았다. 그러나 어떤 특정 전직지원 관계나, 특별히 긴 서비스 기간과 더욱 광범한 개인적 및 감정적 사안을 포함하는 관계에서는 전이 및 역전이 부분에 대한 관심부족으로 카운슬링의 실패 혹은 매우 연장된 직업 탐색을 야기한다. 결과적으로 전직지원전문가에게 이런 업무특성을 인식하도록 교육해야만 하며, 상황이 허락한다면 그런 특성 속에서 일할 수도 있어야만 한다. 이는 전직지원전문가가 전직지원 목적과 목표에 부합하는 가장 핵심적 구성요소와 개입에 지속적인 중점을 두는 가운데 실행할 수 있다.

이런 방법으로 훈련할 경우에는 전직지원전문가가 지닌 스킬과 유연성을 상당한 수준으로 향상시킨다. 학습기반 접근법을 통해서 더욱 높은 효과를 보여주는 일부 고객들도 있다. 그러나 전직지원전문가는 전직지원 프로세스가 장기화된 다른 고객들을 대할 때에 '동일한 내용을 더 많이(네트워킹, 기법 검토, 이력서 수정 등)' 전달하려고 인식할 필요성은 없다. 고객의 발전은 탐색기법 혹은 시장현실이 아닌 다수의 다른 요인에 의해서 지연될 수도 있기 때문이다. 고객 관계에 대해 광범한 이해력과 여러 가지 개입방안을 가진 전직지원전문가는 진행되는 과업에 대한 자신들의 관점을 더욱 효과적으로 재구성할 수 있으며, 관련된 장애물들을 처리하는 데 필요한 조정까지 할 수 있다.

본 저자의 관점은 전직지원전문가들이 직업 탐색 전문가들보다 훨씬 많은 일을 한다는 점이다. 미래의 전직지원 상황에서 볼 수 있는 고객들은 현재보다 더욱 이질적인 집단이 될 수 있다. 그들은 연령, 인종, 문화적 배경, 고용 및 교육 수준, 가치, 목표, 그리고 포부 차원에서 매우 변화될 가능성이 있기 때문에 전직지원전문가에게는 실제적인 도전으로 작용한다. 미래는 고용시장 지식과 직업 탐색 기법, 그리고 고객 관계를 잘 이해하는 전직지원전문가가 소유할 것이며, 그들은 지혜로우면서도 대응적이고, 유연한 방법으로 도전에 응할 것이다.

제 9 장

전직지원전문가-고객 간의
일반적 상호작용 패턴

앞 장에서는 가능한 한 완벽하게 전직지원전문가-고객 간에 발생하는 상호작용의 역학을 전직지원전문가가 잘 이해해야 함을 강조하였다.

본 장에서는 전직지원전문가와 고객 간의 상호작용을 개념화하는 두 가지 다른 접근법에 대해서 살펴본다. 첫 번째 접근법에서는 전직지원 현장에서 볼 수 있는 문제고객의 더욱 일반적 형태 몇 가지와 전직지원전문가의 더욱 일반적인 역할 몇 가지를 살펴본다. 두 번째 접근법에서는 네 가지 다른 형태의 카운슬링 지원모델 및 지원에 대해서 살펴보면서 모델들이 말하는 기본적인 상호작용적 가정들을 중점적으로 논한다. 또한, 전직지원 카운슬링에 비추어서 그 가정들이 상대적으로 적합한지에 대해서도 토의한다.

문제고객 형태 및 전직지원전문가의 일반적 역할

문제고객의 형태 및 전직지원전문가의 일반적 역할을 토의하기 전에 몇 가지를 말하고 싶다. 첫째, 문제고객의 형태와 전직지원전문가의 일반적 역할 전부와 그런 형태학의 제한점에 대한 인식은 매우 중요하다. 모든 개인은 일정한 특성을 지녔으며, 같은 집단으로 분류되는 다른 사람들과 매우 동일할 수는 없다. 따라서 토의목적으로 일반적 패턴에 대해 생각해보는 일은 유용하나, 그 내용의 구체화는 중요하지 않다.

둘째, 이런 패턴의 상호작용적, 상호영향적인 성격의 인식도 중요하다. 카운슬링 상황은 두 사람 간의 상호작용인데, 각 개인이 상대방에게 계속 영향을 미치거나, 상대방으로부터 계속 영향을 받는 상황이다. 따라서 고객 혹은 전직지원전문가에게 특정한 이름표를 붙이는 일이 중요한 것이 아니라 전직지원전문가와 고객 간의 관계 생성을 위해서 고객의 스타일과 행동이 전직지원전문가의 그것과 상호작용하는지에 중점을 두어야만 한다.

아래는 전직지원 서비스 상황에서 정기적으로 나타나는 문제고객의 일반적인 형태의 일부를 목록화한 내용이다(Bowers&Pickman, 1991).

1. **수동적 고객**: 이런 고객은 자신의 직업 탐색 주도권을 다른 사람이 잡게 하는 경향이 있는데, 전직지원전문가가 직업 탐색의 모든 부분을 해주기를 원한다. 그들의 주요 메시지는 "저를 위해서 그 일을 해주세요. 저는 어찌할 수 없는 매우 힘든 상황입니다. 저를 도와주세요."이다.

2. **지원 거절 고객**: 이런 고객은 전형적으로 두 가지 형태 중 하나이다. 그들은 전직지원전문가가 지원을 위한 노력을 기울일 때에 "잘 알겠습니다. 그런데……."라고 말하는 고객들이거나 전직지원

전문가에게 "예, 예, 예."라고 말하면서도 제안된 내용이나 동의한 내용을 따르지 않는 고객이다. 전직지원전문가는 그런 고객과 일하면서 종종 그들이 다른 고객보다 더욱 열심히 해법을 강구 중인 것으로 생각한다.

3. **권한을 누렸던 고객들**: 이런 고객은 생이 자신에게 많은 빚을 졌다고 생각하고, 또 그것을 당연한 일로 본다. 그들은 최우수 전직지원 서비스를 받을 자격이 있다고 생각한다. 몇 가지 가능한 예를 들어보면, 전직지원전문가의 모든 시간, 관심, 혹은 예외적인 보상패키지는 당연하다고 생각한다. 이런 고객들은 적어도 두 가지 형태로 분류된다. 첫째는 일과 관련된 주요한 좌절에 대해서 전혀 모르는 젊은 '고속진급자'들인데, 세상이 자신들을 신속하게 다른 특정회사의 상급직위에 올려놓아야만 한다고 생각한다. 두 번째는 자신을 보좌하는 사람들이 있는 상황에 익숙한 상급임원들인데, 전직지원전문가에게 바라는 바도 같다. 최악의 경우에 그들은 전직지원전문가를 서비스 지원요원처럼 대하면서 결속 혹은 연계를 위한 노력은 전혀 하지 않는다.

4. **정중한 고객**: 어떤 점에서는 수동적 고객과 유사하나, 전직지원전문가를 전문성을 띤 권한자로 생각하고, 그들의 이야기는 훌륭하고 통찰력이 있다고 생각하면서 존경한다. 문제는 자신의 직업 탐색이 공전을 거듭할 때인데, 정중한 고객으로 분류된 사람들도 마음속으로 전직지원전문가가 전문성을 지녔기 때문에 더욱 많이 알아야 한다고 생각하면서 전직지원전문가를 비난할 경우가 있다.

5. **효율적 전문가 혹은 과학적 문제해결자**: 이 고객은 자신의 논리적, 분석적 스킬에 큰 비중을 둔다. 그들은 직업 탐색을 하나의 문제

로 보고, 다른 문제를 해결할 때와 같은 논리적, 분석적 접근법을 사용해야 한다고 생각한다. 종종 그들은 인간적 관계 구축에 대한 필요성을 느끼지 않는데, 전직지원전문가뿐만 아니라 직업 탐색 간에 만나는 사람들도 포함한다.

위 내용은 전직지원 현장에서 볼 수 있는 더욱 일반적인 문제고객의 유형 중 일부를 나열한 것이다. 비록 짧게 설명한 내용이 특정 고객의 복잡성을 정당화시키는 것은 아니지만, 경험 있는 전직지원전문가가 잘 인식하는 행동적 요소들을 포함하고 있다.

이 시점에서 고객과의 관계를 통해 측정할 수 있는 전직지원전문가의 전형적인 카운슬러 역할에 대해 언급해보자. 전직지원전문가는 스타일, 성격, 그리고 배경에 기초하여 다양한 방법으로 자신의 역할을 정의한다.

전형적인 카운슬러의 역할 몇 가지는 아래와 같다(M.P. 킹과의 개인적인 의사소통 결과, 1993.12.3).

1. **퍼실리테이터**: 전직지원전문가는 고객의 자기 주도적 직업 탐색을 지원하기 위해 존재하는데, 주된 역할은 헌신적 봉사자나 역량부여자이다.

2. **공명판**: 고객의 이야기를 정확하게 경청한 이후에 생각과 느낌을 되돌려주면서 명확성을 확보하도록 지원하는 역할이 주된 역할이다.

3. **코치**: 자신이 직업 탐색과 경력기획에 대해 전문성을 가지고 있다고 생각하면서, 고객의 강점 구축과 그에 필요한 작업을 하는 것이 주된 목표이다.

4. **강사:** 고객이 더욱 다양한 지식을 가질 수 있도록 주요한 정보에 대해 의사소통을 한다.

5. **훈련자:** 고객의 직업 탐색을 최상으로 진행시키는 특별한 방법을 보유하고, 고객이 수립한 계획을 잘 추진하고, 효과적인 기법을 잘 사용하게 한다.

6. **조언자:** 고객의 문제를 해결해주는 카운슬러 역할로 본다. 그는 자신의 전문성과 경험에서 나오는 힘을 통해 고객의 문제를 해결한다.

7. **전문가:** 자신을 직업 탐색/경력기획 전문가로 생각하면서, 고객이 자신의 조언이나 주도사항에 귀 기울여야만 한다고 생각한다. 고객이 그렇지 못할 경우에는 관련 분야의 뛰어난 핵심 지식이나 경험을 놓치는 위험에 처한다.

문제고객의 형태를 규정함에 있어서도 일부 제한점이 있다. 어떤 전직지원전문가도 위와 같은 범주 중의 하나에만 우아하게 안착해서 일할 수는 없다. 스킬을 갖춘 기교 있는 전직지원전문가는 상황에 기초하여 자신의 역할범위를 잘 그려나간다.

이런 두 가지 형태학의 진정한 가치는 우리로 하여금 전직지원전문가—고객 간의 상호작용에 대해 더욱 명확하게 인식시켜 준다. 참고할 수 있는 그런 구조를 명심하면 고객을 더욱 완벽하게 이해할 수 있을 뿐만 아니라 고객과 전직지원전문가 사이의 역동적인 상호관계를 더욱 완벽히 파악할 수 있다. 따라서 문제를 일으킬 수 있는 상호작용은 즉시 파악되고, 그에 맞는 잘 구상된 대안을 시행할 수 있다. 아래 몇 가지 특정한 사례들이 그 내용을 잘 설명해준다.

특정 전직지원전문가는 조언자와 전문가의 역할을 주로 수행하는

전직지원전문가 가이드 북

방법으로 고객에게 매우 편안한 느낌을 제공할 수 있는데, 그가 지원을 거절하는 등 다른 사람의 노력과 제안을 부정하는 스타일을 가진 고객과 일한다고 상정해보자. 이런 구조는 전직지원전문가와 고객 간의 관계를 좌절시킨다. 그들은 진전이 거의 없는 상호좌절 상황에 자신들이 빠져있음을 쉽게 발견하는데, 고객은 유용한 지원을 많이 받지 못한다는 생각을 하고, 전직지원전문가는 배제감과 거부감을 느끼게 된다. 그러나 전직지원전문가가 자신과 고객의 행동 모두를 즉시 인식하고 개념화하여, 한쪽에 유리한 방향으로 비생산적인 관계를 수정할 기회를 가진다면, 원활한 서비스 진행에 크게 기여하게 된다.

다른 예는 매우 수동적인 고객과 주 스타일이 퍼실리테이터/공명판과 같은 전직지원전문가 사이의 관계이다. 그런 고객은 전직지원전문가가 서비스를 하면서 자신을 위해 엄청난 직업 탐색을 해주기를 기대하면서 회차에 일찍 참석한다. 고객은 전직지원전문가가 각별하게 이력서의 초안을 작성해주기를 바라며, 네트워킹할 명단도 제공해주면서, 유명한 임원급 채용권한자들의 명단도 제공해주기를 원한다. 반면에, 전직지원전문가는 자신의 역할이 고객에게 힘을 실어주고 일하게 만든다고 생각하는 가운데 고객의 일을 대신하지 않는다. 수동적 고객에게 이런 형태의 관계는 매우 큰 좌절감을 안겨주며, 전직지원전문가가 자신을 위해 충분히 일도 하지 않고, 가치도 더해주지도 않는다고 생각게 한다. 고객은 불쾌감을 느끼면서 전직지원 서비스에 완벽하게 참여하지 않는다. 그러나 전직지원전문가가 이런 상호 기대사항을 둘러싼 문제를 정확하고도 신속하게 파악한다면, 초기에 각종 조치를 한 이후에 더욱 생산적인 방법으로 서비스 관계를 유지하는 방향으로 전환할 수 있다.

세 번째 예는 효율적 전문가 혹은 과학적 문제해결형인 고객과 주스타일이 코칭 형태인 전직지원전문가의 관계이다. 종종 그런 고객은 전직지원 서비스에 두 가지 큰 기대를 하고 참여한다. 첫째, 자신이 다른 문제를 해결 시에 오랫동안 사용하였던 분석적, 논리적 접근법과 동일한 방법으로 직업 탐색 문제도 해결할 수 있다고 생각한다. 둘째, 개인적 관계구축은 문제 해결이나 과업에 집중하는 일보다 중요성이 떨어진다고 생각한다. 그런 고객들은 종종 직업 탐색 시에 좌절하는데, 그 이유는 직업 탐색 절차가 순서도 없고, 통제하기도 힘들어서 결과예측이 힘든 비선형적인 절차로 보이기 때문이다. 그런 고객이 네트워킹을 통한 관계 구축의 중요성과 고객과의 관계 설정에서 만족요인을 주로 찾는 전직지원전문가와 일한다고 상정해보자. 그런 고객의 관계구축 의지의 상실, 그리고 전직지원전문가와 성실하게 연계하고픈 흥미와 능력의 결여는 전직지원전문가를 쉽게 좌절시킨다. 또한, 고객은 섣불리 전직지원전문가의 강조점이 잘못되었다고 생각하거나, 접근방법이 충분히 분석적이 아니라고 생각한다. 따라서 전직지원전문가가 고객의 개별적인 스타일을 초기에 인식한다면, 반응을 사전에 예상하여 그들이 고려해야 할 사항을 인식시키면서 더욱 생산적인 서비스 관계를 구축할 수 있다.

네 가지 모델 및 전직지원 카운슬링

이 절에서는 전직지원 카운슬링에 적합한 잠재적인 적합성을 지닌 네 가지의 카운슬링 및 지원방법 모델에 대해서 언급해본다. 이 모델들은 브릭맨 등이 개발하였으며(Brickman et al., 1982), 제도화된 지원 프로그램 내에 구축할 수 있는 전직지원전문가와 고객이 가지는 가정사항도 조명하면서, 전직지원 서비스 상황에서 전직지원전문가-고객 간의 상호작용을 개념화하는 또 다른 방법이다.

네 가지 모델들은 아래와 같다.

1. **윤리적 모델:** 이 모델은 각 개인이 자신의 문제를 만들었기 때문에 해결책임도 져야 한다는 점을 가정하는데, 고객이 자신의 딜레마로 자발적으로 빠질 뿐만 아니라 그로부터 벗어나기도 한다는 점에 기초한다. 전형적으로 전직지원전문가가 다른 사람을 지원하면서 이 모델을 사용할 시에는 직접적, 직면적, 그리고 권위적 방법을 취한다.

2. **보완적 모델:** 이 모델에서는 각 개인이 자신의 문제에 대해 비난은 받지 않지만, 해법에 대한 책임을 진다. 각 개인은 자신에게 나타난 문제나 딜레마의 변화를 위해 추가적인 노력, 정보 혹은 다른 수단을 건설적으로 사용하여 보완해야 한다. 다른 말로 표현하면, 각 개인의 문제를 빈약한 교육, 문화적 취약점, 트라우마, 혹은 기업의 구조조정과 같이 개인의 통제가 힘든 외부요소의 탓으로 돌린다는 점이다. 전직지원전문가의 역할은 각 개인이 자발적인 수정조치를 하도록 지원하는 일이다.

3. **의료적 모델:** 이 모델에서 각 개인은 문제나 그 해법에 대한 책임을 지지 않는다. 이 모델은 환자를 질병의 희생자, 혹은 물리적인 불능자로 보는 의료차원의 전통적 관계를 반영하는데, 단지 의사만이 문제를 해결할 수 있다. 이 모델은 고객이 자책감이 없이 지원을 요청하도록 허용하나, 의존상태를 유발한다.

4. **교화모델**: 이 모델은 개인이 자신의 문제에 대한 책임은 지지만, 문제를 혼자 해결하기는 너무 힘들기 때문에 해법에 대한 책임은 지지 않는다. 이 모델에서 각 개인에게 희망하는 내용은 "사회 통제요소에 온전히 순종하기 위해서 자신의 매우 부정적인 이미지를 수용 및 개선하는 것이다. 먹고, 마시고, 훔치는 행위 등 통제가 불가한 일은 자신의 충동 때문에 발생한다. 그런 욕망을 통제하기 위해서 사회조직이 제공하는 엄격하고도 동정적인 조치에 대한 순종을 기대한다."이다(Brickman et al., 1982, 375쪽). 이런 맥락에서 설계되어 시행되는 조치의 예는 '익명의 알코올 중독자(Alcoholics Anonymous) 프로그램'이다.

모린과 요크스에 의하면, 이런 네 가지 모델에 대한 명확한 이해는 전직지원전문가가 유사한 가정하에서 고객에게 어떤 범위까지 적용하고 혹은 어떤 범위까지 의도와 어긋난 형태로 적용해야 하는지를 인식하게 해준다(Morin and Yorks, 1990). 이 구조를 이용한다면 전직지원전문가–고객의 관계에 대한 사안들이 더욱 효과적으로 처리된다.

모린과 요크스는 전직지원 카운슬링이 거의 모든 부분에서 보완적 모델에 기초하고 있으며, 윤리적 모델에는 덜 의존한다고 말한다. 보완적 모델은 구조조정 등으로 인한 해고에 기초하고 있는데, 이는 실제로 실직이 해고자들의 실수가 아니기 때문에 열심히 노력하면 다른 일도 찾을 수 있다는 생각에 기초한다. 강조사항은 실직자가 자신에게 일어난 일을 이해하고, 미래의 조치에 대한 책임을 지면서 지난 일에 대해서 자책하지 않는 모델이다.

윤리적 모델은 고객 자신이 회사를 선택했고, 그 상황에 머물면서

전직지원전문가 가이드 북

특정한 방법으로 행동했기 때문에 해고되었다는 점에 대해서 불평하지 말라는 이론으로서, 고객 자신이 이제 다른 직업을 찾아야 한다고 강조한다. 특히 틀에 박힌 고객을 전직지원전문가가 상대할 때에 이 접근법의 사용이 필요, 혹은 유용하다는 생각을 할 수 있으나, 고객이 지원을 받지 못했거나 버림받았다는 느낌을 가지지 않도록 사려 깊게 조치할 필요가 있다.

전직지원 카운슬링에서는 보완적 및 윤리적 모델이 가장 적합한 모델로 보이는데, 고객이 구직을 하면서 전직지원전문가의 지원을 활용하는 궁극적인 책임을 진다는 기본적인 개념을 수용하고 있기 때문이다. 이런 절차 속에서 고객의 경쟁력은 향상된다. 다른 모델들은 고객이 능동적인 행동을 선택해야 할 필요성을 최소화하면서도 엄격한 권위적 구조 혹은 형태를 가지고 있어서 과도한 의존관계를 공고히 하거나 촉진시킨다.

요약하면 전직지원전문가는 고객과의 상호작용을 가능한 한 완벽한 수준으로 이해하는 일이 매우 중요한데, 특히 문제점이 있는 고객을 대할 시에는 더욱 그렇다. 본 장에서는 전직지원전문가-고객 간의 관계를 개념화하는 두 가지 다른 접근법을 토의하였다. 첫 번째 접근법은 문제점 있는 고객의 형태를 간략히 식별하였으며, 그에 대한 전직지원전문가의 전형적인 역할을 서술하였다. 두 번째 접근법은 지원을 위한 네 가지의 서로 다른 모델들을 서술하였으며, 그 모델들이 기초로 하는 가정들을 중점적으로 조명하였다. 두 가지 접근법 모두는 전직지원전문가가 자신과 고객 상호 간의 역동 관계를 더욱 완벽하게 이해하게 해주고, 더욱 생산적인 전직지원 서비스 경험을 구축하는 길을 열어놓았다.

제10장

전직지원은 치료요법의 일종인가?

      🔖   전직지원의 모호하고 복잡한 이슈 중의 하나는 전직지원 서비스와 심리치료 간의 경계선이다. 전직지원전문가는 이 사안을 조심스럽게 검토하거나 이해할 필요성이 존재한다. 전직지원 서비스와 치료요법 간의 관계를 잘 이해할 경우에, 적절한 경계선과 변수를 인식하면서, 효율적인 전직지원 서비스의 진행 가능성이 높아진다.

  이 저서의 첫 부분에서 전직지원 서비스는 퇴직자나 해고자가 새로운 자신감을 가지고 실직에 대응하게 지원하는 절차로서 효과적인 직업 탐색 전략과 기법을 익히고 성공적인 직업 탐색 활동을 수행하도록 지원하는 서비스로 정의하였다. 만약에 전직지원 서비스의 중점이 배타적으로 효과적인 구직전략과 기법만을 배우는 일이라면 전직지원의 경계선에 대해 토의할 이유가 없다. 그러나 전직지원전문가가 고객의 자신감을 새롭게 해주고, 직업 탐색에서 나오는 감정적 기복의 극복도 지원하기 때문에 문제가 더욱 복잡해진다.

심리요법이 전직지원 서비스보다 선행되어야 하는가?

첫 번째 이슈는 전직지원과 심리요법의 적합한 순서배열인데, 심리요법이 전직지원 서비스보다 선행되는 경우도 있고, 두 가지가 동시에 진행되는 경우도 있다.

전직지원전문가와 고객이 처음 만나게 되면, 전직지원전문가는 고객이 전직지원 프로세스에 어떤 범위까지 참여할 준비가 되었는지를 결심하게 되는데, 그 과정에서 퇴직 및 해고로 인한 고객 반응을 평가하게 된다. 고객의 상태가 전직지원 서비스의 시작을 허용할 정도로 일시적이고 온화한가? 혹은 전직지원 서비스의 이점을 받아들이지 못할 정도로 압박을 받고 있는가? 대부분의 경우에 고객은 가능한 한 조기에 전직지원 서비스의 이점을 수용할 수 있는 상태이다.

그러나 전직지원 서비스의 시작에 반하는 두 가지 논란도 있다. 첫 번째는 실제적인 약물 남용을 포함하는 상황이다. 알코올이나 약물 남용을 하는 고객은 전직지원 서비스를 시작할 정도로 충분히 자신들을 통제하지 못한다. 그들은 전직지원전문가와 토론을 통한 서비스의 이점을 얻기 힘든데, 직업 탐색에 따른 요구사항이 상당히 높은 수준의 스트레스를 안겨주기 때문이다. 더욱이 전직지원 서비스 현장에 실제로 약물을 남용하는 고객을 두기에는 부적합하다. 그 이유는 다른 고객들에게 잠재적인 좌절을 안겨주기도 하고, 서비스 현장에서 수용 가능한 행동유형에 대한 그릇된 메시지를 전달하기 때문이다. 만약 전직지원전문가가 약물 남용 등의 문제를 인식할 경우에는 그 고객을 적합한 해당 서비스 제공자에게 의뢰해야만 한다.

두 번째 상황은 심각한 심적 압박을 받거나 매우 불안한 상태에 있는 고객이다. 이 상황도 고객이 전직지원 서비스의 혜택을 받을 수 없는 상황이다. 심적인 압박을 받는 고객의 경우에는 효과적인 구직활동 전개에 필요한 에너지, 동기, 그리고 목적의식을 가질 수 없다. 분노로 점철된 고객의 경우도 효과적인 직업 탐색을 시작, 또는 수행할 수 있는 중심이나 명확성을 유지할 수 없다.

전직지원인가, 혹은 심리요법인가? 아니면 둘 다인가?

아마도 전직지원 서비스를 시작하기 전에 고객에게 완벽히 조언할 기회가 많을 수 있지만, 전문적 지원이 추가로 필요한 상황은 전직지원 프로세스의 진행 중에 종종 발견된다. 이런 상황은 전직지원 서비스와 심리요법 간의 관계를 매우 복잡하고 모호하게 만든다.

비록 각 상황은 용어 그 자체로 평가해야 하나, 전직지원 서비스와 심리요법 간의 관계에 관해서 명심해야 할 일반적인 고려사항 몇 가지가 있다. 그런 고려사항들은 심리요법을 의뢰해야 할지를 고민하는 전직지원전문가가 참고해야만 한다.

하나의 고려사항은 고객이 기존에 수행했던 역할의 수준이다. 실직전 고객의 역할 수준은 어떠하였는가? 고객은 얼마나 동기 부여되었던가? 얼마나 열정이 넘치는가? 복잡한 프로젝트를 수행할 능력은 있는가? 실직에 의해 고객이 지닌 기능수준이 어느 정도의 영향을 받았는가?

많은 경우에 고객들은 실직 전에 매우 효과적인 기능을 발휘하였다고 말하지만, 실직상황은 실직 이후의 고객의 역할 발휘에 일정한 형태의 좌절을 안겨준다. 그러나 효과적인 카운슬링이나 코칭을 받은 몇 몇 고객들은 그들의 기능을 이전 수준으로 신속하게 회복한다.

다른 경우의 고객들은 직업 탐색을 효과적으로 진행할 수 없을 정도인데, 자신들의 어려움을 실직 때문이라고 생각하기 때문이다. 그런 경우에 전직지원전문가는 실직 이전에 고객이 일자리 현장에서 어떤 기능을 발휘하였는지에 대한 정확한 그림을 그려야만 한다. 실제로 실직은 기능발휘에 영향을 미칠 수도 있으나, 실직이 이전에 있었던 어려움을 부상시키는데 기여하였을 다른 가능성도 있다는 점에 기초한다. 이 상황은 심리요법을 의뢰해야 할 가능성도 있는 사안이다.

전직지원 서비스와 심리요법의 관계에 대한 두 번째 상황은 고객이 직업 탐색을 추진할 때에 어려움을 느끼는 문제의 주위를 맴돈다.

효과적인 경력기획과 직업 탐색 시에 고려해야 할 주요 분야는 적어도 세 가지가 있다. 첫째는 자기평가이다. 고객은 자신의 스킬, 성취업적, 흥미, 스타일, 그리고 가치를 파악할 필요가 있다. 둘째는 외부평가이다. 고객의 조건과 다양한 직업의 요구 및 필요사항, 그리고 만족 문제에 대해 이해할 필요가 있다. 자신과 직업 세계를 잘 이해한다면, 경력목표를 잘 설정할 수 있고, 목표가 잘 선택되었다는 확신도 가질 수 있다. 셋째는 직업 탐색 기법 및 기술이다. 일단 목표를 설정하면, 고객은 효과적인 직업 탐색 활동의 전개방법을 알아야만 한다.

만약에 고객이 직업 탐색에서 어려움을 겪고 있다면, 전직지원전문가가 그 어려움의 근원을 파악하는 일도 매우 중요하다. 그 어려움은 통상적으로 자기 이해, 직업 세계 이해 혹은 직업 탐색 방법 및 기법에 관한 지식이라는 세 가지 분야로 귀착된다. 고객이 이미 세 가지 분야에 매우 다양한 지식을 가졌다 하더라도, 그때까지 자신의 기존 직업 탐색 방법만을 고집할 수 있다. 그런 경우에는 고객의 전진을 방해하는 장애물과 어려움을 잘 탐색해야만 한다. 그런 장애물들은 근본적으로 실체를 가진 정보가 아니기 때문에 추가적 시험, 정보수집 혹은 방법을 고려해도 감소되지 않는다. 오히려 그 성격상 감성적인 장애물들로서 결론적으로는 전직지원전문가보다는 심리건강 전문가의 개입이 더 필요한 상황이다.

적절한 경계선 설정

전직지원전문가가 전직지원 서비스와 심리요법 간의 적합한 경계선을 결정할 때에 어느 수준까지 개입해야만 할까? 전직지원전문가가 심리요법사에게 인계해야 할 정도인 고객의 문제를 어느 수준까지 탐색해야만 할까?

잘 적용될 수 있는 지침 하나는 토의 중인 이슈 중에서 경력과 관련된 사항에 항상 중점을 두는 방법이다. 다른 말로 표현하자면, 전직지원전문가가 더욱 개인적인 성격의 관심사를 탐색하기 위해서는 훌륭한 논리를 가져야만 하는데, 경력 관련 문제의 조사와 관련된 사항에 그 논리의 기초를 두어야만 한다. 또한, 전직지원전문가는 효과적인 정보추출 방법론도 가지고 있어야만 하는데, 고객들의 경력 관련 사안을 해결하는 데 도움을 주기 때문이다. 그런 조사방법은 전직지원전문가의 호기심을 빌미로 정당화할 수는 없으며, 전직지원전문가가 심리요법을 시행한다는 어떤 환상에 빠진 채로 조사를 시행해서도 안 된다. 오히려 감성적인 요인들이 직업 탐색에 어떤 영향을 미치는지에 대한 탐색이 적합하며, 그런 요인들이 무엇인지를 식별하고 경력 관리 및 발전에 미치는 영향을 밝히는 탐색이 더욱 바람직하다. 그러나 그런 요인들의 출처를 심리 역학적으로 매우 상세하게 탐색하는 행위는 적합하지 않으며, 전직지원전문가의 기법과 훈련 수준을 초월하는 방법도 적합하지 않다.

전직지원 서비스와 심리요법 간의 관계를 포함하는 경우는 많지 않으나, 다른 경우가 있다. 일부 고객은 자신이 이미 심리요법 상태하에 있다는 사실을 전직지원전문가에게 알려주고, 실직 이전에 치료 중이었다는 사실도 말한다. 일반적으로 전직지원전문가는 고객이 특별히 실직이나 직업 탐색과 관련된 스트레스를 받을 경우에 심리요법적 상태에 대해 지지적이어야만 한다. 일부 전직지원전문가는 때때로 전문적 자문을 통해서 심리요법가의 노력에 자신의 노력이 더해지기를 희망한다. 그런 경우에 전직지원전문가는 사전에 반드시 고객의 허락을 득해야만 하고, 자신이 그런 역할에 경쟁력이 있다고 느낄 때에만 시행해야 한다. 더불어 항상 고객이 자신의 비밀이나 치료 관계에 대한 보안유지가 잘된다고 느낄 수 있도록 조치해야만 한다.

전직지원전문가와 심리요법사 간의 관계가 복잡해지는 다른 경우도 있는데, 개인별 회차의 내용과 관련된다. 많은 주제는 서비스 회차의 진행 간에 나타난다. 일부는 직업 탐색과 관련된 인터뷰, 네트워킹, 그리고 이력서 준비를 위한 토의 시에 명백하게 나타난다. 다른 주제는 더욱 광범위하나, 실직이 고객의 가족에 미치는 충격과 같은 문제들이다. 그러나 어떤 경우에는 고객이 자신의 걱정 혹은 좌절을 논의하는데, 전직지원전문가에게는 그 내용이 직업 탐색과 관련된 내용인지가 선뜻 명확하지 않은 경우이다. 전직지원전문가에게 그런 경우의 만남은 '요법' 회차처럼 느껴진다. 그런 상황에 대응하기 위해서는 기법과 판단이 필요하다. 일부의 경우에서 고객은 감정을 이입하는 경청자의 면전에서 환기나 압박 해소를 위한 짧은 시간이 필요할지도 모른다. 그 이후 고객은 다시 직업 탐색 문제에 집중할 수 있는데, 환기할 시간을 성급하게 방해할 경우에 전직지원전문가와 고객 간의 관계가 와해될 수도 있다. 그러나 어떤 경우에는, 환기 및 압박 해소를 위한 고객의 행동이 계속되면서 구직활동 토의에 재집중할 수 없거나 의지를 보이지 않을 수도 있다. 적합한 경계선 내에서 전직지원 서비스를 지속하기 위해서는 이런 상황에 대한 효과적 대처방법을 숙지하는 일이 전직지원전문가에게 지속되는 도전이다.

요약하면, 전직지원 서비스와 심리요법 간의 관계는 매우 복잡하다. 전직지원전문가는 고객에게 가용하고 가장 도움이 되는 적합한 지원을 하기 위해 그 역학관계를 이해하기 위한 노력을 기울여야만 한다. 전직지원전문가는 항상 자신의 기법과 전문성의 범위 내에서, 그리고 전직지원의 적합한 경계선 내에서 서비스를 진행해야만 한다. 비록 전직지원 서비스가 치료요법은 아니지만, 일생 중 주요 스트레스 원인 중의 하나를 경험 중인 고객 개인에게는 매우 치료적인 서비스라는 사실도 명심해야만 한다.

■ 제11장

전직지원전문가 자격사항

🔖 본 장에서는 전직지원전문가로서 효과적으로 일하는 데 필요한 관련 배경, 교육훈련 및 자격사항에 관해 언급한다. 모든 사람이 동의하는 합의된 평가요소들은 없지만, 일반적인 평가요소들은 기법, 경험, 교육, 그리고 인성 혹은 자세를 필수적으로 포함하는 몇 가지가 있다.

기법 및 지식

전직지원전문가로서 효과적으로 일하는 데 필요한 기법 및 지식부터 토의해보자. 밀리간은 전직지원 컨설팅 기업 협회를 대표하여 다음 내용을 언급하였다(Miligan, 1992). 전직지원전문가는 훌륭한 카운슬링 기법을 보유해야만 하는데, 그 기법의 중심에는 정확하게 경청하는 능력, 그리고 고객의 메시지와 느낌을 이해하는 능력이 존재한다. 전직지원전문가는 고객의 능력, 흥미, 그리고 경험을 완벽하게 이해하고, 그 내용에 기초하여 고객과 소통해야만 한다.

전직지원전문가는 시험과 평가도구에 대한 지식도 갖출 필요가 있다. 그는 고객의 직업, 경력, 그리고 라이프 스타일에 대한 결심 지원에 유용한 정보를 제공하기 위해서 가능한 한 고객에 대한 완전한 그림을 그려야만 하는데 그 과정에서 평가가 유용하다. 기법을 보유한 전문가가 평가를 시행할 경우 고객의 자기존중 촉진에도 유용하다. 전직지원전문가는 그 분야에 관해서 자신이 지닌 경쟁력의 한계를 인식해야만 하며, 자격을 보유한 평가만 시행해야 한다.

그는 직업 탐색 프로세스의 전문가가 될 필요도 있는데, 직업 탐색을 시행하는 개인을 지원하는 데 사용하는 광범한 기법과 접근법이 있다. 전직지원전문가는 가능한 한 광범한 평가수단들을 보유할 필요가 있는데, 직업 탐색 방법의 중첩을 피하기 위한 조치이다. 시간이 흘러가면서 전직지원전문가가 획득한 경험과 지식은 특정 고객에 대한 가장 적합한 기법과 접근법을 결심하는 데 도움을 준다.

전직지원전문가는 산업, 직무, 그리고 직업 세계에 대한 지식도 갖추어야만 한다. 개인적으로 일하는 전직지원전문가는 몇 가지 산업 또는 직업을 초월하는 전문지식을 보유하기 힘들지만, 주요한 흐름 및 발전사항에 대한 광범한 지식을 항시 최신화해야만 한다. 그런 노력을 통해서 전직지원전문가는 고객의 경력기획, 목표설정, 그리고 결심 지원에 효과적인 도움을 준다.

정보자원에 대한 지식도 매우 중요하다. 고객은 다양한 자원, 목록, 저널, 데이터베이스, 협회, 기업보고서, 그리고 기타 수단의 효과적인 활용을 통해 큰 도움을 받을 수 있다. 이미 목표기업을 설정하였거나 혹은 추가적인 목표기업을 식별하려는 고객은 그런 자원을 통해 기업 정보를 더욱 많이 습득할 수 있다. 전직지원전문가는 그런 방법을 통해서 고객을 지원해야 한다.

전직지원전문가 가이드 북

훌륭한 의사소통 기법도 전직지원전문가에게 매우 귀중한 자산이다. 고객의 이력서 및 커버레터의 작성을 지원하기 위해서는 훌륭한 쓰기 및 편집능력도 필요하며, 발표능력도 매우 중요시된다. 많은 고객들은 자신의 네트워크나 잠재 고용주와 접촉을 시도할 때에 누군가의 도움을 필요로 한다. 전직지원전문가는 고객의 자기표현에 대한 특별한 피드백을 제공하고, 효과적인 대안도 제시해야만 하는데 역할극과 비디오 촬영장비는 그런 경우에 매우 유용하다.

또한, 전직지원전문가는 고객에 대한 지속적인 동기 부여 능력도 보유해야만 한다. 불가피하게, 일부 고객들은 직업 탐색 프로세스의 진행 중 심적인 수렁에 빠져서 높은 수준의 노력이 필요한 프로세스를 유지하기가 어렵다. 지원 기업 조직 스폰서, 전직지원전문회사, 그리고 고객은 종종 전직지원전문가를 동기 및 영감을 부여해주는 자원으로 간주한다. 더불어 전직지원전문가는 많은 업무량, 또는 직업 탐색의 지연 등에도 불구하고 그런 능력을 계속 유지해야만 한다.

전직지원전문가가 자주 가치를 발휘하는 다른 부분은 자신을 드러내는 예절이다. 이는 전직지원전문회사의 복장 및 용모 규정으로 일컬어진다. 정의를 내리기는 쉽지 않으나, 전문가 자신이 항상 특정한 스타일의 복장이나 행동으로 기업문화뿐만 아니라 그 이상도 알고 있다는 점을 역으로 알리는 기능도 있다. 이런 형태의 기업 관련 의식전파는 전문가의 신뢰성을 더해주면서 고객이 일하였던 세계를 잘 이해하고 있다는 점을 고객에게 재확신시킨다.

전략적 마케팅 및 기획 스킬 역시 카운슬러에게 매우 중요한 스킬이다. 전형적으로 고객은 효과적 마케팅전략을 포함하는 전체적인 직업 탐색 활동계획을 발전시킬 때에 전문가의 지원을 필요로 한다. 그런 전략은 경쟁세계에서 고객을 차별화시켜준다. 앞서 언급한 목록은 전체적이지는 않지만, 전직지원전문가가 제한 없이 사용할 수 있는 가장 핵심적인 기법들이다.

배경과 정식 교육훈련

전직지원전문가의 전문성 향상을 위해서 어떤 형태의 교육이 필요할까? 다시 한 번 말하지만, 그 이슈에 대한 전문가들 사이의 일치된 의견은 없다. 관련된 의견 내에는 전직지원전문가들이 가진 다양한 배경에 대한 큰 의견차이가 일부 존재한다. 전문가로 일하는 각 개인은 자신의 경험을 통한 큰 자산을 축적하고 있는데, 경쟁력 있는 귀중한 자산으로 본다. 더불어 전직지원전문가들 중에는 주로 대기업에서 근무한 경험을 가진 큰 집단이 있는데, 그들은 자신들의 비즈니스 경험을 무엇보다 중시하면서 정식 카운슬링 훈련은 다소 경시하는 경향이 있다. 그런 관점에 따르면, 카운슬링 기법은 전문적인 대인관계 기법을 소유한 자들이 잘 배울 수 있거나, 혹은 이미 알고 있다는 의미이다. 이 집단은 전직지원 서비스를 문제 해결이라는 관점으로 보고 자신들의 역할을 코치, 자문자, 혹은 비즈니스 컨설턴트로 본다.

반면에, 정식 카운슬링 훈련을 받은 배경을 지닌 전직지원에 입문한 자들이 구성하는 큰 집단도 있다. 그들은 카운슬링을 매우 특별한 대인관계 기법의 집합으로 보며, 일정한 특별훈련을 필요하다고 생각한다. 그들 역시 전직지원 카운슬링의 결과물뿐만 아니라 프로세스에 상당한 중점을 둔다. 그들은 카운슬링을 쌍방이 서로 영향을 주고받는 작용으로 보는데, 이 관점은 상호작용에 대한 전직지원전문가뿐만 아니라 고객의 기여도도 핵심적으로 이해하고 검토할 수 있는 능력을 필요로 한다. 제8장에서는 이런 카운슬링 관계에 대한 관점을 더욱 심층적으로 토의하고 있다.

전직지원전문가의 이상적인 배경은 적합한 비즈니스 경험과 특별한 카운슬링 훈련이라는 두 가지가 통합된 것이다. 하나는 기업 세계에 대한 풍부한 지식을 보유하여 고객에게 신뢰감과 도움을 주고, 다른 하나는 전직지원 서비스가 받는 도전에 대응할 수 있는 카운슬링 분야의 기법을 보유해야 한다.

이런 방법으로 다양성을 갖춘 전문가들은 많은 이점을 지닌다. 주요 이점 중의 하나는 전직지원전문가와 같이 효과적으로 일할 고객 유형에 제한을 두지 않아도 된다는 점이다. 그 이유는 자신들의 전직지원전문회사 내에서 특정유형의 고객과 함께 일할 수 있는 전문가 유형을 쉽게 찾을 수 있기 때문이다. 예를 들면, 특정 전직지원전문가를 '실질적 비즈니스 지식을 가진 유형'으로 분류하고, 다른 전직지원전문가는 '매우 훌륭한 카운슬링 기법을 가진 유형'으로 분류하면 된다. 종종 고객 분담도 그렇게 분류되는데, 비즈니스 지식을 가진 유형은 매우 비즈니스적인 유형의 고객을 만날 것이며, 카운슬링 기법이 매우 좋은 유형은 카운슬링에 명확한 도전을 안겨줄 고객을 만나게 된다. 그러나 그런 시행방법이 전직지원전문가와 고객의 관계 형성에 적합하게 보일 수도 있으나, 장기적인 관점에서는 전직지원전문가의 발전에 제한을 준다. 만약에 전직지원전문가가 한 분야의 전문성을 가졌기 때문에 그 분야에서만 일할 기회만 부여된다면 기법의 발전을 기대하기 힘들다. 그러나 그가 비즈니스 지식과 훌륭한 카운슬링 기법을 동시에 보유했다면, 더욱 광범한 과업을 맡을 수 있으며, 자신의 전문적 성장과 발전을 더욱 잘 도모할 수 있다.

전직지원전문가의 경험과 배경이 연계된 다른 흥미로운 분야는 그의 경험과 고객의 경험이 조화되어야 하는 범위와 관련된다. 그가 고객의 경험을 이해하기 위해서는 자신도 해고 혹은 퇴직을 경험해야만 할까? 전직지원 시행 초기에 일부에서는 그렇다고 주장하였다. 그런 경험을 거친 사람들만이 진실로 고객을 이해하고 고객에게 동정적일 수 있다는 주장이었으나, 너무 좁은 시각이었다. 초점은 전직지원전문가의 똑같은 경험 보유에 두지 않으며, 그의 생에서 경험한 큰 전환이다. 전환은 실직, 사랑하는 사람의 사망, 이혼, 경력변화와 같은 다양한 형태를 띨 수 있는데, 세부사항은 큰 문제가 되지 않는다. 문제시되는 것은 전환에 따르는 손실, 변화, 그리고 다양하고 복잡한 감정의 경험이다. 능동적으로 변화에 대처한 직접적인 경험과 전진해야만 하는 과정을 인식하는 것이다. 그런 직접적인 경험은 전직지원전문가가 실직 경험자를 대할 때에 더욱 이해적, 동정적, 지원적인 마음을 가지게 해주고, 그에 따른 고객의 신뢰감도 향상시킬 수 있다.

관련된 내용을 종합해보면 전직지원전문가는 자신의 경험에 기초하여 문제를 너무 일반화해서는 안 된다는 점이다. 다른 사람이 자신과 동일한 전환을 경험했을 것이라는 생각은 도움이 되지 않는다. 효과적인 전직지원전문가는 타인의 경험을 이해하기 위해서 자신의 경험을 추출하면서도 서로의 경험이 동일하지 않다고 생각하는 자이다. 비록 동일한 점이 존재하더라도 개인의 특이성 및 독립성에 대한 건전한 인식을 해야만 한다.

개인적 특성

마지막 고려사항은 성품 혹은 자세이다. 전직지원전문가에게 요구되는 이상적인 개인적 자질은 대단히 많다. 갤라그는 그런 요소 몇 가지를 언급하였다. (Gallagher, 1982) 하나는 사람에 대한 진실한 존경심인데, 특별히 전직지원전문가 자신의 가치와 다르더라도 존중심을 유지해야만 한다. 개인적 차이점을 존중하는 노력은 이미 효과적인 전직지원전문가의 핵심 자세로 간주되고 있으며 앞으로도 더욱 중시될 것이다. 미래의 전직지원 현장에서 볼 수 있는 고객들은 현재보다 훨씬 더 이질적인 집단의 형태를 띠는데, 연령, 인종, 문화적 배경, 고용, 교육수준, 가치, 목표, 그리고 야망 차원에서 다양화된다. 전직지원전문가가 더욱 효과적으로 일하기 위해서는 그런 차이점이 존재하는 곳에서도 신뢰를 구축할 필요가 있는데, 필수적으로 차이점을 존중해야만 한다.

전직지원전문가가 보유해야 할 다른 질적인 내용은 호기심인데, 자신과 자신의 주위를 둘러싼 세상에 대한 호기심을 가질 필요가 있다. 그 이유는 일의 세계가 다양한 분야에서 급격한 변화를 겪고 있기 때문이다. 그런 변화들의 극히 일부분의 예만 보더라도 우리들의 생산, 분배, 소통, 그리고 조직방법론에 영향을 미친다. 이미 그런 변화가 개인의 경력에도 영향을 미쳤고 앞으로도 계속 영향을 미친다는 사실을 알고 있으나, 어떤 방법으로 영향을 미칠지는 아직도 명확하지 않다. 따라서 전직지원전문가들은 지속적인 조사 및 관찰을 통해서, 고객이 그런 변화에 대한 최선의 대응방법을 결심하도록 지원해야만 한다.

전직지원전문가는 자신들의 카운슬링 접근법과 스타일에 대해서도 항상 의문을 가져야만 하는데, 고객에게 미치는 영향을 잘 이해하고,

변화촉진자로서의 역할을 극대화해야만 한다. 다른 말로 표현하자면, 전직지원전문가는 다양한 수준의 분석을 통해 발전과 관련된 개인행동, 상호작용, 집단경향, 그리고 사회적인 변화 등에 대한 지식을 갖추어야만 하는데, 호기심에 찬 탐구적 자세를 요구하는 힘든 주문이다.

전직지원 진입

앞에서는 전직지원전문가로서 효과적으로 일하기 위해 필요한 배경이나 훈련자격에 대해 언급하였는데, 전문가들이 실제로 분야의 업무수행에 필요한 수단에 대해 몇 가지를 정리해보자.

이 분야 진입방법은 여러 가지가 있으나, 전통적으로 이 분야는 진입 장벽이 낮은 직업으로 인식된다. 다른 말로 표현하자면, 상대적으로 진입하기가 쉽다는 점이다. 요구하는 자격증도 없고, 규정된 요구사항도 없기 때문에 매우 다른 다양한 배경을 가진 상태로 진입이 가능하다. 따라서 초기에 자신의 전직지원 사업을 시작하거나 혹은 기존 회사에 접근하는 방법론은 상대적으로 어렵지 않았다. 초기의 거의 모든 전문가는 실제로 다양한 일 경험을 가졌거나 카운슬링/교육 분야로부터 진입하였다. 일부 전문회사들은 비즈니스 경험에 더 중점을 두었고, 일부 전문회사에서는 카운슬링 경험에 더 중점을 두었다. 현재 전직지원전문가에 뜻을 둔 사람들은 자신들을 인터뷰하는 전직지원전문회사의 업무내용을 잘 이해하는 수준이다. 특별히 회사나 그 회사의 결심권자가 비즈니스 중심적인지, 혹은 카운슬링 중심적인지를 평가한다면 전직지원전문가 희망자는 일과 자신이 잘 맞는지를 결심할 수 있다.

진입 시 고려할 다른 부분은 전직지원전문가의 채용 이유에 관한 내용이다. 전직지원전문회사들은 자신들의 생존과 성공의 핵심은 인력운용의 유연성이라는 사실을 재빨리 인식하였으나, 성격상 예측과 통제가 힘들다. 만약에 전직지원전문회사가 주요 기업으로부터 큰 서비스 계약을 수주하였을 경우에는 많은 카운슬러들이 필요하나, 소요가 많지 않은 시기에는 비즈니스적인 차원에서 볼 때에 많은 전직지원전문가들이 필요하지 않기 때문에 동일한 숫자의 상근직을 유지할 필요가 없다.

이런 모델은 오늘날 모든 전직지원전문회사의 인력운영 패턴을 특징지운 두 가지의 접근법으로 진화하였다. 하나는 상근의 핵심 전문가들을 유지하는 방법이고, 다른 하나는 상근이 아닌 전문가들을 유지하는 방법인데, 일당직, 차선직, 부카운슬러직을 유지하는 방법이다. 전통적으로 규모가 큰 전직지원전문회사는 일당직들에게 주기적으로 자사의 전직지원 방법론과 접근법을 교육시킨다. 훈련을 받은 이후에 일당직들은 '같이 일할 인력'으로 고려되고, 새로운 사업을 수주하거나 혹은 현존 과업이 수행상의 압박을 받을 때에 투입되어 그 역할을 다한다.

전직지원전문회사가 제공하는 훈련의 성격에 관한 몇 가지 내용을 정리해보자. 의심의 여지 없이, 몇 개 전문회사의 훈련은 대부분 짧은 시간의 훈련을 하는 다른 전문회사들과 달리 완벽한 훈련을 시킨다. 예비 전직지원전문가들은 전문회사의 훈련 프로그램이 고품질의 전직지원 서비스 전달을 위해 알아야 할 모든 내용을 가르친다고는 생각하지 않는다.

위와 같은 형태의 인력운영은 전직지원전문회사의 몇 가지 목표에 부응한다. 첫째, 회사에서 완전한 급여 및 복지를 제공하는 최소한의 직원들을 유지하면서 고정비인 인력운영비를 감소시키는데, 회사가 서비스 지역과 직원들의 운영에 대한 큰 통제력을 갖고 있다. 그 의미는 자신들의 핵심 인력을 본사 인근에서 운영하고, 원거리 지역의 프로젝트에는 일당직 근로자 등을 운영한다는 개념이다. 이런 형태의 유연성은 전직지원전문가와 고객 간의 관계에서 지속성 및 접근성을 유지하는데 필수적이다. 관련하여 발전된 사항은 다른 지역에서 과업을 수행할 경우에는 해당 지역에 거주하거나 혹은 지방회사에 근무하는 인력들과 서비스 계약을 하는 경우도 있는데, 전국적인 회사일지라도 해당 서비스 지역에 자사의 인력을 투입하지 않은 채로 사업 수행이 가능하다.

그렇다면 예비 전문가로서 이 분야의 전직지원전문가로 일하려는 사람들은 어떻게 진입할 수 있을까? 몇 가지 진입방법이 있다. 이전에 전직지원 서비스와 관련된 경력을 가지지 않은 개인들 중 일부는 상근 전직지원전문가로 바로 채용되기도 한다. 그들은 전직지원전문회사에 즉각적인 가치를 안겨줄 수 있는 기업경력의 폭과 깊이를 가진 매우 차별화된 자들로서 보유한 능력이 분야에서의 사전 경력을 가지지 않은 약점을 능가하는 사람들이다. 예를 들면, 주요 전직지원전문회사가 채용한 몇 명의 전직지원전문가들은 대기업의 인적자원관리 부서에서 오랫동안 근무했던 자들이다. 그들은 자신들의 존재와 기업경력이 전직지원 서비스에 참여한 고참 고객들과 잘 어울릴 수 있다는 확신을 전직지원전문회사에 심어주었다. 추가로 주요기업들의 인적자원관리 부서 선임자들과 접촉을 유지하고 있기 때문에 장기적으로는 전직지원전문회사의 비즈니스 가능성도 열어준다.

다른 많은 예비 전문가들은 전직지원전문회사에서 제공하는 훈련프로그램을 마치고, 조만간에 일당직 등으로 최초 과업에 투입되어 서비스를 제공한다. 그런 최초 과업은 유관조직 혹은 지원 기업 조직에서 현장 집단워크숍을 제공하는 경우인데, 개인 카운슬링을 포함하는 경우도 많다. 그런 전문가들은 수행능력과 회사의 계약조건에 기초해서 이후에 다른 과업에 추가 투입될 수도 있다.

일부 개인들이 전직지원전문회사에 진입할 수 있는 다른 경로는 두 가지가 있다. 그런 경우는 카운슬링 기법이나 경험과 무관한 직위에 고용되는 경우이다. 회사는 일정한 시간이 지난 후에 그 개인에게 전직지원 서비스에 참여할 기회를 제공하거나, 혹은 최초에 고용되었던 서비스 직위에서 계속 일할 수 있다는 약속을 한다. 특별히 많은 전문가들이 최초에 마케터 혹은 비즈니스 개척 전문가로서 진입하였고, 이후에 전직지원전문가로 전환한 경우가 많다. 어떤 동료는 최초에 내부 정보전문가로 고용된 이후에 전직지원전문가로 전환하여 일하고 있다.

위와 같은 통로가 전직지원전문가가 추구하는 바에 동기를 부여하더라도 그들의 비전을 실현해줄 많은 다른 활동들도 존재한다. 다른 구직자들과 마찬가지로 그들도 자신들의 활동분야와 관련된 정보를 가능한 한 많이 수집해야만 한다. 몇 가지 예를 들어보면, 현 전문가들과의 네트워킹, 관련 협회 참여와 국가적인 국제 전직지원전문가 협회 회의 참석, 분야에 관련된 저작물 독서, 현재의 역량을 향상시킬 수 있는 훈련 프로그램 참여와 같은 활동을 포함한다.

요약하면, 성공적인 전직지원전문가는 다양한 범위의 기법, 능력, 그리고 개인적 특성을 가져야만 한다. 비록 현재의 전문가들이 다양한 배경을 가진 채로 일하고 있으나, 그들 대부분은 비즈니스와 카운슬링 기법을 혼합적으로 보유하고 있다. 그리고 분야로 진입할 수 있는 다양한 경로 역시 존재하고 있다.

제12장

전문성 개발

📌 본 장에서는 전직지원전문가의 전문성 개발과 관련된 사안을 중점적으로 논한다. 전문성 개발과 관련하여 전문가들의 흥미를 끌었던 역사적, 그리고 사회적 조건에 대한 몇 가지 토의부터 시작해보자. 그 이후에 전문가들의 경험에 기초하여 추가적인 전문성 개발의 필요성에 대한 경종을 울려준 몇 가지 상황을 언급하고자 한다. 그 상황과 밀접한 관계가 있는 요소는 효과적인 기능 발위를 제한하는 업무 관련 스트레스들이다. 본 장 마지막 부분에서는 전직지원전문가들이 자신들의 전문적 성장과 발전을 도모하는 다양한 방법도 논한다.

전문성 개발에 대한 인식 증대

전직지원의 역사를 논한 앞부분에서 명확히 언급한 바와 같이 전직지원 산업은 비교적 새로운 산업으로 등장하였다. 초기였던 1960년대와 1970년도는 관련 산업의 기반을 다지는데 시간을 보냈으며, 이후 1980년도에 이르러서는 신속한 성장과 확대를 가져왔다. 비록 정확한 통계는 존재하지 않으나 많은 전직지원전문가들은 1980년대에 이 분야에 진입하였다. 갤라그가 1990년도에 전직지원전문가들을 조사한 결과에 의하면, 당시 응답자 300여 명의 분야 경력은 약 6년이었다 (Gallagher, 1990) 1980년대에도 전문성 개발과 관련된 문제는 신속히 부상하지 않았는데 그 당시만 해도 전직지원 분야가 새로이 확장되고 있었기 때문이었다. 당시에는 고객의 요구에 부응하기 위한 단기간의 학습이 요구되는 등 많은 도전들이 있었다. 실제로 많은 시행자들은 '단시간 내' 자신들의 업무 기본 사항을 익히는데 전력을 다하였다.

그러나 전문가들이 선행적인 경험을 몇 년 동안 한 이후에는 상황이 바뀌었다. 많은 기본적 전직지원 접근법과 기법은 매우 숙달된 상태였고, 다수 전문가들의 학습곡선도 안정상태가 되었다. 결론적으로는 전문가들 사이에서 자신들과 종사분야 산업이 성숙함에 따라서 미래에 어떻게 성장하고 발전해야 하는지에 대한 여러 가지 의문이 제기되기 시작하였다. 이런 토의는 1989년도에 '서비스하고, 지원하며, 발전 및 단결하는' 개인 전직지원전문가라는 임무진술 아래 국제 전직지원전문가 협회라는 기구의 설립으로 이어진다. 이런 기초조직의 신속한 성장 이유는 개인 전문가들이 전문적 성장과 개발이 논의하고 지속적인 전문적 교육 기회를 누리게 해줄 포럼의 설치를 요구하였기 때문이었다.

이 시기에 전문성 개발 문제를 더욱 부각시킨 다른 요소도 있는데, 전직지원전문가들의 경력 축적 경로와 관련된다. 많은 전직지원 초기 전문가들은 이미 오랜 일 경험을 가진 개인들로서 다수는 50세에서 60세에 이르렀다. 전직지원 사무실에서 보는 희끗희끗한 머리카락은 그 회사의 자산을 의미하였다.

일부 초기 전문가들에게 전직지원은 자신들의 실질적 기업경력을 빛나게 해주고 은퇴로 가는 징검다리 역할을 하는 이차 경력이었으며, 그들은 10년에서 15년 정도 전직지원 서비스에 기여하였다. 그런 경우에는 장기적 경력 발전 문제가 크게 부상하지 않았다. 그 이유는 장기간 전직지원 분야에 머무를 계획도 아니었으며, 제한적 전직지원 경력을 어떻게 이차 경력으로 이어갈지에 대해서도 생각할 필요가 없었기 때문이었다.

그러나 젊은 전문가들이 분야에 진입하면서 장기적 경력 발전 문제가 더욱 크게 부상하기 시작하였다. 40대에 이 분야에 들어온 전문가는 20년에서 25년에 이르는 시간을 보내야만 하였다. 그런 관점에서 장기 경력 발전 문제가 더욱 두드러졌고, 완벽하게 고려해야 할 필요성이 제기되었다.

시장 상황의 변화와 그에 따른 문제들이 고객의 직업 탐색에 미치는 영향도 전문성 개발의 필요성을 강하게 대두시킨 몇 가지 다른 고려 사항들이었다. 1980년대 중반부터 후반까지 전직지원전문가들은 새로운 일자리에 고객들을 안착시키는데 이전보다 더욱 많은 시간이 소요된다는 사실을 발견하였다. 전직지원전문가들은 그런 어려운 시장 상황 속에서 경력기획 및 직업 탐색 분야에서 더욱 높은 수준의 기법을 보유해야 할 필요성을 느꼈고, 그런 인식이 전문성 개발에 박차를 가하게 되었다.

전문성 개발 사안을 더욱 공고화시킨 다른 이유는 헌신적인 전직지원전문가들을 대상으로 한 전문성 개발의 소홀이 전직지원 서비스에 대한 열정, 동기, 그리고 만족도 저하로 바로 이어진다는 사실 때문이었다. 그런 경향이 계속되었다면 전문성의 무기력 상태를 초래할 가능성도 있었다.

전직지원전문가들의 무기력 상태

이 절에서는 전직지원전문가가 일에 대한 열정을 잃을 경우에 나타나는 몇 가지 현상에 대해 언급한다. 또한, 열정의 손실을 가져와 잠재적으로 무기력 상태에 빠지게 만드는 전직지원 서비스에서 유발되는 스트레스 원인의 특징 몇 가지에 대해 토의하고자 한다.

먼저 몇 가지 정의에 대해 이야기해보자. 지난 10여 년 동안에 전직지원전문가나 다른 사람들의 무기력스트레스증후군으로 알려진 현상에 대한 많은 저작물이 출간되었다(Burnout stress syndrome) (Edelwich&Brodsky, 1980; Freudenberger&Richelson, 1980; Jones, 1981). 비록 저자에 따라 그 정의는 다르지만, 무기력스트레스증후군은 '스트레스로 가득 찬, 절망적인 업무환경에서 가장 통상적으로 나타나는 식별이 가능한 느낌의 집합체(Paine, 1981, 6쪽)'로 잘 정의된다. 페인에 의하면, 높은 수준의 무기력증후군은 다음과 같은 개인적 지표들의 범위를 나타내주는데 건강지표(피로 및 만성적 무기력), 과도한 행동지표(카페인, 담배, 알코올 혹은 미처방 약품 투여), 감정조절지표(증가하는 화 혹은 긴장, 압박, 혹은 집중불가), 관계지표(고객 분리 증가, 기계적 방법으로 고객 응대, 혹은 역으로 고객에게 과도한 개입-고객을 개인적, 또는 사회적 요구에 부응하는 데 사용), 자세지표(냉소주의, 지루함, 혹은 기관 및 동료들에 대한 혹평), 그리고 가치지표(혹자의 가치 및 믿음의 급작스런 혹은 극적인 변화)를 포함한다. 무기력스트레스증후군은 사회복지사, 의사, 심리학자, 정신과의사, 경찰관, 정신과 간호사, 교사, 카운슬러, 그리고 목사들과 같이 타인을 도와주는 다양한 전문가들에게 많이 나타난다(Maslach&Solomon, 1980).

전직지원전문가 집단은 아직 완전한 무기력 상태를 많이 경험하지는 못하였다. 그러나 자신들이 상대하는 고객들과 마찬가지로 많은 스트레스 원인을 경험하는데, 전직지원전문가는 가능한 한 무기력이 시작되는 초기에 경로 일부를 인식해야 한다. 조기 인식은 조기 예방을 가능하게 해주는데, 조기 개입한다면 예방으로 작용하기 때문이다. 무기력증후군은 다른 많은 징후들처럼 치료보다는 예방이 더욱 중요하다.

그렇다면 전직지원전문가들이 무기력증후군에 이를 수 있는 경로를 식별할 초기 신호는 어떤 것일까? 그중 하나는 단조롭다는 느낌이다. "저는 이미 이전에 똑같은 일을 많이 하였습니다." 어떤 동료는 그런 느낌을 "현시점에서 매우 많은 이력서를 검토했습니다만, 모두가 동일하게 보이기 시작한다."라고 진술하였다.

전직지원전문가들이 경험하는, 긴밀하게 연계된 다른 징조는 자신이 자동항법장치와 같다는 기분이 들 때인데, 다소 기계적인 방법으로 일을 처리할 때이다. 전직지원전문가의 그런 개입은 자신의 접근법이나 개인 기법을 구사하면서 능동적으로, 그리고 창의적으로 고객서비스를 제공하고 있다는 것을 증명해줄 신선함, 생명력, 그리고 독창성이 결여한 행위이다.

다른 징후는 직업 탐색 기술자와 같은 느낌이 들 때인데, 이는 고객과의 진실한 관계가 형성되지 않고 격리된 느낌을 받기 시작할 때이다. 급기야 전직지원 서비스 과업이 고객의 꿈, 흥미, 가치, 기법, 그리고 아이디어와 잘 연계되지 않고 형식적인 수선하기와 같은 프로세스로 느껴지기 시작한다. 어떤 동료는 "나 자신이 처음 이 분야에 들어올 때 가졌던 남에게 도움을 주는 전문가라는 느낌이 들지 않고 수리

공같이 고객들의 흐름에만 기여하는 기능적인 사람으로 여겨진다."라고 이야기한다. 이는 전문가들이 경험하는 많은 징조 중의 몇 가지에 불과하다.

전직지원 스트레스 원인

그렇다면 앞에서 언급한 징조를 야기하는 전직지원 서비스의 스트레스 원인, 혹은 특징의 일부는 어떤 것일까?

전직지원 서비스의 스트레스 원인을 조사하는 한 가지 방법은 개인/쌍방, 조직, 그리고 문화적 차원이라는 세 가지 다른 수준에서 스트레스가 발생한다고 생각하는 방법이다.

▶ 개인 또는 쌍방에서 나오는 스트레스 원인

개인 스트레스 원인은 개인의 내부에 위치한 개인 중심적인 것이다. 예를 들면, 스트레스는 전직지원 서비스나 다른 형태의 서비스에서 종종 다른 사람을 돕는다는 생각으로 자부심을 가질 때 발생한다. 실제로 다른 사람과 계속 긴밀하게 일하는 방법은 감정적으로 힘든 일이다. 전직지원전문가는 너무 스트레스를 많이 받는 상황을 회피하기 위해 자신만의 지속적인 스트레스 감소 방법을 개발해야만 한다. 일부 전문가는 그런 방법의 개발이 힘들다고 생각하는데, 그 이유는 스트레스 징조를 인식하지 못하거나 적용이 어려운, 혹은 건강하지 않은 방법으로 스트레스에 대응하기 때문이다.

예를 들면, 어떤 동료 전직지원전문가는 고객의 질문이나 의문에 대해 '정확한' 답변을 해야 한다는 생각을 항상 가지고 있었다. 항상 정확하게 답변해야 한다는 생각 때문에 엄청난 스트레스를 받는 그는 더욱 방어적으로 변했으며, 결국에는 고객들이 도전적인 질문을 해올 때에 위협을 느끼기도 하였다.

다른 스트레스 원인은 쌍방의 수준에서 발생하는데, 이는 전직지원 전문가와 고객의 상호작용에서 출발한다. 전문가와 고객은 서로 다른 스타일과 다른 욕구수준을 가지고 있다. 경험이 많은 전문가는 자신에게 많은 스트레스를 안겨주는 특정 고객의 유형을 알고 있다. 예를 들면, 어떤 동료 전직지원전문가는 도움을 주는 전문가라는 자신의 위치에 큰 중요성을 부여하고 있었다. 그는 기업의 인적자원 부서에서 근무하다가 전직지원전문가로 자리를 옮겼는데, 기업에서 일할 때는 타인에게 진실한 도움을 충분히 주지 못했다고 느꼈다. 그는 인적자원 전문가에서 전직지원전문가로 전환을 시도하면서 매우 열심히 일하였다. 그리고 어느 날, 도움을 주는 자신의 진실한 약속을 다른 사람들이 높이 평가해줄 위치에 도달하였다고 생각하였다. 이후 그는 도움을 거절하는 고객들과 일할 때에 스트레스를 받는 자신을 발견하게 되었다. 자신의 개입에 "예, 그러나…." 혹은 "예, 그렇게 하겠습니다."라는 반응을 자주 보인 고객들 때문이었는데, 그들이 동의했던 어떤 아이디어도 더 이상 발전하지 않을 때 스트레스를 받았다.

▶ 조직적 스트레스 원인

다른 스트레스 원인은 근원적으로 조직에서 발생한다. 이는 전직지원전문가들의 근로조건과 관련된다. 일부 스트레스 원인은 기업의 일원으로 일하는 전직지원전문가에게 자주 발생하며, 다른 스트레스 원인은 일당직 전직지원전문가에게 매우 자주 발생한다. 예를 들면, 기업에서 상근으로 일하는 전문가의 스트레스는 아래와 같다.

- 전직지원전문가가 책임을 지는 사례 건수의 크기를 둘러싼 기대는 무엇인가?
- 그 기대는 어떻게 관리가 가능하고 어느 정도로 현실적일까?
- 전직지원전문가의 갈등을 야기하는 특정고객이 존재한다는 사실을 공개적으로 말할 수 있는 기업문화의 범위는 어느 정도인가?
- 그런 인식은 동료의 지원과 노력을 받을 수 있는 수준일까, 혹은 전직지원전문가 자신의 부적합성과 제한점을 노출하는 결과를 초래할까?
- 전직지원전문가를 위한 직무의 다양성 수준은 어떠한가?
- 특별 프로젝트를 수행할 기회가 있는가? 혹은 일대일 서비스 회차가 그대로 지속되는가?

일당직 전직지원전문가의 스트레스 원인은 아래와 같다.

- 과업은 얼마나 예측이 가능한가?
- 수입 수준은 지속적인가?
- 상근직에 비해서 어떤 범위의 가치를 인정받거나 존중받는가?
- 자신의 경력이나 방향을 어느 정도 통제할 수 있다고 믿는가?

전직지원전문가가 경험한 스트레스의 수준을 결정하는 데는 오랜 시간이 걸리기 때문에 정확하고 신속하게 답변하기가 매우 힘들다.

▶ 문화적 스트레스 원인

스트레스 원인의 마지막 세트는 성격상 문화적인 내용이다. 전직지원 서비스는 사회적, 경제적, 그리고 역사적 요인에 의해서 영향을 받는 다양한 배경하에서 시행된다. 대부분의 전직지원전문가는 몇 년 전과 비교해볼 때에 일반적인 직업 탐색에 더욱 많은 시간이 소요된다는 점에 동의했다. 1988년도 관리직 직업 탐색 활동은 25주가 걸린다는 사실을 알았으나, 1993년도에는 평균적으로 32.25주가 소요되면서 29%의 시간이 증가하였다(J. Aron, 「개인적인 의사소통 결과」, 1994.2.1). 결론적으로 앞으로 전직지원전문가는 고객과 함께 더 많은 시간을 보내야만 하는데, 그로인한 좌절도 생길 수 있고, 실망감도 축적된다. 추가적으로 다른 구직 시장 요인도 스트레스를 안겨준다. 많은 고객은 시장 상황이 계속 '불안하고 어둡다'는 보고서 내용에 스트레스를 받으며 미래에 대한 희망을 내려놓는다. 다른 고객은 같은 해고상황이 미래에 다시 일어나지 않는다는 확신을 가지지 못하는데, 이 역시 매우 가슴 아픈 일이다. 더욱이 많은 고객들은 이전에 근무하던 회사보다 더욱 지명도가 떨어진 작은 조직에서 직업을 구하라는 압박을 받는다.

최근에 다수의 조직축소를 야기한 경제적 어려움은 이제 단기간 내에 해결되지 않는다. 시장의 불안정성은 성격상 국제적인 사안이므로 모든 산업 조직에 영향을 미치면서 고객들이 지향하는 안전한 피난처는 더 이상 존재하지 않게 된다. 이런 조건들은 고객들의 경력기획이나 직업 탐색 노력을 더욱 복잡하게 만들면서 큰 스트레스로 작용하는데, 전직지원전문가에게도 마찬가지 효과를 낳는다.

무기력증후군을 예방하기 위한 처방

전직지원전문가들에게 영향을 미칠 수 있는 여러 가지 스트레스 원인을 고려하고, 그에 대처하는 노력을 기울이는 일은 그들의 전문적 성장과 발전을 위해 매우 중요하다. 그런 노력들은 그들의 무기력증후군에 대한 최상의 보험으로서 일을 통한 만족감과 감사함을 축적하게 해준다.

세 가지 방법의 조치가 있는데, 전직지원전문가의 즉각적 행동 변화, 전문성 발전의 기회를 통한 이점 획득, 그리고 경력개발 기회를 통한 이점 획득이다.

▶ 즉각적인 행동변화

즉각적 행동변화라는 차원에서 전직지원전문가는 제한적 스트레스가 쌓이고, 감성적으로 메마른 서비스 관계 속에서 특정한 행동을 중단할 수 있다. 예를 들면, 전직지원전문가가 전문성 향상을 위해 항상 과다하게 투자하는 자세를 내려놓을 수도 있는데, 모든 해답을 가지고 않고도 더욱 편안해지기 위한 노력이다. 고객들에게 도움이 되는 다른 자산을 이끌어내거나 다른 자원을 식별하여 자신들의 직무를 더욱 훌륭하게 수행할 수도 있다. 특별히, 정보자산 혹은 산업정보에 대해 많은 지식을 가진 전문적 동료도 있기 때문에 그들에게 고객을 의뢰할 수도 있다. 또한, 전직지원전문가는 자신의 에너지를 정기적으로 충전하면서 더욱 나은 직무수행을 할 수 있는데, 각기 서로 다른 충전방법을 사용한다. 일부는 점심시간에 독서를 하거나 성찰하면서 조용하게 보내기도 하고, 일부는 더욱 외부지향적 활동(쇼핑, 친구와 함께 점심)을 선호한다.

▶ 전문성 발전 기회

전직지원전문가가 취할 수 있는 다른 조치는 전문성을 개발시킬 수 있는 다양한 활동이다. 슈퍼비전, 세미나, 그리고 전문 조직 회원 가입뿐만 아니라 학습, 전문서적 독서, 그리고 가르치는 일 등이 그런 방법이다.

슈퍼비전은 별도로 제13장에서 더욱 깊게 토의할 예정인데, 그 이유는 전문성 발전 활동에서 매우 중요하기 때문이다. 효과적인 슈퍼비전 경험은 전직지원전문가 자신이 더욱 선임의 슈퍼바이저 역할을 하든지 혹은 혹자의 관찰자 집단 역할을 하든지 간에 서비스 프로세스에 대한 이해와 전직지원전문가 자신과 고객 간의 상호작용에 대한 이해를 한층 심화시킬 수 있다. 또한, 전직지원전문가로 하여금 자신들의 강점과 제한점을 매우 완벽하게 평가하게 해주면서 발전을 도모하는 데 필요한 지침을 제공한다.

추가적으로 전문성을 개발할 수 있는 다양한 세미나들도 있다. 예를 들면, 평가도구와 기법에 관한 전직지원전문가의 지식을 함양시킬 수 있는 세미나에는 매우 많은 전직지원전문가들이 참여한다. 국제 전직지원전문가 협회나 전직지원 컨설팅 기업 협회와 같은 전문협회에 참여하는 일도 발전을 고무할 수 있는데, 일부 전문가들은 더욱 높은 수준의 공식적 발전과정에 참여하기를 희망한다. 그런 경우에는 여러 가지 분야 중에서도 조직심리학, 인지/행동요법, 그리고 관리/리더십 같은 분야가 유용하다.

광범한 독서도 전문성 개발에 확실하게 기여한다. 전직지원전문가의 업무에 적합한 주제 분야는 많은데, 그중에서도 미래사회 변화 및 방향, 비즈니스 뉴스 및 현 상황, 인적자원 관련 사례, 심리학, 그리고 카운슬링도 포함된다. 전문적 프레젠테이션은 다른 형태의 성장 및 발전을 위한 수단으로서 다양한 형태의 프레젠테이션 기법이 있다. 지역사회 혹은 비즈니스 집단에 대해 일회성으로 실시하거나, 혹은 지속적인 형태의 교육이나 완전한 대학과정으로 시행할 수 있다. 전문성을 띠거나 학술적인 저널 혹은 뉴스레터의 문장을 작성하는 일도 전문성 발전에 기여할 수 있는 다른 방안들이다.

▶ 경력개발 기회

전직지원전문가가 취할 수 있는 세 번째 조치는 경력 발전과 관련되는데, 경력 발전 활동은 특별히 전문성 개발활동과 연계된다. 주요 차이점은 전문성 개발활동이 전직지원전문가의 관점 확대와 현재의 기법 발전에 영향을 미치지만, 경력 발전 활동은 더욱 장기적인 관점의 경력기획을 하는 활동이다.

경력 발전에는 적어도 세 가지 경로가 식별된다(Bowers&Pickman, 1993). 첫째는 전직지원 카운슬링이라는 직업 내에서 성장하는 방법이다. 두 번째는 그 범위를 넘어서는 것이며, 세 번째는 그를 통해서 또 다른 전환을 도모하는 일이다.

직업 내에서 성장하는 방법으로는 여러 가지 활동을 고려할 수 있는데, 현재 조직 내에서 더욱 많은 책임을 지는 일도 발전을 도모해줄 가능성이 있다. 전직지원전문가는 요구에 부응하지 못하는 일을 식별하거나, 수행해야 할 프로젝트를 식별할 수 있다. 그들은 해당 직업 내에서 더욱 가시적인 능동성을 띨 수 있다. 지난 몇 년 동안에 국제 전직지원전문가 협회 조직의 급속한 확대는 전문가들이 지역뿐만 아니라 국가적인 수준의 전문적인 조직에 속할 수 있는 좋은 기회를 창출하였다. 조직 내에서 성장할 수 있는 세 번째의 가능성은 특별한 관심이나 전문성의 틈새를 개발하는 일이다. 예를 들면, 매우 훌륭하다고 생각되는 전문적인 동료가 상근으로 일할 수 있는 틈새를 개발하였는데 구직탐색 팀에 속해있는 고객과 특별히 다른 일을 하는 것이다.

경력 발전을 위한 두 번째 접근법은 전직지원 서비스의 범위를 넘어서서 확대하는 방법인데, 전직지원에 부가하여 자신들이 추구하는 시행분야를 개발할 수 있다. 다른 말로 표현하자면, 상근이 아닌 대부분 개인적으로 일하는 형태의 전직지원전문가들은 전직지원 서비스 분야가 자신이 지닌 전문분야 몇 가지 중의 하나일 수도 있다. 일부의 사례에서 보면 그런 접근법이 재무적인 필요성 때문에 시행되는데, 다양하고 광범한 방안을 선택하는 경우이다. 전직지원전문가들이 선택하는 추가 분야들은 조직 컨설팅, 다양성 컨설팅, 유형학 교육, 인적자원 컨설팅, 프로그램 발전, 그리고 특히 비영리적인 경력 관련 프로그램이다.

일부에서 시행하는 세 번째 방안은 전직지원 분야를 떠나는 일이다. 비록 상당 기간에 상근직으로 근무하는 전문가들 중에서 분야를 떠나는 이는 상대적으로 소수이지만, 그런 길을 선택한 전문가들도 일부 존재한다. 그들은 다른 기업 조직 내에서 관련 업무(관리훈련, 리더십, 내부 활동성, 그리고 경력 발전과 관련된 프로그램 개발 등)를 하기 위해서 떠날 수도 있다. 혹은 관련이 없는 흥미를 추구하기 위해 떠나기도 하는데, 종교 및 사회적 가치에 더욱 가깝게 다가가기 위해 대형 종교기관의 행정업무 관리자로 가버린 경우도 있다. 그러나 일반적으로 전직지원 서비스의 상대적인 신선함 때문에 전문경력을 쌓은 이후에 다른 경력을 어떻게 발전시키는지를 추적한 기록은 많지 않다.

전직지원전문가 가이드 북

요약하면, 전직지원전문가는 전문성 개발에 대한 자신의 욕구를 종종 알아차린다. 이런 경향에는 특정한 역사적, 그리고 사회적 요인이 작용한다. 특별히 전문성 개발은 그들의 무기력증후군을 방지하는 매우 중요한 수단인데, 전문성의 발전을 도모할 수 있는 활동은 여러 가지로 분류된다. 추가로 전직지원전문가들 간에는 장기적인 경력 발전을 도모할 수 있는 다양한 접근법들도 존재한다. 이러한 활동과 접근법들은 전직지원 현장의 스트레스에 대응하는 매우 중요한 방법들이다.

■ 제13장

슈퍼비전

📌 제12장 '전문성 개발'에서 슈퍼비전이 전직지원전문가들의 성장 및 발전에 기여하는 가장 중요한 활동 중의 하나임을 서술하였다. 본 장에서는 슈퍼비전이라는 주제에 대해 더욱 상세하게 살펴본다.

슈퍼비전 논리

여기에서 슈퍼비전은 전직지원전문가가 자신들이 제공하는 전직지원 서비스와 연계하여 제기되는 임상적, 혹은 직업 탐색 문제를 동료 전문가, 혹은 슈퍼바이저와 토의하는 프로세스로 정의한다.

역사적으로, 비즈니스와 카운슬링의 전통은 슈퍼비전 사안을 둘러싸고 상이한 면을 보인다. 정식 카운슬링 훈련을 받은 자들은 전형적으로 슈퍼비전을 프로그램의 일부분으로 간주한다. 특히 여러 분야들 중에서 정신과, 심리학, 사회복지, 정신과 간호원 및 카운슬링 분야의 훈련배경을 가진 개인들은 그러하다. 슈퍼비전 논리는 서비스 상호작용 상황에서 전직지원전문가가 관찰자 및 참여자의 역할을 동시에 하도록 요구하나 두 가지 역할을 동시에 원활히 수행하기는 상당히 어렵다. 이는 전직지원전문가의 변화 촉진자 역할에 대한 복잡다단한 이해를 필요로 한다. 또한, 전직지원전문가로 하여금 다른 사람에게 미치는 자신의 행동, 그리고 다른 사람의 행동이 자신에게 미치는 영향에 대해 가능한 한 완벽하게 이해하도록 요구한다. 전직지원전문가를 교육하는 전문가들의 말에 의하면, 개인 전직지원전문가는 경험 있는 시행자, 혹은 동료 전직지원전문가로부터 지원을 받으면서 비위협적인 상황에서 자신들의 생각, 느낌, 그리고 카운슬링 행위를 검토하도록 격려를 받을 때에 가장 잘 발전한다. 거의 모든 전직지원전문가 훈련 프로그램은 그런 훈련경험을 요구하며 경험을 하지 않은 경우에는 발전이 제한된다고 본다.

모든 비즈니스 상황에 상응하는 또 다른 슈퍼비전의 전통은 존재하지 않는다. 비즈니스 상황에서 전문성 발전은 하나, 혹은 두 가지 주요 형태를 띠고 있다. 첫째는 훈련 혹은 기법 강화를 위한 내용이다. 두 번째는 근로자들의 평가나 피드백이다. 비록 많은 회사에서 훈련 및 발전의 기회를 제공하지만, 대부분 경험적인 성격보다는 교훈적인 내용에 치우친다. 그 내용은 전형적으로 일종의 교실수업 형태를 포함하는 관계로 지원적인 환경하에서 잘 훈련된 슈퍼바이저나 동료로부터 자신의 일과 관련된 행동 및 느낌을 검토해볼 기회는 많지 않다. 또한, 수행 중인 업무와 연관된 관계상의 대응문제를 완전히 공개하도록 요구하지도 않는다. 개인들에게 이런 문제를 검토하도록 요구하는 일부 프로그램조차도 지속하는 프로세스의 일부분이 아니라 제한된 시간 내에 문제를 검토하도록 요구한다.

수행능력 평가도 전문성 개발의 수단으로 사용된다. 잘 설계된 수행능력 평가를 통해 개인은 일과 관련된 행동의 조사 및 발전계획을 수립할 수 있는 건설적인 피드백을 받는다. 그러나 대부분의 인적자원 전문가들은, 전문성 개발에 기여할 수 있는 수행능력 평가의 성공이 기껏해야 혼합적인 성과물 밖에 내지 못한다는 점에 동의한다. 많은 관리자들이 근로자들에게 도움이 되는 지속적인 피드백을 제공하는 일에 서투르기 때문에 대부분의 비즈니스 배경을 가진 개인들은 카운슬링 배경에서 출발한 개인들보다 강력하고, 체계적이며, 지속적인 슈퍼비전을 경험하지 않았다.

앞 장에서 이미 토의한 바와 같이, 몇몇 전직지원전문가는 기업 배경을, 그리고 다른 사람들은 카운슬링 배경을 가졌다. 그들이 명백하게 이전의 경력에 기초해서 전직지원 상황에 가져올 수 있는 상대적인 장점과 제한점이 있다. 그럼에도 불구하고, 앞의 배경과 관계없이 전직지원 서비스의 복잡한 성격이 전문가들로 하여금 지속적인 개념의 전문성 개발에 투자하도록 요구한다. 슈퍼비전에 참여하여 경험을 쌓는 일도 전문성 개발을 촉진하는 주요한 방법이다.

대부분의 전직지원전문회사들은 전직지원전문가의 슈퍼비전 문제를 체계적인 기반하에 해결하지 않고, 종종 비공식적이거나 자의적으로만 실시한다. 더욱 공식적인 상황에서 실시되는 슈퍼비전은 특정고객의 문제를 집단 문제 해결 방식에 의존하는 경향도 띤다. 슈퍼비전은 전직지원전문가가 서비스 프로세스에 기여한 내용보다는 고객의 변화 혹은 고객의 직업 탐색 행위에 더욱 중점을 둔다. 비록 전자와 같이 비공식적이고 자의적인 실시도 필요하지만, 후자와 같이 공식적인 방법에 더욱 많은 주의를 기울여야 한다. 전직지원전문가는 고객과 자신

전직지원전문가 가이드 북

의 고찰을 통해 서비스 프로세스의 이해를 더욱 높이는 지원을 받으면서 동기 부여될 필요가 있다. 그런 조치의 시행 시에 가질 수 있는 잠재적 이점은 아래와 같다.

1. 이해의 증대. 카운슬링 관계에서 전직지원전문가가 자신의 생각과 대응방법을 고수하는 일은 자유이나, 다른 전문가로부터의 피드백을 통해서 자신의 카운슬링에 대한 이해를 증대할 수 있다.
2. 전직지원전문가는 다른 사람으로부터 특정 아이디어 및 제안도 받을 수 있다. 이는 카운슬링 관계에 신선한 접근법을 적용하게 해준다.
3. 전직지원전문가는 자신이 구사하는 카운슬링 접근법의 패턴을 더욱 용이하게 살펴볼 수 있다. 정기적으로 카운슬링 관계를 토의하면서 자신의 전형적인 접근법이 가진 특징적인 문제점을 더욱 잘 인식할 수 있다.
4. 전직지원전문가는 동료들의 모델링을 통해서 배울 수 있다. 다수의 카운슬링은 폐쇄된 공간에서 진행되므로, 동료들과의 공개된 토의는 '다른 사람들이 어떻게 하는지'에 대한 더욱 확실한 그림을 그려준다.
5. 동료들과 신뢰관계를 구축한다. 자신의 결과를 다른 사람에게 공개하는 일은 상호 간의 매우 큰 신뢰와 확신을 기초로 한다. 이런 관계의 구축은 다른 문제가 발생 시에 동료 간의 상호자문을 매우 촉진한다.

전직지원전문가 슈퍼비전의 목표

전직지원전문가 슈퍼비전의 목표는 무엇이며, 전문가는 자신이 그 목표를 어떻게 발전시켜 나갈지를 인식하고 있을까? 스톨텐버그와 델워스는 전직지원전문가들에게 적용이 가능한 발전 모델을 만들었다(Stoltenberg&Delworth, 1988). 그 모델에 따르면, 전문가는 분야에 처음 진입 시부터 단계적인 방법으로 선임 전직지원전문가의 길을 향해 발전해나가야 한다. 각 단계는 전문가 측의 특정 행동 및 관심사항으로 구성되지만, 모든 전문가들이 동일 단계에서 동일하지 않다는 점을 전제로 한다. 그럼에도 불구하고, 동일단계에서 전문가들 간에 유사성이 없다고 보지는 않는다. 검토하는 전직지원전문가의 발전내용은 개입기법 역량, 고객 개념화, 평가도구 그리고 목표설정이다.

초보 전직지원전문가는 기법에 대한 제한적인 훈련을 필요로 하는데, 기법의 시행 시 필요로 하는 특별히 구조화된 양식이 있다. 구조에 초점을 두고자 하는 그들의 절실한 희망 사항은 종종 고객에 중점을 두지 않는 자신의 서비스 제공에만 중점을 두는 행위로 나타나기도 한다. 이 단계에서 통상적인 전직지원전문가의 근심과 걱정은 자신의 두려움과 불확실성의 형태를 띠기 때문에 고객이 경험하는 일에 대한 효과적인 강조나 이해가 힘들다. 전문가는 사전에 자신이 정한 개입전략을 따른다면 '제대로' 일을 한다고 생각하는 경향이 있다. 그들은 카운슬링 개입기법을 어떻게 사용했는지를 기억하기 위해 노력하기 때문에 고객의 관점을 이해할 수 있는 여지는 거의 없다. 따라서 예상하지 못한 고객의 우발적인 행위에 효과적으로 대응하기 힘들다.

초보 전직지원전문가는 고객에 대한 개념을 잡기 위해서 다른 적합

정보에 앞서서 종종 고객의 경력, 현 상황 혹은 성격 유형과 같은 특정 관점에 중점을 둔다. 종종 광범한 결론은 고객이 제시하는 상황에 기초하지 않고, 전직지원전문가 자신의 특정한 경향에 계속 일치시킨 신뢰성 없는 정보에 기초한다. 그런 일관성은 단순하면서도 관리가 용이한 고객을 지향하는 초보 전직지원전문가의 희망을 반영하고 있다.

초보 전직지원전문가들은 평가 시에 특성에 대한 추정적인 객관적인 점수를 도출하는 평가도구를 간과하는 경향이 있는데, 특성의 확실성보다는 평가결과에 있는 특정 직업 흥미에 대한 가능성, 성격 유형, 그리고 인지 유형을 단순하게 선호하고 있음을 보여준다. 전직지원전문가가 잘 정의된 유형에 고객을 맞추기 위한 노력을 하기 때문에 검사가 강조하는 이론적 구조를 중요하게 보게 된다. 이 단계에서 전직지원전문가는 고객의 감성적인 관심보다 평가상황에 더욱 중점을 둘 수 있다. 평가결과의 통합과 해석은 요리책을 읽는 것과 같은 우스꽝스러운 형태로 보일 수 있는데 평가결과의 일치성에 초점을 두고 불일치를 무시하려는 경향 때문이다.

마지막으로 초보 전직지원전문가는 종종 카운슬링 프로세스를 통한 자신의 목표 서술에도 어려움을 겪는다. 추가로 카운슬링 프로세스의 시각화와 시작부터 끝까지 고객을 돕는 방법론에서도 어려움을 겪는다. 일부 초보 전직지원전문가는 대부분의 회차에서 고객들이 말하도록 만들면서 만족을 느끼나, 고객들의 관심을 처리할 계획을 고안할 능력은 갖추지 못하고 있다.

그렇다면 선임 전직지원전문가는 초보 전직지원전문가와 어떤 점에서 다를까? 다시 한 번 개입기법 경쟁력, 고객 개념화, 평가 도구, 그리고 목표설정 부분을 검토해보자.

일반적으로 선임 전직지원전문가는 자신들에 대해 잘 이해하고 있다. 자신들의 강점과 약점에 대한 통찰력을 가지고 있으며, 자신들의 취약점 때문에 놀라거나 방어적 자세를 취하는 부분은 초보 전직지원 전문가보다 더욱 적다. 그 이유는 취약점 분야에서 더욱 성장하고 발전할 수 있다는 확신을 가지기 때문이다. 선임 전직지원전문가는 자신의 중점과 고객의 중점 간의 균형을 더욱 잘 유지할 수 있으며, "현재, 여기에서……"를 강조하는 고객에게 의도적으로 집중할 능력도 있고, 다른 시간에는 그런 생각에서 벗어나 자신의 생각과 느낌도 처리할 수 있는데, 그런 두 가지 관심 사이를 부드럽게 드나들 수 있다. 더욱 선임인 전직지원전문가가 보유한 고객의 특성에 대한 높은 이해력은 매우 중요한 고객에 대한 자신의 개인적, 감정적, 그리고 인지적 반응을 가능하게 해줄 뿐만 아니라 고객이 가진 중요한 정보에 접근이 가능하게 해준다.

특별히 선임 전직지원전문가는 가용한 개입 기법을 더욱 많이 보유하고 있으며, 개입기법의 시행도 더욱 기술적이다. 그들은 서비스 회차 간에 시도한 개입 기법이 효과적으로 작용하지 않을 경우에는 자신이 확신을 가진 개입 기법으로 신속히 전환할 수 있고, 고객의 개념화와 서비스 목표에 맞는 개입 기법을 통합할 능력도 있다. 전형적으로 그들은 더욱 창의적이고 유연하게 개입기법을 사용한다.

더욱 선임인 전직지원전문가는 고객 개념화에 관한 한 일차원적인 생각에 빠져들지 않으면서 세밀하고 완벽하게 고객을 관찰할 능력을 지니고 있다. 비록 모델과 일반정보들의 가치를 유지하지만, 이 단계에서 그는 각 고객을 특성을 지닌 한 명의 개인으로 이해한다. 고객의 나이, 성별, 혹은 직무기능과 같은 요소에 기초하여 틀에 박힌 생각이나 진부한 형태로 고객들을 대하는 경향이 줄어들고, 전후 사정을 고려하여 고객들을 개인과 인간으로 잘 이해한다. 고정관념에도 덜 집착하며 나이, 성별, 그리고 직무기능에 기초하여 고객을 분류하지 않는다. 이 수준의 전직지원전문가는 전체 상황 속에서 고객을 개인 혹은 인간으로 더욱 잘 보게 된다.

선임 전직지원전문가는 더욱 공고한 평가기법을 발전시키면서 선호하는 특정 도구를 더욱 기교 있게 운용한다. 그들을 공식적 평가도구의 가치와 취약점을 잘 인식하고 있으며, 평가도구의 사용을 덜 선호하기 때문에 자기중심적이 아닌 시험결과와 연계된 고객의 반응, 생각, 그리고 느낌을 추출할 훌륭한 능력도 보유하고 있다. 궁극적으로 결과의 일치에 대해 중점을 둘 필요성은 적으며 불일치를 생산적으로 사용할 수 있는 확장된 능력이 필요하다.

마지막으로 더욱 발전한 선임 전직지원전문가는 서비스 프로세스를 통한 자신의 목표를 더욱 잘 기술하면서 목표를 향하여 나아갈 고객의 지원방법을 가시화한다. 그리고 개입전략을 통해 고객의 평가와 개념화를 통합할 능력도 많이 가지고 있다. 그들의 계획은 더욱 초점을 중시하는 가운데 일치성도 띠면서, 상황에 따라 적절하게 변경도 가능하다.

여태껏 슈퍼비전이 발전에 미치는 영향의 중요성에 대해 토의하였다. 전직지원전문회사의 관리라는 조직적 차원에서도 슈퍼비전의 제공은 매우 중요하다. 혹자는 전직지원전문회사의 주요 자원이 전직지원전문가의 경험과 기법이라고 강하게 주장한다. 따라서 전직지원전문가의 체계적인 발전을 지향하는 전문회사의 노력은 성공적인 서비스의 시행을 위한 매우 중요한 고려사항이다. 잘 고안되어서 기술적으로 시행되는 슈퍼비전 프로그램은 최고의 전직지원전문가를 유인, 보유하고 발전하게 해준다. 그리고 전직지원전문가가 자신의 전문성을 지향하는 기법을 발전시킨다는 생각을 하게 만들면서, 더욱 큰 동기부여를 통해 열정적으로 업무에 임하도록 한다. 그의 동기와 열정은 전직지원전문회사의 다른 직원들에게도 전파되어 전체적인 조직의 사기도 높여준다.

요약하면, 전직지원 프로세스는 복잡하게 진행되면서 전직지원전문가에게 프로세스의 참여자 및 관찰자의 역할을 요구한다. 전문가는 자신의 행동이 다른 사람에게 미치는 영향과 자신에게 미치는 다른 사람의 영향에 대해서도 이해해야 한다. 전문가 교육 프로그램에서 시행하듯이 슈퍼비전은 이런 형태의 전문적 발전을 도모하는 증명된 효과적 방법이다. 또한, 슈퍼비전은 초보 전직지원전문가가 선임 전직지원전문가로 도달하기 위해 필요한 계획을 수립하는 데 매우 유용하다. 전직지원전문가로서 발전을 계속 원한다면 슈퍼비전의 일부 형태는 매우 중요하다. 또한, 슈퍼비전의 제공은 전직지원전문회사의 조직 내 사기를 향상시킨다. 전직지원전문가는 자신의 특별한 요구에 부합하는 전문적인 발전을 지속시켜줄 슈퍼비전 모델을 어떻게 구조화시킬지에 대해 고민할 필요가 있다.

제14장

범 문화적 이슈

📌 본 장의 중점은 범문화적 전직지원 서비스와 관련된 이슈에 두고 있으며, 그 이슈를 더욱 적절하게 논할 수 있는 인구통계학적 그리고 산업 동향과 관련된 내용을 일부 포함하고 있다.

일자리 현장의 다양성

미국의 노동력 구성은 매우 빠르게 변화하고 있다. 1987년도에 허드슨연구소는 미국 노동성에서 발주한 워크포스 2000(Workforce 2000)이라는 영향력 있는 연구보고서를 작성하였다. 이 연구보고서는 미국의 노동력이 1990년도 124.7백만 명에서 2005년도에 150.7백만 명으로 증가한다는 결론을 내렸는데, 증가된 2천6백만 명 중에서 여성, 이민자 그리고 소수민족 집단이 85%를 차지한다고 보고하였다(Williams, 1992). 요약하면, 노동력의 구성이 매우 다양하게 변화한다는 이야기이다.[10] 따라서 그런 다양성의 관리방법을 강구하는 일은 비즈니스나 산업계 지도자들에게 주요한 도전이 되었다.

몇 년 전만 하더라도 근로현장의 다양성은 생산과 프로세스에 전혀 영향을 미치지 않을 것으로 예상하여 고려요소가 아니었으나, 보고서 발표 이후 심각한 요소로 고려되었다. 이후에 고용주들은 이러한 다양성에 대응할 방안을 개발하고 효과적 관리방법을 익히기 위하여 이전보다 많은 시간과 재원을 투자하였다. 그 행동으로 미국사회 내에 있는 다른 인종들을 인식하고 존경하며, 궁극적으로 자본화할 필요가 있다고 인정하였다. 또한, 다양성을 훌륭한 홍보 주제로 세울 뿐만 아니라 비즈니스 사안으로도 고려하였는데, 다양성을 잘 관리할 경우 차별소송에서 비용을 절감할 수 있고, 다양성 관리를 통해 새로운 아이디어를 창출하면서, 창의적으로 문제를 해결할 좋은 직위에 인내심 있고 혁신적인 노동력이 유입될 수 있다는 희망도 가졌다. 앞에서 언급한 이유가 충분하지 않더라도 세계 경제 속에서 미국의 미래는 인종, 민족, 문화적, 그리고 언어적 차원의 문화적 상이성을 이해하는 개인들에게 있으며 이에 점차적으로 의존해야 한다는 인식을 고용주들이 가지게 된 것이다(Williams, 1992).

다양성이 전직지원 서비스에 미치는 영향

그렇다면 그런 추세가 전직지원 서비스에 미치는 영향은 무엇일까? 첫째, 노동력이 더욱 다양해지는 만큼 전직지원 서비스를 받는 개인들 역시 더욱 다양해질 수 있다. 전직지원 초기에는 많은 수의 고객들이 선임 관리직위에 있었던 중년의 백인 남성들이었으나 그 경향도 변하고 있고, 이후에도 계속 변할 수 있다. 노동력 구조가 더욱 다양화되면서 변한다는 간단한 사실이다.

또한, 전직지원 서비스가 집단이든 개인이든 간에 더 이상 상급 관

전직지원전문가 가이드 북

리자만을 대상으로 하는 서비스를 지향할 수 없기에 추후에 중급·하급 수준의 근로자들에게도 광범한 범위로 서비스가 제공될 예정이다.

문화적인 다양성을 지닌 많은 고객들에게 서비스를 제공하기 때문에 전직지원전문가도 범문화적 사안에 대한 이해를 넓힐 필요가 있다. 범문화적 카운슬링 및 요법가로 잘 알려진 데랄드 윙 수에 의하면, 전직지원전문가는 문화적으로 다양한 고객들을 응대하기 위해 세 가지 목표를 가지고 일할 필요가 있다(Wakelee-Lynch, 1989).

첫째, 전직지원전문가는 인간행동에 대한 자신의 가치, 편견, 그리고 가정을 더욱 잘 인식해야만 한다. 그 의미는 다른 집단에 대한 고정관념, 인종 문제를 대하는 태도, 그리고 믿음이다.

둘째, 전직지원전문가는 문화적으로 다양한 고객들이 가진 상이한 세계관을 잘 이해할 필요가 있다. 다양한 인종집단은 삶의 세계 속에서 상이한 경험을 가지고 있기 때문에 상이한 가치와 믿음을 가지고 있다. 아래 사항들은 다른 문화집단이 보여주는 다양한 모습과 관련된 주제들이다.

- 자기인식
- 의사소통 및 언어 수단
- 복장을 포함하는 용모와 관련된 기준
- 시간 관련 규칙 및 시간에 대한 의식
- 일과 관련된 관습 및 규칙에 대한 태도
- 관계에 대한 관점
- 정신적 프로세스 및 학습형태
- 물리적 공간과 공간 관계에 대한 규범(M. A. Lee와 개인적인 의사소통 결과, 1993.7)

여러 가지 주요한 측면에서 사람들이 서로 다를 수 있다는 인식과 함께 전직지원전문가가 특별히 인식해야 하는 점은 자신의 관점, 가치, 그리고 신념이 고객과 다르다는 점이다. 전직지원전문가는 고객들의 가치와 신념에 문화가 미친 영향을 잘 이해해야 할 뿐만 아니라 자신을 잘 이해할 경우에 고객도 잘 이해할 수 있다.

수가 말한 전직지원전문가의 세 번째 목표는 고객이 속한 다양한 인종과 그 생활양식이나 세계관에 적합한 개입전략의 발전이다. 상이한 문화집단은 서로 다른 접근법이 필요하다는 사실을 이해하면서 문화적으로 적합한 개입전략을 선택할 수 있을 정도로 기술적이어야만 한다.

수는 문화적 차이에 대한 높은 이해와 함께 그런 문화적 가정에 따른 과다한 일반화에 대해서도 경고하였다. 집단 내에서뿐만 아니라 집단을 초월하는 상황에서 불확실성이 존재하기 때문에 개인의 차이점은 인정해야 한다는 말이다. 따라서 전직지원전문가는 모든 집단에 대해 단일한 개입전략을 적용하고 싶은 유혹에서 벗어나야만 한다.

이런 차원에서 문화적 사안이 전직지원 서비스의 중점인 경력 관련 행동에 영향을 미칠 특정한 사례를 검토하는 것은 매우 유용하다. 이런 사례들은 절대로 소모적인 것이 아니라 경력 관련 사안에서 문화적 요소가 보여주는 매우 훌륭한 몇 가지 상황을 제시해준다.

대한민국에 뿌리를 둔 미국시민들을 광범위하게 카운슬링한 수잔리는 말하는 것보다는 경청하는 스킬에 중점을 두라는 교육을 그들이 받았기 때문에 면접 시에 인상적으로 자신을 표현하지 못한다고 주장한다(Backover, 1991). 추가로 그들은 복종과 권위에 대한 존경을 포함하는 계급구조가 지배적인 환경 속에서 자랐다. 권위적인 면접이 포함된 상황에서 그들은 불손한 모습을 보일 수 있다는 두려움 때문에 자기주장이나 질문을 매우 망설일 수 있는데, 면접관들은 침묵하는 모습을 보거나 간단한 대답을 듣고 자신감과 능력이 부족하다고 판단할 수 있다. 더욱이, 그녀는 그들이 직접화법보다는 간접화법에 익숙하다고 지적한다. 만약에 권위 있는 사람이 그들에게 직무수행 역량을 질문한다면 매우 자격이 있다는 생각을 하게 되더라도, 도전적이고 열정적으로 답변을 하지 않을 수 있다.

대부분의 전직지원전문가는 면접 시에 면접관과 눈을 맞추도록 코치하고 있다. 다른 사람들의 눈을 뚫어지게 쳐다보면 불손하다는 문화적 규범을 가진 사람들에게는 문제시되지만, 미국의 주요 문화에서는 신뢰와 존경심의 표현이다.

전직지원전문가와 고객들의 문화적 차이점 이해는 매우 중요한데, 면접 단계뿐만 아니라 경력 관리와 관련된 일반적인 사안에서도 그러하다. 중국계 미국시민들의 커리어 카운슬링 전문가인 엠 리는 미국기업 내에서 높은 수준의 관리직으로 일하는 아시아인들을 찾기 힘들다고 지적한다(M. A. Lee, 1990). 비록 명백한 편견이 있다고 보지만, 리는 문화적 차이점 때문에 발생하는 경력 관리의 모호성에 친숙하지 않을 경우에 경력 발전이 제한된다는 주장을 하고 있다. 예를 들면, 중국계 미국시민들은 성공적인 경력 관리에 기여하는 가시성의 중요함을 잘 이해하지 못한다. 그 중요성을 인식하더라도 이를 추구하지는 않는데, 그들이 문화적으로 가치를 두는 겸손과 집단성취에 반한다고 생각하기 때문이다. 대신 열심히 일해서 뛰어난 수행결과를 보여준다면 진급이 보장될 것으로 생각하나, 그런 접근법이 희망하는 결과를 보여주지 못할 때에는 혼란을 겪는다.

경력 관리에 관한 문화적 차이를 이해하는 것은 아프리카계 미국시민을 대할 때에도 매우 중요하다. 전직지원 서비스를 받는 아프리카계 임원 출신은 종종 미국기업에 근무하면서 자신의 경력을 관리한 적이 있었으나 항시 도전적인 상황에 처했다고 말한다. 비록 그런 도전이 백인 동료에게도 발생하는지는 명확하지 않으나, 그가 던져준 경험은 생각보다 현실적이었다. 그런 상황은 여러 가지 형태를 띠는데, 일부는 매우 모호하였으나 다른 경우는 명백하였다. 일반적인 형태의 과업 지시에 대한 부하직원들의 명확한 거부, 과업수행의 긴급성 결여, 그리고 회의 시에 지시된 사항의 무시와 같은 내용들이 그가 겪은 경험들이었다.

다른 아프리카계 미국시민은 보고 시에 항상 자신을 증명해야 한다고 생각한다. 캘리포니아 오클랜드에 있는 카이저퍼머넌트 케어 프로그램에서 다양성 프로그래밍을 위해 일하는 교육학박사인 조직 컨설턴트 알리안 씨. 사운더스는 자신이 느낀 바를 명확히 말한다. "항상 나 자신을 증명해 보여야 한다고 느꼈다. 무언가 가치 있는 말을 한다고 사람들이 생각하게끔 하거나, 업무자격을 보유하고 있다고 생각하게끔 만드는 일은 나에게 지속적인 도전이었다…"(Byrd, 1997, 27쪽) 그리고 다른 고객들도 종종 자신들이 팀 플레이어가 아니라는 평가를 받았다고 하는데, 그 이유는 기업에서 임원진들이 일반적으로 보여준 퇴근 이후의 사회적 활동과 같은 일에 흥미가 없었기 때문이다. 전직지원전문가는 아프리카계 미국시민들이 접하거나 그들을 둘러싼 복잡한 경력 관리 문제 전반을 최대한 지원하기 위해서 상황역학을 잘 이해할 필요가 있다.

요약하면, 추후 미국의 노동력은 계속 다양해지면서 전직지원 서비스에 참여하는 고객들의 양상도 더욱 다양해질 것이다. 최상의 결과를 창출하기 위해서 전직지원전문가들은 문화적인 기교를 지녀야만 한다. 그 의미는 문화적으로 다양한 배경을 가진 고객들의 경력에 효과적으로 개입하기 위한 이해, 지식, 그리고 스킬을 보유해야만 한다는 말이다. 문화적인 기교를 가진 전직지원전문가는 다양한 도전을 접하는데, 각 고객을 한 명의 특이한 고객으로 대하면서 그들의 일반적인 발달경험뿐만 아니라 특정한 문화적 배경에서 올 수 있는 특정한 경험도 고려할 필요가 있기 때문이다. 전직지원전문가가 이런 점을 초월해서 특정한 문화적 경험이 자신을 어떻게 현재의 개인 혹은 전문가로 만들었는지에 대해 끊임없이 이해할 필요가 있다(C. Lee&Richardson, 1991). 그것은 매우 복합적이고 다양한 미래의 노동력을 매우 효과적으로 응대할 수 있도록 전직지원전문가들의 전직지원 역량을 향상시켜 줄 인식, 지식, 그리고 스킬의 통합이다.

제15장

여성과 전직지원

📌 남성과 여성은 전직지원 서비스를 통해 동일한 경험을 보유하고 있을까? 다르다면 어떻게 다를까? 본 장에서는 두 가지 분야의 토의를 통해 이러한 이슈들을 다루어본다. 첫 분야는 여성 전직지원 고객으로서의 경험에 관한 내용이며, 둘째 분야는 여성 전직지원전문가의 경험에 관한 내용이다.

여성 전직지원 고객

전직지원 시행현장의 여러 가지 다른 상황과 마찬가지로 여성과 전직지원 서비스를 연계시킨 체계적인 발간자료는 거의 없다. 몇 가지 연구 중에서 국내 전직지원전문회사인 리헥트해리슨사의 사우던캘리포니아 사무실에서 발간한 연구자료가 있다. 저자는 펠프스와 메슨으로 다음과 같은 결론을 내리고 있다(Phelps&Mason, 1991).

1. 여성 관리자 및 임원의 특이한 요구는 상이한 전직지원 절차를 필요로 한다.

2. 여성은 남성보다 다소 장기간의 전환기간이 소요되는데, 전직지원상황에 38% 정도 더 긴 시간을 머문다.

3. 성차별이 아직도 존재한다.

4. 여성은 자신의 동료, 자신의 개인적인 삶에 위치한 남성, 그리고 자신의 남성 전직지원전문가조차 당황하게 만드는 관점으로 전직지원 서비스에 접근한다.

5. 나이가 든 여성고객들은 기업에서 제공하는 모든 전직지원 내용을 배제하는 경향이 있는데, 사업가 혹은 컨설턴트로 진출하면 더욱 많은 보상을 받을 수 있다는 생각에 사로잡혀 있기 때문이다.

이년 여에 걸친 본 연구에서 약 64명의 상급 관리직들을 분석하였는데, 그중 여성은 18명이었다. 그 집단을 분석해보면, 자신의 남성 동료보다 더욱 나이가 많았으며 절반 이상은 독신이었고 남성보다 더욱 높은 보수를 받는 숫자는 남성에 조금 못 미쳤다.

본 연구를 통해 나온 수치는 전직지원 상황을 경험한 여성들을 잘 대변하지 못할 가능성도 있다. 예를 들어서 프리맨과 해링-하이도어는 시간제로 일하면서 낮은 보수를 받는 스킬이 부족한 여성과 높은 숙련된 스킬을 보이는 여성 간의 중요한 차이점을 제시하였다. 그들에 의하면, 낮은 스킬을 필요로 하는 직업여성의 욕구에 더욱 잘 부합할 수 있는 전형적인 전직지원 서비스로 내용의 일부를 변경한다면 자신들이 발견한 차이점을 잘 보완할 수 있다고 주장하였다(Freeman and Haring-Hidore, 1988).

그러나 펠프스와 메슨의 연구결과와 같이 방법론적인 제한점에 초점을 맞추기보다는 그런 제한점을 전직지원 상황에 있는 여성과 관련해서 일부 이슈의 토론을 위한 출발점으로 사용한다면 더욱 유용할 수 있다.

하나의 이슈는 남성과 여성이 실직을 받아들이는 방법이다. 남성은 여성과 달리 직업, 조직, 그리고 보수, 권한, 그리고 제공되는 관련 특전과 자아 정체감을 매우 크게 연계시킨다. 그래서 남성은 실직 이후 가능한 한 신속하게 상실된 직업을 대체하는 새로운 직업을 찾기 위한 총력전을 펼친다. 또한, 남성은 실직과 관련된 감성적인 부분이 적은 반면, 실직을 바로 잡아야 할 하나의 불행한 사건으로 본다. 그들은 실직이 자신들이 지닌 취약점이나 부적절함보다는 시장 상황, 조직 정책상의 문제와 같은 외부상황에 기인한다고 보기 때문에 실직으로 인한 개인적 거부감이 덜하다. 또한, 그들은 인생의 다른 부분과 직업 탐색을 분리하거나, 구분하기를 원한다.

반면에 이런 관점에서 본 여성은 동료들과의 관계를 포함하는 만족스러운 관계에 자신들의 정체성을 더욱 긴밀히 연계시키기 위해 문화적으로 더욱 조절된 모습을 보인다. 그래서 실직을 중요한 관계의 와해로 보는데, 그들에게는 단순히 수입원이 변화하는 문제가 아닌 많은 인간관계가 상실되는 문제이다.

두 번째 이슈는 실직 경험과 다른 일의 구분이다. 여성은 아내, 엄마, 딸, 그리고 근로자라는 몇 가지 역할을 동시에 충족시켜야 하는 상태에 있다. 결론적으로 여성은 일, 파트너십, 자녀, 가사, 그리고 공동체를 계속 통합하는 일도 한다. 그래서 한 부분의 변화는 모든 다른 부분에 영향을 미치는데, 다른 일과 구분하기가 쉽지 않다. 그 이유는 다양한 영역 사이의 복잡한 균형을 와해시킬 수 있는 위협을 가하기 때문이다.

　　　　　　　　　　　　　　전직지원전문가 가이드 북

여성들은 실직에 직면 시 다른 지원자산을 찾는데 특별히 더욱 높은 직위의 남성 관리직에 비해 그 욕구가 더 크다. 전통적으로 결혼한 남성 관리직은 아내가 외부에서 보수를 받고 일하는 경우가 적다. 1980년대 펠프스와 메슨의 연구보고서에서 인용한 파렐의 연구결과에서, 신규로 임용된 87명의 남성 상급 관리직들의 경우로 그 사실이 밝혀졌다. 대부분의 여성들에게 전통적인 결혼은 지원의 출처이지만, 실직 시에는 스트레스 요인이 된다. 한편으로 남성 관리직은 자신의 경력 발전 전반을 통해서 충성스런 지원을 해줄 파트너를 보유하는데, 그런 관계는 실직 이후에도 유지할 수 있다. 다른 한편으로 남성 관리직의 전업주부 아내는 남편에게 직업 탐색을 하도록 상당한 압력을 행사하는데, 그 이유는 남편의 경력상 성공이 자신들의 정체성 및 신분과 크게 연계되기 때문이다. 경제적, 그리고 사회적 취약점이 발생할 경우 아내의 느낌은 매우 긴박한 감정의 상승으로 이어지면서 자연스럽게 남편의 구직활동에 대한 압박으로 이어진다. 특히 아내가 자신들의 힘으로 남편의 구직을 지원할 수 없거나 지원할 의지가 없을 경우에 더욱 강화된다.

그러나 그런 경향은 맞벌이 부부의 증가와 함께 변화되고 있다. 한 사람이 일하는 경우와 달리 맞벌이 부부에게 실직은 그들의 동적요인에 영향을 미친다. 사례보고서에서는 이미 그런 경향이 보인다고 말한다. 예를 들면, 실직한 남성의 경우 실직을 매우 부담스러운 일로 생각하지 않을 수 있으나, 일하는 그의 부인은 일하고 있는 자신의 어깨에 모든 재무적인 책임이 얹혀진다는 사실이 매우 큰 스트레스 요인이 된다. 실직한 여성의 경우에는 그런 상황이 일과 가정의 양립을 다시 생각해보는 기회가 된다. 그녀와 남편은 남은 시간을 육아시간으로 돌리려고 상근직보다는 시간제 일자리를 찾아볼 수 있다. 비록 아직도 맞벌이 부부에게 실직이 스트레스를 주는 사건이지만, 실직을 처리하는 잠재적인 대응책들은 매우 광범하다.

고위직 여성이 실직할 경우에 상황은 어떻게 달라질까? 첫째, 남성과 달리 여성 임원의 경우는 가족 상황이나 지원의 수준이 다르다. 여성 임원의 대부분은 이혼을 하였거나, 미혼인 경우가 많다. 펠프스와 메슨의 연구보고서를 인용한 콘-페리인터내셔널의 연구결과에 의하면 여성 임원의 45%는 미혼이다. 따라서 그들은 경력 구축 시에 배우자의 지속적인 지원을 받은 사실이 없다. 그러나 배우자가 있는 여성 임원급은 재무적인 상황 때문에 신속하게 구직해야 할 압박은 없다. 그러나 여성 임원급이 미혼이거나 자신의 재무적 상황을 홀로 책임지는 경우에는 동일한 경우의 남성 임원이 겪는 경제적 압박에 못지않은 큰 영향을 받는다.

역사적으로 고위직 여성 임원은 전문적인 지원을 받을 수 있는 광범한 네트워크를 가지고 있지 않다. 남성 임원은 멘토나 코칭을 받을 기회가 전통적으로 많았는데, 성공한 다른 사람의 멘토링이나 코칭을 받을 수 있는 넓은 문이 오랫동안 열려있었다. 반면에 여성 임원은 전형적으로 그 과정에서 카운슬링이나 멘토링의 기회가 적었고, 기업환경 내에서도 덜 발달된 네트워크를 통해서만 도움을 받았다. 그래서 실직한 여성 임원은 여러 가지 형태로 남성보다는 경력상의 지원을 덜 받았다는 느낌을 가진다.

이런 이유 때문에 펠프스와 메슨은 전직지원 프로세스에서 여성 임원의 특별한 욕구에 부응하는 강력하고 지속적인 지원이 필요하다는 점을 강조하였다(Phelps and Mason, 1991). 그들의 평가 중에는 적합한 전직지원전문가와 관련된 내용도 있는데, 적절한 전직지원전문가 수를 유지하는 가운데 적어도 일부는 여성을 위해 전력의 투자가 가능한 여성 전직지원전문가들로 구성하는 방법을 더욱 강조하였다. 또한, 많은 여성들이 자신의 사업 및 컨설팅 사업을 구상하거나, 대기업이 아닌 중소기업 운영을 대안으로 생각하고 있기 때문에 사업전문 스킬을 가진 전직지원전문가의 필요성도 강조하였다. 마지막으로 지원, 인정, 허심탄회한 의사소통, 그리고 피드백을 촉진하기 위해 전직지원전문회사 내에 여성을 중심으로 한 토의모임을 계속 운영하도록 권고하였다.

반면에 에스 스페니어는 분리된 토의집단 운영과 같은 특별한 조치를 시행하기 위해 여성 고객들을 분리하는 전직지원전문회사의 방법론에 대한 의문도 제기한다(S. Spanier와 개인적인 의사소통 결과, 1993.9). 비록 그런 실행방법이 심리적 지원을 추가적으로 제공할 수는 있으나, 전통적으로 기업 내의 운영과 같이 여성들을 한 편으로 분리하는 방법이기 때문에 그들을 고립시킬 수도 있다. 고립시킬 경우에는 남성 전직지원 고객들과 연대관계 및 코칭 관계를 생성할 수 있는 상호작용 기회도 놓칠 수 있다. 추가로 스페니어는 특별히 여성들에게 중점을 둔 서비스와 유사한 서비스를 통해 남성 전직지원 고객들도 이득을 볼 수 있다고 말한다. 남성 고객들 역시 여성 고객들과 마찬가지로 실직에 대한 갈등을 겪고 있기 때문이다.

여성 전직지원전문가

본 절에서는 여성 전직지원전문가가 겪는 경험에 중점을 둔다. 다시 한 번 이 주제와 관해 체계적으로 수집된 자료가 없다는 점을 말하고 싶다. 갤라그는 약 300여 명에 달하는 전직지원전문가들을 조사한 이후에 몇 가지 흥미로운 인구통계학 자료를 제시하였다(Gallagher, 1990). 조사 응답자의 27%에 달하는 다수는 기업경영자였으며, 응답자 중 25%는 여성이었다. 조사를 통해 발견된 주요 사항은 아래와 같다.

1. 여성 전문가들은 남성 전문가들보다 젊었다. 평균 연령대는 남성들이 50.1세인데 비해서 여성들은 41.9세이었다.

2. 여성 전문가들은 남성들보다 사업경력이 적다. 남성들은 25.2년인데 비해서, 여성들은 15.8년이었다.[11]

3. 여성 전문가들은 전직지원 서비스에 참여한 경력이 짧았다. 남성들은 6.4년인데 비해서 여성들은 5년이었다.

4. 여성 전문가들은 남성에 비해 기업 소유자가 적었다. 남성은 66명인데 비해서 여성들은 12명이었다.

5. 여성 전문가들은 남성들과 동등한 수준의 학력을 가졌다. 석사 및 박사학위가 유사한 비율이었다. 그러나 전공의 유형에 관한 연구결과는 성별 차이를 보이고 있었다. 학사과정에서 비즈니스를 전공한 남성은 여성에 비해 세 배나 많았고, 석사과정에서 비즈니스를 전공한 남성은 두 배나 많았다. 박사과정에서는 남성이 4배나 많았다. 반면에 여성 전문가들은 학사수준에서 사회과학(심리학, 사회학, 정치학), 교육학, 혹은 교양과목을 많이 전공하였는데 석사급에서는 여성들이 두 배나 많았으며 박사급에서는 약 세 배나 많았다.

6. 전직지원 업계에 진입하기 이전에 여성 전문가들은 남성 전문가들과 동일한 회수의 경력을 거쳤는데, 각 그룹은 평균 세 가지의

전직지원전문가 가이드 북

경력을 보유하고 있었다. 그러나 그들을 고용하는 분야의 성격은 특이한 일부 차이점이 있었다. 여성들은 약 2회 정도 교육분야에서 주로 일하였는데, 특이하게 정부분야, 비영리기관 혹은 종교기관에서 일하였다. 남성은 주로 유명한 기업에서 2회 정도 일하였는데 특이하게 포춘 100대 기업이 두드러졌다.

7. 여성 전문가들은 남성 전문가들보다 보수가 매우 적었다. 평균적으로 여성 전문가들은 4만 8천 불의 연봉을 수령하는 데 비해서 남성 전문가들은 약 8만 3천 불을 받았다. 이런 큰 차이는 적어도 부분적으로 남성 기업 소유자와 여성 비 소유자들 간의 격차 때문에 발생한 문제로 돌릴 수 있다. 기업 소유자의 보수는 비 소유자에 비해 두 배였으며, 앞에서 명시한 바와 같이 갤라그의 연구결과에 의하면 남성 기업 소유자가 여성에 비해 5배나 많은 탓이다.

여성 전직지원진문가와 관련된 자료를 통해 어떤 결론을 도출할 수 있을까? 첫째, 여성 전직지원전문가들은 남성 전직지원전문가들보다 기업 소유주의 위치에 오를 가능성이 더욱 낮았다. 비록 여성 전문가들의 전공이 비즈니스 분야가 아닌 사회과학, 교육, 혹은 교양과목에 많이 치우쳤다고 볼 수 있지만, 교육수준은 남성 전문가들과 유사하였다. 여성들의 경력은 정부기관 혹은 비영리기관에 치우치고 잘 알려진 기업에서의 경력은 적었다. 여성에 대한 보상수준은 남성 동료들보다 훨씬 낮았는데, 적어도 부분적으로는 기업 소유주와 비 소유주 간의 보수 차이 때문이었다.

비록 갤라그의 자료가 전반적으로 본 저자의 더욱 인상적인 관찰결과와 상당히 일치한다고 볼 수 있으나, 여성 전문가들의 구성비는 갤라그가 제시한 자료보다 더욱 높을 수도 있다. 그러나 아직도 여성 전문가들은 전직지원전문회사에서 상근직 형태의 근무보다는 일당직 혹은 프리랜서 컨설턴트 쪽에 치우쳐서 불균형을 이루고 있다. 그럼에도 불구하고, 전직지원 서비스 산업이 여성들에게 기회를 제공해주는 산업 중의 하나라는 사실을 확실히 보여준다. 그런 기회의 범위와 그 산업에서의 여성 지위에 대해서는 추가적인 검토가 필요하다.

요약하면, 여성의 전직지원 경험을 조사한 이유는 남성과 비교해보기 위한 목적이었다. 연구는 남성 및 여성 전직지원전문가 모두에게 동등하게 관심을 투자하는 가운데 실시되었는데, 일부 연구는 전직지원 산업의 성별 차이에 관한 내용이었으나, 가용한 자료들을 보면 남성과 여성이 유사한 특정분야가 있는 반면에 성별 차이가 존재하는 분야도 있다는 점도 보여준다.

제16장

가족과 관련된 이슈

📌 앞에서 여러 번 언급하였듯이 실직의 충격은 할 일이 없어진 개인에게 매우 큰 스트레스를 안겨준다. 그러나 실직한 근로자에게만 실직으로 인한 영향이 있다고 볼 수 없다. 그들의 가족 구성원들 역시 그 영향을 받는다. 실직은 가족이라는 체계를 통해 회복하는 반면에 가족 구성원들의 광범한 반응도 야기한다. 본 장에서는 일부 가족 구성원들의 반응을 검토해보고, 전직지원 서비스를 통해 그런 사안을 처리할 수 있는 방안을 검토해본다.

배우자와 실직

전직지원전문가가 가족에게 미치는 실직의 영향을 가장 일반적으로 인식하는 방법은 실직 근로자의 배우자를 만나보는 방법이다. 대부분의 전직지원전문회사는 서비스 초기에 한 번 혹은 그 이상의 횟수로 실직자가 자신의 배우자를 서비스에 동행하게 하여 전직지원전문가를 만나게 한다. 그런 만남의 목적은 종종 배우자에게 전직지원 서비스 절차에 대해 설명하고, 구직기간 동안에 실직한 근로자를 배우자가 어떻게 지원할 수 있는지에 대한 교육에 있다. 그런 만남은 매우 중요한데, 배우자가 전직지원 프로세스에 대해서 무지하거나, 잘못된 인식을 가질 경우에 더욱 중요해진다.

예를 들면, 고객이었던 레오나드 비는 전직지원 서비스 초기에 네트워킹 개념과 서비스 내용에 대해 매우 문외한이었다. 그는 자신이 아는 모든 인맥들에게 자신이 실직한 사실을 알리고, 좋은 자리가 있는지를 알려달라는 전화통화를 삼가라는 전직지원전문가의 조언을 신뢰하였다. 그 대신에 최초 몇 주 동안 레오나드와 그의 전직지원전문가는 전직지원센터에서 구직 시장에 초점을 둔 이력서를 발전시키고, 인터뷰 기법을 숙지하였으며, 효율적인 네트워킹 기법에 대해 토의하였다. 그런 과정에서 레오나드는 실직 초기에 자신의 아내가 그의 구직노력에 대해 매우 걱정을 하거나 비평적이었다고 담당 전직지원전문가에게 말했다. 그녀는 남편이 한 명이라도 아는 지인이 있다면 그들에게 직접 물어보지 않고, 어떻게 직업을 찾을 수 있는지 의아해하였다. 레오나드는 그녀가 만족할 수준으로 네트워킹 원칙에 대해 설명하기 힘들었다. 그래서 담당 전직지원전문가는 레오나드의 아내를 합동 세션에 초대해서 전직지원 프로세스 전반에 대한 내용을 설명하고 남편이 진행하는 방법의 논리성을 설명하였다. 그녀가 전직지원 프로세스에 대해서 완벽한 이해를 한 이후에는 남편의 탐색방법에 대해 이전보다 훨씬 덜 비평적이었다고 한다.

다른 전직지원전문가들도 실직 초기에 가족이 잘 대해주더라도 직업 탐색 절차가 진행됨에 따라서 문제가 발생한다는 점도 인식하고 있다. 따라서 가족 문제는 절차 진행의 전반부뿐만 아니라 후반부에서도 나타난다. 전직지원전문가는 참여 고객이 가족상황을 개선하도록 노력한다는 전제조건하에서 이러한 문제들의 일부를 놓고 고객과 토론한다. 혹은 대체방안으로 배우자를 전직지원 사무실에 초대해서 특정한 컨설팅 세션을 진행한다. 하딩에 의하면, 전체적으로 여러 가지 가족문제가 발생하는데 아래 내용은 가장 일반적인 가족문제들이다 (Harding, 1991).

가족이 다른 사람들에게 실직에 대해서 어떻게 이야기하는가? 일반적으로 분별력 있게 자세히 말하는 방법이 최선이지만 아마도 친한 친구나 가족들에게만 말할 것이다. 대부분 사람들에게는 일반적으로 간단하고 긍정적이며 미래지향적인 설명이 최선의 방법이다.

보통 가족의 반응 강도는 실직한 근로자들에 의해 나타나고 가족구성원들도 그 개인으로부터 단서를 찾는다. 예를 들면, 실직한 개인이 진정으로 개방적이고 비 방어적인 토의를 시작한다면 다른 가족구성원들은 유사한 방법으로 자신들의 감정을 처리한다. 그러나 다른 상황에서 배우자는 실직한 개인보다 더욱 강한 방법으로 반응하는데, 배우자가 파트너의 경력 성공이나 경력상황 개선을 위해 많은 투자를 하였을 경우에는 더욱 그렇다. 시카고에 본사를 둔 전직지원전문회사인 제노타 브레인 앤 어소시에이트사에서 배우자 컨설팅 프로그램을 최초로 시작한 캐시 번은 "종종 배우자가 더욱 심한 분노를 표현하며, 실직자보다 더욱 오랫동안 비정상적인 상태에 머무른다."라고 말한다. 그러한 분노는 통상적으로 이전에 근무하던 기업 그 자체나 상사를 향한다(Harding, 1991).

발생할 수 있는 일단의 문제는 가족의 재무상황과 관련된다. 다시 한 번, 진정한 토의만이 그들을 도울 수 있는데 일부 확실한 기대의 발전도 가능하다. 중요한 점은 그런 토의가 "모든 것이 잘될 거야."라는 일반적인 확신이나 "우리 모두 허리띠를 더욱 졸라매야 한다."라는 일반적인 경고 수준 이상이라는 것이다. 지출의 패턴도 변해야 한다. 적은 돈은 의식주의 기본 요구조건만 충족시킬 수 있고, 혹은 여가나 오락 목적의 활동에 이전보다 적은 돈을 사용해야 한다. 토의가 더욱 특정화되면 현 재정상황을 넘어서거나, 그 문제를 해결할 합의된 결과가 나오지 않을 가능성이 많다. 종종 매우 감정적일 수 있는 사안에 대해 전문적 재무조언자의 지원은 일부 객관성을 부여해준다. 일부 전직지원전문회사는 그러한 전문가와 접촉할 기회를 제공한다.

기설정된 가족 패턴의 와해도 발생 가능한 다른 형태의 문제이다. 구직자는 더욱 많은 시간을 집에서 보낼 수 있기 때문에 자신만의 가정 일상사에 숙달된 남성이나 여성 배우자를 힘들게 만들면서, 조정이나 변화를 기꺼이 수용하지 못하게 만든다. 혹은 이전에 가정을 떠나 외부에서 직장생활을 하지 않았던 배우자가 직장을 구해야만 하는 상황으로 이어지고, 분노 혹은 질병으로 이어질 수 있다. 반면에 일부 가족 구성원들은 패턴의 변화를 환영할 수도 있다. 의심의 여지 없이 집에서 머무는 부모는 자식과 함께 더욱 많은 시간을 보낼 수 있는 기회를 맞이하기 때문에 서로의 유대가 강화될 수 있다. 비록 일부 배우자는 실직으로 인하여 자신이 직접 직업전선으로 뛰어드는 일에 반대할 수 있으나, 일부는 개인적 성장이나 발전을 도모할 수 있는 변화나 기회로 받아들여 환영하기도 한다.

다른 문제는 이사와 관련된다. 구직자들은 희망하는 직무를 확보하기 위해 이사도 고려해야만 한다. 이 단계는 다른 가족 구성원에게 확실한 영향을 미친다. 배우자의 입장에서 보는 이사의 의미는 구축된 인적 네트워크가 없는 새로운 삶을 시작해야 한다는 의미이고, 자녀

전직지원전문가 가이드 북

들에게는 새로운 학교가 그런 의미로 작용한다. 기업 내 직무발령으로 인해 이사 하는 경우도 있는데, 배우자는 그런 형태의 이사를 기업 초기근무 시보다 달갑지 않게 생각한다.

실직과 자녀들

앞에서는 실직으로 인해 배우자가 어떤 영향을 받을 수 있는지에 대해 논하였다. 자녀들 역시 그런 가정 상황에 영향을 크게 받는데, 그러한 우려와 대응에 관해 특별한 의견이 일부 필요하다.

가족 내의 실직에 대해서 자녀들은 연령과 발전단계에 따라 상이하게 반응한다. 어린 자녀들은 부모가 이후에도 자신들에게 안정적인 세계를 제공해줄 것인지 확신을 요구한다. 나이가 든 자녀들은 상황에 대해 보다 현실적인 이해를 하지만, 그 사안과 관련된 두려움은 지니고 있다.

하딩이 제기한 유사한 이슈 중 일부에 자녀들은 반응하는데, 자녀들은 자신들의 연령대에 적합한 실직과 관련된 정보를 필요로 한다 (Harding, 1991). 그런 정보의 제공은 상황에 잘 적응하도록 도와주고 다른 사람과 가족상황에 관한 의사소통도 촉진한다. 하딩은 자신의 다섯 살 된 아들의 친구가 아들에게 갑작스럽게 "아빠가 일을 하지 않는다는 이야기야?"라는 질문을 하였을 때에 아들이 말한 답변에서 느꼈던 자부심에 대해 말했다. 모든 사람들이 어린 아들의 답변을 기다리는 사이에 아들은 자신의 아버지가 어떻게 자신을 가르쳤는지를 기억하였다. 그는 자신감에 차서 "아니야. 우리 아빠는 지금 열심히 더 좋은 일자리를 찾고 계셔!"라고 대답했다.

확실하게 자녀들은 실직으로 인한 재무상황의 영향을 받는다. 다양한 가족 활동 및 결정이 수정을 필요로 하기 때문이다. 어떤 아이들에게 그 의미는 줄어든 휴가나 생일 선물을 의미하고, 다른 아이들에게는 여름캠프나 좋아하는 활동과 관련한 개인교습의 축소를 의미한다. 나이가 든 자녀들에게는 갈 수 있는 대학교의 변화를 의미한다. 지역 커뮤니티 대학에서 입학 카운슬러로 일하는 전문가 동료는 종종 자신의 사무실에서 터져 나오는 고통과 분노를 이야기한다.

어머니, 실직한 아버지, 그리고 고등학생 딸로 구성된 가족이 조용히 의자에 앉아서 입학 카운슬러가 말하는 학교의 덕목에 귀 기울이고 있었다. 그런데 어떤 조짐도 없이 갑자기 딸이 아버지를 바라보면서 "이 모든 것이 아빠 탓이야! 아빠가 실직만 하지 않았더라도 난 친구들과 함께 사라 로렌스(높은 수업료를 내는 유명한 사립대학교)에 갈 수 있었을 거야."라고 소리를 질렀다.

만약 직업 탐색의 결과로 이사를 해야 할 경우에도 자녀들은 큰 영향을 받는다. 많은 전문가들은 고객에게 구직 때문에 이사가 확실해질 때까지는 자녀들과 그 문제의 논의를 피하라고 권고한다. 틴에이저들이 친숙한 친구들과 학교를 떠나서 이사한다는 사실을 단호하게 거절하는 모습을 많이 보았다. 많은 경우에 틴에이저들은 자신의 삶에 대한 통제력 상실에 대해 강하게 반응한다. 그러나 친숙한 환경의 상실뿐만 아니라, 새로운 상황에서 맞이할 특정한 매력과 변화를 설명하는 모든 정보를 적절하게 준비하여 제시한다면, 틴에이저들을 안심시킬 수 있을 것이다.

더마스는 부모가 자녀들과 실직에 관해 대화할 때 지켜야 할 몇 가지 지침을 제공하였다(Dumas, 1992). 첫째, 부모는 자녀들에게 모든 상황을 솔직히 말해야 한다. 자녀들은 그런 진실에 기초해서 무언가 자신들의 부모가 큰 압박을 받고 있다는 사실을 인지한다. 자녀들에게 사실을 밝히지 않을 경우에 필요한 시나리오보다 훨씬 더 나쁜 시나리오가 나올 수 있다. 따라서 자녀들의 나이와 성숙도에 따른 세부적인 정보를 제공해야만 한다.

그리고 더마스는 현실을 가공하는 문제에 대해 경고하였다. 예를 들면, 일부 부모는 자신들의 실직으로 인한 스트레스로부터 자녀들을 보호하기 위해 다른 대우를 해주거나 장난감을 사준다. 이는 자녀들을 더욱 혼란스럽게 만들면서 현실에 대한 잘못된 감각을 키운다. 그들은 자신들의 부모가 가정경제에 대해 걱정한다는 사실을 알고 있으나, 그때까지도 새로운 선물을 받기도 한다. 자녀들은 현실을 이해할 수 있는 자신들의 능력, 혹은 부모의 진정성에 대해 의문을 품는다.

더불어 더마스는 부모에게 자녀들을 지원하라고 말한다. 자녀들에게 문제 해결에 적절하게 기여하거나 문제를 해결하도록 요청할 경우에 그들은 자신이 가족의 가치 있는 일원이라는 사실을 인식한다. 시카고에 있는 '능력 있는 아이(The Capable Kid)' 카운슬링 센터의 설립자인 앙투아네트 사운더스 박사는 몇 가지 특정한 제안을 하였다. 예를 들면, 자녀들이 특정 주간 동안에 얼마나 도움이 되었는지를 잘 보여주는 가계도를 만들었다. 네 살이나 다섯 살 된 아이들은 "아빠가 전화를 하는 동안에 혼자서 조용하게 놀았다."라거나, "엄마가 편지를 쓰는 동안에 혼자서 이빨을 닦았다."와 같은 내용을 쓴다. 7살 된 아이는 "매일 저녁 식탁을 정리하였다."라고 쓸 수 있으며, 11살 된 아이는 "아빠가 이력서를 더 많이 송신할 수 있도록 갓 난 동생의 침대를 준비하였다."라고 쓸 수 있다. 부모는 아이들에게 부담을 주는 부적합한 책임을 지우지 말고 정확한 균형을 유지해야만 한다. 이상적으로 보면, 자녀들이 가정사가 어떻게 돌아가는지에 대한 정보를 알아야만 적절한 때 그 해결책을 도모할 수 있다. 그러나 그런 상황의 개선에 대한 책임은 느끼지 않도록 해야 한다. 사운더스는 이런 헌신의 균형을 유지하기 위한 가족회의 개최도 권고한다. 가족회의는 모든 가족 구성원들이 말을 하면서 서로 주제를 공유할 수 있는 기회이다 (Dumas, 1992).

배우자 서비스

여태껏 우리는 전직지원 고객의 배우자가 전직지원 서비스 회차에 일 회나 그 이상 참여하는, 더욱 통상적인 방법을 시행하는 데 중점을 두었다. 그런 서비스를 통해 배우자의 반응을 추출하고 존중하지만, 어디까지나 전직지원전문가의 중점은 고객에게 있다. 고객서비스에 배우자를 포함하는 경우는 상당히 많다.

더욱 발전적으로 배우자와 더욱 광범한 서비스 관계를 유지하는 모델도 있다. 그 모델은 특별히 헌신적인 전직지원전문가가 수행하는데, 그와 고객 간의 관계와 완전히 분리된 관계를 배우자와 계속 유지한다. 제노타 브레이는 그런 차원에서 전직지원 산업을 주도하였는데, 관련 프로그램을 매우 완벽하게 발전시킨 공이 있다.(J. L. O'Day & F. Woocher와 개인적인 의사소통 결과, 1993.4.2)

이 모델은 직업 탐색 프로세스 전반을 통해서 배우자를 지원하고 컨설팅하기 위한 방법으로 설계되었다. 그 내용은 첫째, 전직지원 프로세스를 배우자에게 이해시키고, 둘째, 가족의 기능에 영향을 미치

전직지원전문가 가이드 북

는 실직 관련 문제에 대해 지속적인 카운슬링을 실시하는 방법이다. 이런 목표 설정은 더욱 일반적이면서도 저가로 시행되는 모델과 크게 다르지는 않다. 가장 확연한 차이점은 목표의 시행 여부이다. 다른 전직지원전문가를 통해 서비스를 분리하면서, 동일한 보안수준을 유지할 경우에 배우자들에게 '그들의 근심이 매우 크지만 존중될 것'이라는 명확한 메시지를 전달할 수 있다. 또한, 배우자의 걱정은 실직한 상대 배우자와 동일하지 않다는 점을 인식하는 훈련된 전문가의 관심 있는 지원을 받을 수 있다.

오데이와 우처에 의하면, 배우자와 카운슬링할 때에 다양한 범주의 이슈가 나타난다고 한다. 어떤 경우에는 카운슬링이 배우자의 경력 관련 이슈에 중점을 둔다. 예를 들면, 일부 배우자들은 상대 배우자의 실직에 대한 대응으로 취업을 선택하거나, 혹은 강요받을 수 있다. 배우자는 직업 탐색 및 경력기획 경험이 많지 않기 때문에 전직지원전문가와 함께 작업을 필요로 한다.

다른 상황에서는 배우자가 실직한 고객을 지원하는 방법론에 중점을 둔다. 일부 경우에서 배우자는 자신이 많은 도움을 준다고 생각하나, 정작 실직한 고객은 그런 지원이 도움이 되지 않는다고 느끼기 때문에 자신의 특정한 행동을 식별하고 검토하는 노력도 투자해야 한다. 예를 들면, 배우자는 실직한 고객이 하루를 마치고 귀가했을 때에 집이 혼란을 벗어나 자유공간을 제공하면 도움이 될 것이라 생각한다. 그래서 배우자는 실직한 고객이 귀가할 때에 자녀들이 친구 집을 방문하거나 조용히 있으면 도움이 된다고 생각한다.

이 경우는 실직한 고객이 전직지원센터에서 종일 직업 탐색의 고민, 불확실성과 씨름을 하고 귀가한 경우이다. 그는 자신의 일상 리듬이 심각하게 와해되었다고 느끼면서 종종 혼잡한 집으로 일을 마치고 돌아갈 수 있다는 생각에 위안을 갖는다. 실직한 고객에게 그런 생각은 사랑하는 사람들과의 재결합을 의미하며, 적어도 자신의 개인적인 삶은 계속된다는 점을 느끼게 해준다. 전직지원전문가는 그런 방법이 배우자의 좋은 의도에 반할 수 있다는 사실을 카운슬링 하면서, 인식을 개선하도록 지원해야 한다. 실직한 고객을 진정으로 돕는 방법은 가능한 한 이전과 같은 정상적인 가족의 일상을 유지하는 방법이기 때문이다.

맞벌이 부부의 경우에도 많은 관심을 두어야만 한다. 맞벌이 가족은 많은 책임과 희생을 분배하는 일반적인 패턴을 유지하는데 실직이 그 패턴을 쉽사리 와해시킨다. 예를 들면, 한쪽이 실직할 경우에 일을 하는 다른 한쪽은 가족의 재무적 안녕에 대한 책임감을 더욱 많이 느낀다. 반대로, 실직한 측은 가정사를 많이 책임져야 한다. 그러나 구직에 많은 시간과 에너지를 소비해야 한다고 느끼는 실직자 측의 생각은 배우자와 갈등을 야기한다. 실직은 종종 내재된 기대와 다양한 묵시적 계약사항의 일부로 인해 부부갈등을 초래한다.

하딩은 그럴 경우에는 가족구성원의 개별적인 기여사항을 상호존중하는 해법이 필요하다고 말한다. 보상 혹은 시간 약속에 대한 차이점이 존재하지만, 양측은 가족이라는 울타리 속에서 자신들의 중요성과 가치를 인식할 필요가 있다. 특정한 해법은 개별적인 상황에 따라 변화될 수 있으나, 효과적인 의사소통과 상호존중이 핵심이다.

요약하면, 실직은 가족이라는 울타리 전반에 충격을 준다. 발생하는 문제들은 가족생활 패턴의 변화를 촉구하는 형태를 띤다. 그런 조정사항들은 종종 스트레스를 안겨주지만, 그런 경험의 긍정적인 측면

도 있다. 모든 위기가 그러하듯이, 성장과 발전의 기회 그 자체가 될
수 있고 가족들에게 중요한 교훈을 안겨줄 수 있다. 자녀들은 어려운
시간에 서로 끌고 당김으로써 자신의 가족이 매우 험난한 길도 같이
헤쳐나갈 수 있다는 사실을 인식하면서, 실직상황을 거친 이후에는
더욱 강하고, 응집력 있게 삶을 꾸려갈 수 있다. 능숙한 전직지원전문
가는 가족구성원들이 실직이라는 문제를 헤쳐나갈 수 있도록 지원하
는 중요한 역할을 한다.

■ 제 17 장

국제적인 이슈

📌 전직지원 서비스는 최초 1960년대와 1970년대에 미국에서 발전하기 시작하였다. 그 이후로 놀라운 수준으로 다른 국가에 널리 전파되었다. 현재 캐나다는 전직지원 산업이 특별히 잘 발달한 국가다. 그리고 전문적인 전직지원 서비스는 최소 14개 유럽국가, 그리고 6개 라틴아메리카 국가에서 시행되고 있다. 또한, 일부 아시아 국가뿐만 아니라 호주의 전직지원 산업도 비교적 잘 발전해가고 있다. 본 장에서는 이런 국제적인 분야의 전직지원 활동에 대한 정보를 제공하면서, 시행국가들의 핵심 이슈 일부를 식별해보고 국제적인 전직지원의 시행을 미국의 그것과 비교해보고자 한다.

라틴/남아메리카 국가의 전직지원

라틴 아메리카에서는 6개 국가에서 전직지원 서비스를 제공하고 있다. 아르헨티나, 브라질, 칠레, 파라과이, 우루과이, 그리고 베네수엘라가 그 국가들이다. 각 국가는 고유의 문화와 스타일을 가지고 있는데, 그러한 차이점이 전직지원의 운영 방법에도 영향을 미쳤다. 동시에 지역 내 국가 전반에 걸쳐서 유사한 점도 발견된다.

첫째, 지역별 인구통계학의 일부를 잠시 살펴보면 유용하다. 라틴/남아메리카에는 세계인구의 약 5%를 차지하는 약 3억 명의 혼혈인구가 살고 있다. 약 1억 6백만 명의 노동력이 있으며 그중 약 31%는 여성들이다. 평균 실업률은 7%에 달하고, 연 수입은 약 2,100불이다. 이런 통계수치는 급속하게 국제화되어가는 경제적인 차원에서 실질적인 시장이 될 수 있다는 사실을 확실히 보여준다(Mejias, 1993).

전직지원 활동 차원에서는 일부 일반적 경향에 주목할 필요가 있다. 이 지역에는 1980년대에 전직지원 서비스가 소개되었다. 일반적으로 전직지원 서비스를 제공하는 회사들 역시 다른 채용 및 보상 컨설팅 사업과 같은 인적자원관리 사업도 병행하고 있다. 이런 활동의 약 80%는 전직지원전문회사가 맡고 있으며, 실직한 개인들이 근무하던 기존 기업 조직이 서비스 비용을 지불한다. 다른 20%는 개인사업자 형태로 일하는 개인 전문가가 시행한다. 기업에 대한 평균적인 서비스 비용은 연봉의 15% 수준이며 개인사업자가 받는 비용은 일 인당 2,500불 수준이다.

40대에서 50대 사이의 남성들이 주 고객이었으며, 지역 내에는 약 3% 정도의 여성이 관리직 직위에 있었다. 서비스에 참여하는 고객들은 조직 내에서 약 10년 정도 근무하였고 대부분 대학교를 졸업하였다.

그러나 지역 내 전직지원 서비스의 범위는 아직 상대적으로 광범하지 않다. 드레이크빔모린사(DBM)나 라이트매니지먼트사(Right Associates)와 같이 선도적인 국제적 회사를 포함하여 전직지원 서비스를 제공하는 전문회사는 25개에 미치지 못한다. 전직지원전문가들도 60명 이하이다. 전직지원 서비스를 구매하는 기업들은 미국 기업의 지사, 은행, 대형 혹은 중형급의 가족 소유 기업, 그리고 국내 대기업들이다. 추가로 개인사업자로부터 개인 전직지원 서비스를 받는 사람들도 있다.

　라틴/남아메리카에서 시행되는 서비스를 미국의 서비스와 비교해보면, 몇 가지가 두드러진다. 첫째, 강력한 노동법이 전직지원 산업에 직접적인 영향을 미쳤다. 예를 들면, 아르헨티나에서는 해고할 경우에 매우 많은 퇴직금을 제공하도록 법에서 요구한다. 특히, 해당 회사에서 삼 년이나 그 이상 근무한 간부급들에게는 삼 년의 보수에 해당하는 퇴직금을 지급해야만 한다. 이런 상황은 천천히 변화하고 있으나, 이미 높은 수준의 강제적인 퇴직금 지급에 더해서 전직지원 서비스 비용이 추가된다면 서비스 마케팅이 어렵다는 점은 명확한 사실이다.

　라틴/남아메리카에서 시행되는 전직지원 프로그램의 주안점을 살펴보면, 고객에게 교육 서비스를 제공하면서 고용시장에 많은 중점을 두고 매우 특정한 조언과 지침을 제공한다. 전직지원전문가는 고객이 특별한 직업상의 발전을 성취하도록 관련된 유명 서치펌, 그리고 기업의 인적자원 책임자들과 긴밀하게 협력하는 형태를 띤다.

　마지막으로 미국과 유사한 발전형태는 실직 근로자에게 창업을 지향하는 경향을 보이는데, 이전과 달리 대규모 채용을 하던 기업들이 이제는 많이 채용하지 않기 때문이다.

유 럽

　유럽은 13개 국가에서 전직지원 서비스가 제공되고 있다. 오스트리아, 벨기에, 덴마크, 핀란드, 프랑스, 독일, 아일랜드, 이탈리아, 네덜

전직지원전문가 가이드 북

란드, 노르웨이, 스페인, 스위스, 그리고 영국이다. 라틴/남아메리카 국가와 같이 다양한 국가에는 전직지원 서비스의 발전 방법에 영향을 미치는 서로 다른 문화와 스타일이 존재한다. 또한, 약 3억 6천만에 이르는 유럽 총인구도 라틴/남아메리카와 일부 유사하다.

유럽국가의 전직지원 서비스 성숙도 수준은 세 가지 집단으로 분류된다. 매우 발전된 시장(벨기에, 프랑스, 네덜란드, 그리고 영국), 발전 중인 시장(덴마크, 핀란드, 독일, 아일랜드, 이탈리아, 노르웨이, 스페인, 스웨덴, 스위스), 그리고 발전이 미흡한 시장(오스트리아, 그리스, 포르투갈)으로 구분된다(Murray, 1993).

영국은 가장 큰 시장으로서 매출규모가 연간 약 1억 불에 달한다. 네덜란드의 경우는 실직자의 약 30%에 이르는 다수가 전직지원 서비스를 받는다. 독일은 8천만 명에 이르는 인구를 생각해볼 때에 잠재적으로 가장 크고, 영향력 있는 시장이다. 그러나 독일의 전직지원 서비스는 다소 느린 속도로 발전하고 있다.

더욱 일반적인 관점에서 보면, 유럽 국가들의 전직지원 산업은 몇 단계의 성숙단계를 거친다. 처음에는 기업의 사업관리직을 대상으로 전직지원의 범위와 활동에 대해 교육을 시키는 단계이다. 이어서 서비스의 성장과 확장의 단계로 접어들면서 시장이 포화상태에 이르고 더욱 경쟁률이 치열해진다. 세 번째 단계에서 전직지원전문회사들이 더욱 양호한 시장과 틈새시장을 만들고자 지원 기업 조직이나 고객들을 후원하면서 그들에게 더욱 많은 지식을 안겨주면서 더욱 많은 노력을 해줄 소비자로 바뀌기를 원한다. 경쟁이 증가한 상황이 보여준 모습 중의 하나는 가격 인하, 그리고 프로그램의 조정이다. 시간이 제한된 젊은 층을 대상으로 하는 프로그램의 경우에는 참여비용이 낮아지면서 제공 서비스의 양을 줄인 사례가 종종 나타난다. 젊은 층을 대상으로 하는 가격 인하는 일부 유럽회사들이 추구하는 전직지원 시행 방안의 특징인데, 동일한 서비스를 제공하는 북아메리카 전문회사들은 그런 방법을 추구하지 않는다. 특정 유럽 기업들은 장년 고객을 대상으로 서비스를 제공할 때에는 더욱 높은 비용을 요구한다. 그런 계층의 고객은 연령문제 때문에 알선이 더욱 힘들기 때문에 전직지원전문회사들이 더 높은 비용을 청구할 논리가 존재한다.

라틴/남아메리카의 회사와 같이 많은 유럽지역 전직지원전문가들은 개별 고객을 대신하여 매우 능동적으로 채용 직위를 발전시킨다. 그들은 서치펌 및 기업 채용책임자와 긴밀히 협력하면서 급격히 변화하는 시장에서 요구하는 특정 스킬을 고객에게 권고하기 위해서 산업과 직업훈련 전반을 포함하는 시장정보를 생산한다.

유럽 전직지원전문가들 간에 존재하는 또 다른 경향은 국경을 초월한 연결을 도모한다는 점이다. 유럽의 서비스 전문회사들은 이미 국제 전직지원전문가 협회와 같은 전문적인 조직에 능동적으로 합류하고 있다. 그들은 협회를 통해서 다른 국가에 있는 동료들과 관계를 형성하면서, 상호 간의 의견교환 및 범국가적인 추천도 한다. 이런 경향은 유럽 국가들이 상당하게 지역화된 정치, 경제적인 구조로 전환되면서 지속될 것이다.

몇 개 유럽 국가의 시장에서 나타난 다른 이슈는 전직지원 서비스에 대한 세금을 부과하는 문제이다. 미국, 그리고 캐나다와 마찬가지로 정부 관리들은 전직지원 서비스가 근로자들을 대상으로 한다는 점에서 세제혜택 상의 문제를 제기하였다. 여태껏 영국에서만 문제가 해결되었는데, 전직지원 서비스는 세제혜택을 받을 수 없다는 판결이 내

전직지원전문가 가이드 북

려졌다. 프랑스에서는 아직도 그 문제가 해결되지 않고 있으며, 일부 미개발 시장에서는 아직 그 문제를 다루지도 못하고 있다.

세금부과 문제는 정부나 규제기관들이 전직지원 산업에 어느 정도의 범위까지 영향을 미치거나 조치를 취해야 하는지에 대한 큰 의문을 제기하였다. 이에 관해서는 유럽국가 간에 일부 차이점이 있다. 특별히 스페인, 이탈리아를 포함하는 특정 국가들과 노동시장 전반에서 관료적으로 접근하는 역사를 지니고 있으며, 프랑스는 조금 덜한 수준으로 관여한다. 이런 국가의 정부는 전통적으로 대규모 해고와 같은 상황에서 더욱 큰 역할을 수행하였는데, 대규모 감원의 시행과 연계된 전직지원 서비스와 같은 조치에 깊게 개입하는 형태를 보일 수 있다.

요약해보면, 전직지원 서비스는 미국을 그 뿌리로 하여 몇 개 대륙에 있는 여러 국가로 전파되었다. 그리고 각국의 문화와 스타일은 각자의 전직지원 서비스의 발전과 전달방법에 특이한 영향을 미쳤다. 한편으로는 다양한 국가 및 지역에 걸쳐 특정 경향이나 이슈가 계속 부상하면서 궁극적으로 국제적인 전직지원 서비스 시행에 영향을 미쳤다.

■ 제18장

윤리

새로이 등장하는 대부분의 산업과 마찬가지로 전직지원 서비스도 그 발달단계에서 질과 표준의 유지문제를 해결하기 위한 노력이 전개되고 있다. 이런 노력의 결과 중 하나는 전직지원전문 회사들로 구성된 전문적 조직인 전직지원 컨설팅 기업 협회가 제정한 윤리규정이다. 추가로 최근에 협회는 윤리적인 딜레마가 발생할 수 있는 문제를 둘러싼 특정한 상황 몇 가지를 제시하면서 그런 상황을 처리하는 권고지침을 수록한 사례집도 발간하였다.

개별적인 전문가들로 구성된 전문적 조직인 국제 전직지원전문가 협회 역시 윤리문제에 관해서 매우 능동적이다. 최근에 국제 전직지원전문가 협회는 개인 카운슬러에게 가장 빈번히 발생하는 윤리적 이슈들을 다루는 표준문서를 발간하였다.

본 장에서는 전직지원 시행현장에서 가장 빈번하게 발생하는 특정한 윤리적 문제 몇 가지를 언급하고자 한다. 그러한 상황과 관련된 지침에 대한 완전한 내용은 지면 관계상 수록하지 않았지만, 간단한 권고사항은 제시하였다. 독자들은 전직지원 컨설팅 기업 협회가 발간한 『기업 전직지원 시행윤리 및 표준사례집』(1991)[12]이나, 국제 전직지원

전직지원전문가 가이드 북

전문가 협회의 『윤리 시행표준』(1993)[13]에서 추가적 정보를 획득하기
바란다(Axmith, 1991).

윤리적 이슈 및 카운슬링 서비스의 전달

전직지원 산업의 특성 중에서 윤리적 시행 문제를 복잡하게 만드는
하나는 이중적 고객 관계이다. 전직지원전문가는 지원하는 기업 조직
에서 지불하는 서비스 비용에서 보수를 받지만, 서비스는 개별 고객
에게 전달한다. 이런 형태는 불가피하게 이해 관계상의 갈등을 야기한
다. 이런 갈등을 해결할 수 있는 적절한 방법의 결정은 윤리분야 업무
의 중심축을 형성하고 있다.

▶ 진행 상황 보고

진행 상황 보고를 둘러싸는 많은 이슈들이 있다. 일반적으로 전직
지원전문가는 지원하는 고객에 대한 진행 상황을 발주한 지원 기업
조직에 보고하면서 그들의 관심에 부응한다. 지원 기업 조직의 책임자
는 고객에게 제공되는 서비스, 고객의 상황과 진행 상태, 그리고 진행
상의 장애물 등에 대해서 알고 싶어한다. 이는 조직에 기여한 서비스
참여 고객이 좋은 서비스를 받고 있고, 서비스 비용을 내는 자신들의
재무자산이 잘 사용된다는 사실을 재확신하는 절차이다. 반면에 전직
지원전문가는 개인고객에게 신뢰를 심어주고 싶어 하며, 통상적으로
서비스 진행 중 제시된 모든 사안에 대한 보안을 유지하고자 한다. 이
문제는 고객에게도 매우 중요한데, 그 이유는 회차 진행 중에 전직지
원전문가에게 자신들의 개인적인 민감한 문제를 밝힐 수 있기 때문이

다. 또한, 지원 기업 조직에게도 지원 상황에 주요한 관심사이다. 그러나 고객은 어떤 경우라도 자신과 관련된 정보가 지원 기업 조직으로 흘러들어 가는 경우를 원하지 않는다.

구두나 문서로 작성되는 진행 상황 보고를 지원 기업 조직에 송신하는 일은 고객 보안윤리의 위반일까? 아니라면 그런 정보를 어떻게 전달해야 할까? 현재까지 제정된 윤리규정은 지원 기업 조직에 대한 피드백은 특정하고 세부적인 고객에 관한 정보보다는 고객활동 및 진행 상황에 대한 일반적 내용이 되어야만 한다고 규정한다. 고객평가 결과 및 접촉 상황과 관련된 참고사항들은 일반적으로 생략한다. 그런 상황에서도 전직지원전문가를 더욱 힘들게 만드는 일은 고객의 진행 상황이 미약한 경우이다. 그런 경우에 전직지원전문회사들은 제공된 서비스의 질과 회사의 이미지가 손상되기 때문에 진행 상황에 대한 보고서의 제출을 꺼릴 수 있다. 고객에 대한 진행 상황 부족은 이혼이나 약물 남용과 같은 매우 개인적인 일부 문제의 탓으로 돌릴 수도 있다. 그런 모든 경우에서 전문회사와 소속 전직지원전문가는 어떤 범위와 방법으로 고객에 대한 책임과 보안차원에서 균형을 맞춘 보고서를 제출할지에 대해 결심해야만 한다.

보고를 둘러싼 다른 문제도 야기된다. 예를 들면, 고객이 자신의 취업 사실을 지원 기업 조직에 알리지 말라고 전직지원전문가에게 요구 시에 어떻게 반응해야만 하는가? 일부 고객은 자신이 기업에서 받는 연계보수가 지속되기를 바라는데, 자신의 재취업이 보고될 경우에 연계보수가 중단되기 때문이다. 그런 경우에 대한 널리 알려진 대응방안은, 그럼에도 불구하고 전직지원전문가가 지원 기업 조직에게 고객의 재취업 사실을 통지하는 방안이다. 일부 다른 서비스 전문회사들은 이 문제를 다소 다르게 처리하는데, 단지 고객이 서비스의 중단을 원한다는 보고만 하고 고객의 행방에 대해서는 밝히지 않는 방법이다. 그런 문제처리에 관한 서비스 전문회사의 시행조치는 서비스 초기에 고객에게 확실히 공지해야만 한다.

만약 고객의 행위가 자기 혹은 다른 사람에게 위협이 될 수 있다는 생각이 들 경우에는 어떻게 대응해야 하는가? 전직지원전문가가 자신에게 미치는 충격을 방지하기 위해 그런 정보를 공유 시 보안윤리가 깨진다고 걱정한다면, 통상적으로 의사 혹은 심리학자와 같은 자격 있는 전문가에게 신속하게 의뢰할 것을 권고한다. 덧붙여 전직지원전문가는 누가 위기에 처하였는지를 제삼자(가족구성원, 의사)에게 알릴 의무도 있는데, 자신 혹은 다른 사람에게 해를 끼치는 일을 방지 및 개입할 적절한 제삼자에게 통지할 의무가 있다.

위협이 덜한 이슈들도 있다. 예를 들면, 고객이 전직지원 서비스에 참여하였으나 서비스의 효율적 운영을 방해하는 정신적, 병리적 문제를 겪고 있다는 결론에 도달할 경우이다. 그런 경우의 행동 조치는 지원 기업 조직에게 그 상황을 알리고, 재직자 지원 프로그램(EAP, Employee Assistance Program) 등과 같은 더욱 적합한 서비스를 받도록 한다.

이러한 일반적인 지침 내에서 개인 전직지원전문가와 전직지원전문회사는 보안성 문제의 처리에 관한 변화도 추진한다. 특별히 일부 전직지원전문가는 기업이나 개인고객 양측에 대한 자신의 이중적 충실성을 인식하면서도 개인고객에게 더욱 많은 신경을 쏟는데, 매우 민감한 정보는 보고하지 않으려고 조심한다. 다른 전직지원전문가는 지원 기업 조직에 대해 더욱 충실한 차원에서 특정한 고객정보를 보고하는 문제가 더욱 자유스러워지기를 희망한다. 때때로, 전직지원전문가를 이런 보고 문제로부터 자유롭게 만들기 위해서 그들이 직접 보고하기보다 제삼자인 사업책임자가 보고하기도 한다. 일부 전직지원전문회사들은 이런 문제에 대한 시행지침을 명확하게 제정해두고 있으나, 일부는 그렇지 않다. 대부분의 경우에서 명확한 사업 시행지침이 문제를 효율적으로 관리하게 해준다.

▶ 소 송

다른 많은 이슈는 소송과 관련된 내용이다. 만약에 고객이 지원 기업 조직에 대한 소송제기로 위협을 하거나, 소송을 시작할 경우에는 여러 가지 복잡한 문제가 야기된다. 첫째는 고객이 전직지원전문가에게 지원 기업 조직이 '타당한' 타 직업 안착을 제공하는지에 대한 질문을 할 경우에는 어떻게 대응해야 할까? 전직지원전문가는 항상 지원 기업 조직과 개인고객을 지향하는 이중적 관계를 명심하면서, 고객에게 이 상황을 명확하게 말해야 한다. 전직지원전문가의 반응에 기초해서, 고객은 한쪽 혹은 양쪽의 이해관계 갈등 상황도 알 수 있다. 그래서 전직지원전문가는 법적인 조언을 할 위치에 있지 않다는 사실을 명심해야 한다.

고객이 지원 기업 조직에 대해 소송제기를 결심할 경우에도 유사상황이 발생한다. 이때 전직지원전문가는 어떤 자세를 취해야 할까? 그는 고객이 소송제기를 하지 않도록 설득해야만 할까? 고객이 소송을 포기하게끔 적극적으로 노력하는 전직지원전문가는 이해관계 갈등에 개입하고 자신의 영역을 넘어선 조언을 제공하는 모습이 된다. 그렇다고 방관자적인 자세를 취할 필요는 없다. 고객이 그런 행동방안을 선택할 경우에 나타날 가능성 있는 최종결과를 이해하도록 지원하면서, 미래의 구직상황과 미래의 경력 발전에 미치는 가능성 있는 영향도 설명해야만 한다. 이런 방법으로 고객을 지원하는 일 이외에 일부 전직지원전문회사에서는 지원 기업 조직에게 개인고객이 법적 조언을 바란다는 사실을 알릴 의무도 있다고 생각한다. 그렇다면 전직지원전문가는 고객의 비밀을 유지하는 가운데 일반적 용어로 지원 기업 조직에 통지할 수 있는 최선의 방법을 결심할 필요가 있다.

▶ 기타 이슈들

또 다른 이슈는 전직지원 서비스와 코칭의 관계에서 나타날 수 있다. 때때로 지원 기업 조직은 경력 발전이 힘든 직원, 직무배정이 문제시되는 직원, 직무 재배치를 고려하는 직원들 때문에 전직지원전문회사의 전문가로 하여금 자사를 방문해주도록 요청한다.

여기에 잠재된 문제는 전직지원전문회사가 지원 기업 조직이 궁극적으로 직원의 이직을 바라는 마음으로 투자한다고 생각할 경우이다. 이는 이중 개입이 될 수 있는데, 전문회사의 첫 번째 과업은 그 기업을 위한 전직지원 서비스이다. 실제로 그런 상황이 발생하면 이중 수입을 낳는 형태가 된다. 이런 상황에 대한 권고지침은 해당 고객들이 전문회사의 서비스 이후에 궁극적으로 기업을 떠날 결심을 한다면 전직지원전문회사가 훌륭한 회사가 아니라는 제안이나 결심을 서비스 시행 초기에 내려야만 한다. 이러한 제안은 전문회사가 협소한 수익 위주의 생각에서 벗어나게 해준다. 전직지원전문회사는 첫 과업인 임원 코칭 비용을 이차 과업이 되는 전직지원 서비스 비용에서 공제할 경우도 빈번히 있다.

이 분야의 두 번째 상황은 지원 기업 조직이 은밀하게 근로자를 내보내는 방법으로 코칭 프로그램을 사용하는 상황이다. 실제로 해당 개인을 내보내겠다는 결심은 이미 내렸기 때문에 코칭 프로그램을 의뢰하는 행위는 가식이 된다. 그런 과업은 전직지원전문가가 인수하지 않았으면 한다. 대신에 전직지원전문가는 지원 기업 조직에게 근로자를 잘못 인도할 수 있는 인위적인 조치가 아닌 기업이 기결정한 해고 수순으로 조치하도록 권고해야 한다.

다른 윤리적 문제는 전직지원전문가는 알고 있지만, 고객은 모르는 주요한 정보의 처리에 필요한 적절한 접근법에 관련된 내용이다. 다음 상황을 상정해보자. 고객이 목표로 한 기업의 특정직무에 대한 최종 인터뷰를 남겨두고 있으며 고객의 관점에서 한 단계 상승할 수 있는 매우 바람직한 직무이다. 그런데 지원하는 직무를 관리하는 상급자가 최근에 여러 차례 성희롱 문제 때문에 부하직원으로부터 고소를 당했다는 사실을 전직지원전문가가 알고 있었다. 그는 이전의 업무수행 시에 동일한 목표기업을 상대한 경험이 있었던 관계로 그 사실을 잘 인지하고 있었다. 그는 이 상황에서 어떻게 진행해야만 할까? 관리자에 관한 상황을 고객에게 이야기해야만 할까, 아무 조치도 하지 않아야 할까? 그런 경우에는 고객이 다른 사람들과 접촉하도록 유도해서 자신과 함께 일할 가능성이 있는 상급 관리자에 대한 현실적인 그림을 그리도록 해야만 한다.

다른 복잡한 윤리적인 문제는 고객과 전직지원전문가 간의 성적인 끌림이다. 성적인 관계를 요구하는 고객에 대한 전직지원전문가의 적합한 윤리적 대응은 무엇일까? 이런 형태의 상황에서 전직지원전문가는 항상 고객의 복지를 존중하면서 고객의 능동적인 결정을 지향하는 전직지원 서비스 활동에 중점을 두어야만 한다. 가장 강력한 대응방안은 고객과의 어떤 로맨틱한 상황에 빠지지 않는 조치이다. 만약에 전직지원전문가가 그런 상황의 결과 때문에 더 이상 고객에게 효과적으로 서비스의 제공이 불가한 경우에는 다른 전문가에게 서비스를 의뢰해야만 한다.

윤리적 문제와 마케팅

여태껏 토의한 윤리문제들은 전직지원 서비스의 전달과 관련된 내용에 중점을 두었다. 윤리적 문제는 전직지원 서비스 마케팅 시에도 존재한다. 일반적으로 지키지 못할 약속을 하는 경우인데, 만약에 미래의 고객이 탐색이나 서비스 참여 여부를 결정할 만남에서 자신들이 컨설팅 회사 운영자나 최상급 전직지원전문가로부터 긴밀한 서비스를 받을 수 있다는 정보를 접한다면 어떨까? 실제로 고객은 회사 운영자나 최상급 전직지원전문가를 한 번 혹은 두 번 만나게 되는데, 경험 많은 카운슬러에게 인계되기 이전이다. 그런 상황은 어떻게 처리해야 할까? 탐색이나 서비스 참여 회의 시에 고객에게 회사 운영자나 최상급 전직지원전문가와 실제로 얼마나 시간을 보낼지에 대해서 명확하게 통보해야 하며, 대부분의 시간을 보낼 담당 전직지원전문가와의 만남에 대한 정보도 제공해야만 한다.

마케팅 윤리와 관련된 두 번째 사안은 고객이 서비스 참여를 결심한다면 그들을 위한 직업이 있다는 사실을 강력하게 시사하는 문제이다. 즉, 서비스 전문회사에서 적합한 자격을 갖춘 고객에게는 채용 직위를 제공할 수 있는 타 기업을 알고 있다고 말하는 경우인데, 그 의미는 타 기업에서 실제적이고도 명확한 채용 직위가 있다는 암시가 된다. 그러나 실제로 서비스 전문회사는 고객에게 부적합한 직위 데이터베이스나 채용 예상 직위를 다수 가지고 있다. 그런 상황은 어떻게 처리해야 할까? 탐색이나 서비스 참여와 관련된 만남 시, 서비스 전문회사는 명확한 근거가 없을 경우에 특정한 채용 예상 직위가 있다는 가공된 사실을 특정 고객에게 제시하면 안 된다. 다른 말로 표현하면, 고객의 노력 없이 신속하게 현재의 커리어 상황을 해결하려는 희망과 바람의 욕구를 악용하면 불합리하다는 이야기이다. 더욱이, 고객들이 전직지원전문가를 알선 전문가로 인식하게 된다면, 그와 고객 간의 관계에 관련된 성격도 변화된다. 예를 들면, 고객이 그를 만날 때에 배타적으로 자신을 면접관이나 채용 책임자와 만나는 형태의 '마케팅' 모드에 둘 수 있기 때문이다. 이는 전직지원 서비스 관계의 핵심인 협조적이며 진실한 토의를 차단하게 된다.

전직지원 서비스 마케팅과 관련된 또 다른 통상적인 사안도 있다. 서비스 전문회사의 마케팅과 프로모션 노력 시에 잠재고객들은 서비스의 질을 입증해보기 위해 이전 고객과 관련된 정보를 요구한다. 그런 요구에 답변할 때에 전직지원전문가는 지원 기업 조직이나 개인고객으로부터 관련된 내용의 전달에 대한 사전허가를 받아야만 한다. 그렇지 않으면 고객과 관련된 보안을 위반하는 셈이다. 유사한 맥락에서 전직지원전문가가 자신의 저작물 혹은 공적인 강의 등에서 개인고객을 언급하거나 서술할 때에는 고객의 신분이 노출되지 않도록 가명을 사용하는 등 세심한 주의를 기울여야만 한다.

본 장에서 모든 내용을 언급하지는 않았으나, 전직지원 현장에서 쉽사리 발생할 윤리적인 딜레마의 형태와 그에 대응할 수 있는 권고지침도 발전시켜야만 한다.

　비록 5년 정도밖에 운영되지 않았으나, 국제 전직지원전문가 협회에서도 윤리규정 표준을 공포하였다. 그 규정은 지원 기업 조직에 대한 컨설팅 관계 표준과 개인과의 컨설팅 관계, 전문적인 시행 방안, 그리고 비즈니스 발전방안 등을 포함하는 다수 분야와 관련된 세부적 지침을 제공하고 있다. 추가로 평가의 시행과 개인고객의 검사를 위한 다소 긴 지침도 제시하고 있다. 비록 일반적 내용에서 전직지원 컨설팅 기업 협회의 지침과 상당히 중첩되지만, 전문가의 경쟁력 범위 내에서 서비스를 시행하는 방안과 그 시행 방안의 준수와 관련된 내용이 국제 전직지원전문가 협회 표준의 특별한 사항이다. 이는 평가 부분에서 가장 명확해진다. 추가로 항시 고객에 대한 존경심 유지, 전직지원전문가-고객 간의 관계에 대한 보안유지, 고객의 복지 향상, 그리고 전환기간 동안에 고객이 내린 결심에 대한 책임감을 독려하고 지원하는 내용을 포함해서 고객에 대한 윤리적 행위의 촉진을 강조한다.

　요약하면, 전직지원 분야에서는 윤리적 시행 방안에 대한 내용을 계속해서 다루고 있다. 일반적인 윤리 표준은 위에서 언급한 두 개의 주요 전문조직이 규정하였으며, 전직지원 시행현장에서 정기적으로 나타나는 특정한 윤리적 딜레마에 대응할 지침도 권고하고 있다. 더욱 세부적인 정보를 파악하기 위해서는 전문기관이 작성한 문건도 찾아보아야만 한다.

제19장

다른 커리어 개발 전문가들과 전직지원의 관계

✎ 본 저서에서 전반적으로 토의하는 전직지원 서비스는 지원 기업 조직에서 해고되거나 퇴직하는 근로자를 위해 제공하는 서비스이다. 전직지원 서비스 비용은 지원 기업 조직에서 지불하고, 전직지원전문가는 그 비용에서 보수를 받지만 정작 그들만이 커리어 관련 서비스를 제공하는 것이 아니다.

급격히 변화하는 오늘날의 일과 관련된 환경은 경력 관심사항과 연계된 전문적 지원을 추구하는 개인과 조직의 수적 증가로 이어졌다. 본 장에서는 경력 관련 서비스를 제공하는 두 가지의 다른 전문가 그룹을 살펴보면서 전직지원전문가의 서비스와 비교해본다. 두 개의 전문가 그룹은 종종 개인 커리어 카운슬러로 불리면서 개인적으로 전직지원 서비스를 시행하는 전직지원전문가와 기업 조직에 속한 커리어 개발 컨설턴트이다.

커리어 서비스 성장에 대한 요구

개인 커리어 카운슬러와 조직 커리어 개발 컨설턴트의 과업에 대해 세밀히 관찰해보기 전에 몇 가지 일반적인 논평을 해본다. 첫째, 커리어 개발 전문가가 시행하는 전문적 서비스가 강력히 요구되고 있다. 국가경력개발협회(NCDA)가 발주하고 갤럽에 의해 실시한 「일하는 미국 조사(National Survey of Working America)」에 의하면, 미국인은 자신의 경력 기획 및 관리에 대한 지원을 필요로 한다. 약 44%의 성인 직장인은 자신의 직업 미래에 대해 확신이 없거나, 혹은 일년 이내에 선택 혹은 해고 때문에 현재의 고용주를 떠난다는 생각을 절대적으로 하고 있다. 65%의 대상자는 만약 일과 관련된 자신의 일생을 다시 기획한다면 직업선택에 대해 더욱 많은 정보를 획득하겠다고 답하였다. 단지 40%의 대상자만이 자신들의 경력을 기획했다고 답하였다 (NCDA, 1990).

그러나 커리어 개발 전문가의 서비스 요구가 많다는 상황을 성급히 너무 희망적으로 결론짓는 일은 무리수이다. 대부분의 사람들이 경력과 관련한 전문적 지원을 추구하지 않는다는 점이 비관적인 내용이다. 여론조사에 응한 사람 중에서 42%가 친구나 친척의 도움을 필요로 하고, 10%는 누구의 도움을 요청할지도 몰랐으며, 9%는 어떤 지원도 요청하지 않았다. 대부분의 개인은 자신의 경력과 관련된 전문적인 지원을 선택하지 않았다.

커리어 개발 전문가의 몇 가지 다른 명칭은 전직지원전문가, 개인 커리어 카운슬러, 조직 커리어 개발 컨설턴트인데, 그들의 개입 중점이 다른 바와 같이 서비스를 제공하는 환경이 다르기 때문이다. 그러나 통상적으로 그들의 핵심 보유역량은 개인과 그가 할 수 있는 일의 연계방안을 최상으로 촉진할 수 있는 노력이다.

개인 커리어 카운슬러

먼저 개인 커리어 카운슬러에 대해서 살펴보자. 사이왁에 의하면, 능동적으로 카운슬러를 찾는 노력을 기울이는 고객은 대부분 커리어 카운슬러를 접한다(Sywak, 1992). 전형적으로, 고객의 경력 혹은 직업과 관련된 고뇌 혹은 혼란의 수준에 대응하는 노력이었다. 서비스 비용은 개인이 지불하는데 통상적으로 어떤 조언, 지침, 혹은 정보를 획득하기 위해서였다.

커리어 카운슬러의 교육훈련이나 배경을 체계적으로 정의하기는 힘들다. 그래서 서비스를 시행하는 전문가가 많고, 별도의 자격이나 면허도 필요하지 않다. 소수의 개인만이 국가자격 획득절차를 거쳤는데, 국가인증카운슬러위원회에 의하면, 단지 938명만이 국가인증 커리어 카운슬러가 될 수 있는 필요사항을 충족시켰다고 말한다. 그들은 캘리포니아주에 14%, 뉴욕에 10%, 그리고 텍사스주에 9% 정도 등 몇 개 주에 그룹으로 존재한다. 현재 상태는 누구라도 자신을 커리어 카운슬러라고 부를 수 있으며, 바로 사업도 벌일 수 있다. 개인 전문가들은 다양한 배경을 가지고 있으나, 일할 수 있는 단일한 통로는 없다. 많은 전문가는 카운슬링 석사학위 혹은 관련 분야 석사학위를 가지고 있고, 다른 전문가는 기업의 인적자원부서 근무경력 혹은 고객 서비스 분야의 근무경력을 가지고 있다.

서비스 중점에 관해서 커리어 카운슬러는 검사를 포함하는 자기 평가, 직업 탐색, 그리고 의사결정 등이다. 일부 카운슬러는 고객의 마케팅이나 직업 탐색 전략의 발전 및 시행도 지원한다. 다른 카운슬러는 커리어 평가나 기획에만 중점을 두는 경우도 있다.

전직지원전문가 가이드 북

비즈니스 관점에서 볼 때 커리어 카운슬링을 시행하고 유지하는 일은 쉽지 않다. 이미 언급한 바와 같이, 비록 일반적인 커리어 서비스 요구는 존재하나, 커리어 카운슬러가 고객들을 위해 무엇을 제공할 수 있는지에 대한 명확한 일반적인 이해는 없다. 일부 고객은 비현실적인 기대사항을 지니고 있는데, 극단적인 경우는 몇 회의 만남에서 나타날 수 있는데, 그때 카운슬러가 신속한 조정을 해야만 한다. 카운슬러와 여러 가지 검사 도구는 그런 고객에게 적합한 직업이 무엇인지를 말해주는데, 힘들지 않게 그들이 즐기고 수입을 창출할 수 있는 새로운 커리어로 연계한다. 그런 고객은 현실적인 기대를 창출할 수 있는 시간이 필요하다.

개인 서비스의 시행상 다른 어려움은 일반적인 지원을 원하는 고객의 욕구를 지속적인 비용 지불의 형태로 전환하는 일이다. 종종 긴 처리시간을 필요로 하는 다른 형태의 카운슬링과 달리 커리어 카운슬링은 전형적으로 제한된 기간 내에 시행되는데, 대부분 10회차 이내이다. 고객들도 끊임없이 바뀌며 다른 카운슬링 서비스처럼 제삼자가 비용을 지불하는 경우는 거의 없다. 결론적으로 역설적인 내용은 대규모 인원에 대한 커리어 서비스의 필요성이 있다 하더라도, 상대적으로 소수의 독립적인 풀타임 커리어 카운슬러들만 생계를 이어간다는 사실이다.

성공적인 개인 커리어 카운슬링 시행에 참여하는 카운슬러는 시간당 40불에서 125불의 비용을 받는다. 일부 카운슬링 비용은 회차 별로 지불하는데, 일부 카운슬러는 추가적인 검사를 포함하는 패키지로 서비스를 제공한다.

사이왁은 성공적으로 개인 커리어 카운슬링 시행체계를 구축한 카운슬러의 몇 가지 특징을 명시하고 있다(Sywak, 1992). 일부는 이미 다른 분야에서 성공적인 경력을 보유하였을 뿐만 아니라 자신의 이전 동료가 구축한 신뢰성을 추천의 기반으로 활용하고 있다. 일부는 변호사, 기업 경영가, 경력단절여성과 같은 매우 특이한 경력을 가지고 개인 카운슬링을 시작하면서 점점 그 영역을 확장해 나간다.

가장 성공적인 전문가는 열정적이고도 지속적이며 매우 효과적인 네트워킹을 한다. 또한, 자기 자신의 마케팅도 효과적으로 시행하고 있다. 마케팅은 여러 가지 활동으로 이루어지는데 성인 교육강좌, 일반인에 대한 강의, 지역 신문 기사 기고, 그리고 다른 전문가과 강력한 추천 네트워크 구축 등이다. 그런 네트워크는 임원급 채용 권한자, 요법치료사, 교사, 기업 인적자원관리자들이다. 개인 커리어 카운슬러가 여러 가지 전문적인 활동에 동시적으로 참여를 하는 일은 매우 통상적인 현상이다. 사이왁은 그런 상황을 복합 커리어(composite career)로 일컫고 있다. 예를 들면, 특정 전직지원전문회사에서 계약 업무 혹은 컨설팅 업무를 하면서, 개인적으로 몇 명의 고객을 지원하고 있으며, 가르치는 일도 할 수 있다. 일부 카운슬러는 재정적인 이유로 다양한 일을 복합적으로 시행한다. 다른 카운슬러는 다양성, 경험 확대, 그리고 지적인 충만을 추구하기 위한 목적으로 일한다. 사업 차원에서 개인 마케팅이 필수적으로 동반되는 일에 관심을 느끼지 못하는 카운슬러는 커리어 관련 서비스를 제공하는 비영리 커리어 센터나 커리어 기관에서 독립계약에 따른 고용형태로 일한다.

조직 커리어 개발 컨설턴트

이제 조직 커리어 개발 컨설턴트에 대해서 살펴보자. 그런 직무의 일부는 전직지원 서비스를 제공하는 조직 및 개인에 의해서 시행되거나, 전직지원과 관련이 없는 자가 시행한다.

지난 몇 년간 그런 사업의 성장 속도와 수익률이 떨어진 관계로 전직지원전문회사는 회사 운영의 장기적인 전망에 대해 의문을 품고 있다. 다수는 사업의 다양화가 성장을 유발한다고 믿는 가운데 일부는 이미 관리 역량 개발, 임원 평가 및 코칭, 조직 변화 관리, 그리고 다양성 관리를 포함하는 인적자원 분야에서 다양한 컨설팅을 시행하고 있다. 전직지원전문회사는 그런 일을 경쟁력 보존을 위한 전략적 사업으로 보고 있다.

일부는 그런 경향을 단지 전략적 사업 차원으로 보지 않고, 전문성을 논리적으로 확대하는 차원으로 본다. 갤라그는 아래와 같이 비교하였다(Sywak, 1992).

> 응급실에서 레지던트 의사로 근무하는 자가 조만간에 총기규제 업무를 주도한다고 상정해보자. 그는 예방업무에 개입하기 전에 다른 생각을 하게된다. 그가 원하는 바는 조직의 상부직위로 이동해서 직업과 사람을 매칭시키고 그들의 경력을 발전시키는 일이다. 그가 원하는 바를 살펴보면 우리가 오랫동안 컨설팅 에너지를 어디에 투자하였는지를 알 수 있다. — 300쪽

갤라그와 다른 사람들은 조직 커리어 개발 업무를 더욱 정교한 커리어 서비스를 통해 해고가 일어나지 않게 만드는 업무로 본다.

전직지원전문가가 이 분야에서 자신의 잠재적 개입 문제를 해결하는 동안에 다른 커리어 개발 전문가도 내부·외부 전문가의 자격으로

일하고 있다. 사이왁은 조직에서 세 가지의 커리어 관련 업무가 있다고 보았는데, 개인 카운슬링, 훈련, 그리고 인적자원체계 발전이 그 세 가지이다.

개인 카운슬링. 이 형태의 카운슬링은 중요한 커리어 이슈를 중심으로 한 카운슬러와 핵심 인물과의 회합을 포함한다. 카운슬링 회차는 추가적인 관리 스킬 개발, 대인관계 장애 극복, 커리어 목표 명확화와 같은 몇 가지 이슈를 포함한다. 목표는 개인의 수행능력 향상, 자신들의 초점 명확화, 조직 내에서 적합한 기회 식별이나 순차적으로 조직을 떠나야 한다는 인식을 개인이 하게끔 지원한다. 일부 상황에서는 기업 내에 현존하는 인적자원 담당자가 시행할 수도 있다. 기타는 외부 컨설턴트가 실시하는데 보안성을 높은 수준으로 유지할 수 있는 외부 컨설턴트가 시행한다. 그 이유는 특별히 내부 카운슬링 프로세스의 핵심 구성요소가 외부에 노출될 위험이 크기 때문이다. 내부 카운슬링 프로세스는 인플레이스먼트 카운슬링, 임원 코칭 및 관리 역량 개발이라는 다양한 명칭을 가진다.

훈련. 훈련은 근로자로 하여금 스킬, 새로운 역량, 그리고 현 직무역량을 향상시킨다. 또한, 다양한 목표 집단을 대상으로 그들의 다양하면서도 특정한 욕구나 문제에 대한 내용을 다룬다. 예를 들면, 기업 구조조정으로 인하여 직무가 영향을 받기 때문에 기업 내에서 다른 직무를 희망하는 근로자 집단을 위한 내부 커리어 기획워크숍도 개최할 수 있다. 그런 근로자들은 변화된 기술에 대응하기 위한 최신화된 스킬을 필요로 한다. 또는, 매우 잠재능력이 많은 근로자 집단을 대상으로 좀 더 상위 관리 직무를 준비할 수 있는 개발적 형태의 과업 식별에 도움을 주기 위해 시행한다. 제한된 진급기회를 가진 정체된 근로자를 위한 훈련도 개발하였는데, 현 직무 발전이나 혹은 새로운 방향을 식별할 풍부한 기회를 제공한다.

원칙적으로 많은 조직에서는 원하는 이상적인 근로자를 유인, 유지, 개발하기 위해서 조직 내에서 성장과 발전의 기회를 제공해야 한다는 사실을 인식하고 있다. 그러나 선도적 커리어 개발 컨설턴트인 레이보위츠, 패런, 그리고 카예에 의하면, 전형적으로 조직이 근로자의 욕구와 계획을 조직의 계획과 효과적으로 연계시키는 훈련을 시행하지 못한다고 한다(Leibowitz, Farren and Kaye, 1986). 단지 세미나나 회의를 개최하는 형태이거나 급작스런 과업 수행을 위해 필요한 기초적 스킬 훈련 개념이나 기타 훈련 개념으로만 시행하기 때문에 근로자는 다양한 훈련 제공을 놓고 자신이 선택해야만 하는 상황에 놓여있다. 레이보위츠 등의 전문가는 최고의 효율성 향상을 위한 훈련과 개발 기회는 근로자와 조직의 욕구가 더욱 긴밀히 조화되어야만 한다고 주장한다.

인적자원체계 발전. 세 번째 내부 커리어 관련 업무분야는 포괄적인 인적자원체계의 커리어 카운슬링 및 훈련 업무를 포함한다. 사이왁에 의하면, 발전적인 기업에서는 잘 통합된 커리어 관리 체계를 지향하고, 일회성의 독립적 커리어 카운슬링 및 훈련 개입을 지양하는 여러 가지 움직임이 있다(Sywak, 1992). 커리어 전문가는 전략적 인적자원 기획 및 발전이라는 통합적 인적자원 기획, 수행능력 평가, 후속 기획 및 관리, 그리고 행정체계의 발전과 개인적 커리어 개발 욕구를 연계시키라는 요구를 받는다(301쪽).

커리어 전문가는 근로자, 관리자, 조직의 책임을 전부 포함하는 커리어 발전 체계를 설계하라는 요구를 받고 있다. 근로자는 자신의 스킬, 가치, 흥미를 식별할 책임을 지고 자신의 기대를 관리자와 협의해서 적절한 방안에 대한 정보를 수집하라는 요구를 받는다.

관리자의 입장에서는 수행능력 평가를 중심으로 한 피드백 제공, 조직의 공식적 및 비공식적 정책에 관한 토의, 근로자가 시야를 넓힐 기회의 제공, 그리고 핵심 자원 및 개인과 근로자를 연계하여 커리어 기획을 지원해야 한다.

조직은 회사의 임무, 정책, 그리고 미래의 방향에 대한 주요 가용정보를 제공하라는 요구를 받고 있다. 또한, 현재의 방안 및 가능성과 관련된 정보를 제공해야 하며 적절한 교육과 훈련, 발전 기회를 통해 근로자 및 관리자의 커리어 발전 노력에 지원해야 한다(Leibowitz et al., 1986).

이 분야의 성공적인 컨설팅 전문가는 전형적으로 수행능력 평가, 후속 기획, 인적자원 기획, 그리고 관리행정에 대한 발전 지식뿐만 아니라 조직개발 및 인적자원 체계와 관련된 경력도 보유하고 있다. 이러한 형태의 체계 작동에 많은 관심을 가진 전문가를 위한 전문적인 기반은 인적자원기획협회(Human Resource Planning Society)이다. 비록 조직 커리어 발전 컨설팅을 시행할 수 있는 광범한 배경을 갖춘 개인은 극소수에 불과하지만, 컨설팅 시행자는 자신의 업무가 도전적이고 동적이라는 사실을 잘 알고 있다.

다양한 커리어 전문가들 간의 비교

그렇다면 전직지원전문가의 업무는 개인 커리어 카운슬러와 조직 커리어 개발 컨설턴트의 업무와 어떤 차원에서 다를까? 다양한 차원으로 비교할 수 있다. 여기에서는 네 가지 차원을 논하는데 배경 및 훈련, 고객, 개입의 수준 및 성격, 그리고 미래 이슈이다.

네 가지 차원에서 살펴보면 다양한 커리어 개발 전문가들 사이에 유사점 및 차이점이 존재한다. 배경과 훈련차원에서 살펴보면 세 가지 집단 모두가 진입 장벽이 낮다. 이 분야에서 일하는 유명한 전문가의 대부분은 카운슬링이나 직업문제를 지원하는 부분과 사업 부분이라는 두 가지 분야에서 실제적인 경력을 보유하고 있다. 어느 누구라도 자신을 커리어 카운슬러, 전직지원전문가, 조직 커리어 개발 컨설턴트라고 말할 수 있는데, 이런 유형의 일에 대한 정의, 규정, 그리고 자격화가 복잡하고 어렵다는 상황을 보여준다. 예를 들면, 그들이 일하는 분야에서 어떻게 윤리적 문제 및 높은 수준의 서비스를 확신할 수 있는가? 확신은 자격이나 라이센스 혹은 다른 수단에서 나오는가? 이 분야의 전문가는 대중이나 잠재 고객에게 자신을 명확히 설명할 수 있는가? 분야 내에서는 어떻게 전문가의 스킬과 전문성을 향상하는가? 이 문제들은 모든 분야 내에서 토론해야 할 공개적 질문이다.

고객 차원에서는 어떻게 비교되는가? 주요한 차이점 하나는 서비스의 후원이다. 커리어 카운슬러는 커리어와 관련된 혼란이나 불확실성의 해결지원에 필요한 비용을 개인으로부터 직접 받는다. 카운슬링은 더욱 제한된 시간 내에서 실시되며, 다양한 경우에 따라서 고객이 비용을 부담한다. 고객은 전통적, 비전통적으로 다양한 직업 및 배경을 가지고 있기 때문에 카운슬러는 매우 다양한 고객과 일하면서 실질적인 도전을 받을 수 있다.

반면에 전직지원전문가와 조직 커리어 개발 컨설턴트는 지원 기업 조직에서 비용을 받는다. 이는 종종 오랫동안 함께 업무를 실시하면서 가능성 있는 다른 형태의 카운슬링 관계로 이어진다. 전문가가 같이 일할 개인은 기업의 조직원이다. 이는 전문가가 다양한 범위의 환경에 노출된다는 의미를 가지고 있다. 전직지원전문가나 조직 커리어 개발 컨설턴트는 모든 범위의 직업(예술가, 운동선수, 지원전문가, 공무원, 경력단절여성, 개인기업가, 학생 등)을 가진 사람들과 일할 기회를 가지기는 어렵다.

세 번째 차원은 개입의 수준 및 성격이다. 이 경우에는 커리어 카운슬러나 전직지원전문가가 서로 비슷하지만, 조직 커리어 개발 컨설턴트와 다른 성격을 보인다. 커리어 카운슬러와 전직지원전문가는 전형적으로 개인 혹은 소집단과 함께 일한다. 그들의 초점은 개인을 대상으로 한 정보 제공, 교육, 그리고 동기 부여이다. 조직 커리어 개발 컨설턴트는 다른 중점을 두고 일하는데, 다른 수준의 개입을 통해 변화를 촉진한다. 이런 전문가는 특정 개인이 아닌 대규모 체계의 조정에 중점을 둔다. 그들은 개인의 커리어 개발 관련 사항을 시스템적인 전략적 인적자원 기획 및 발전이라는 우산 아래에서 진행하는데, 바꿔 말하면 전체적인 사업전략과 밀접한 관계를 두고 진행한다.

네 번째 차원은 커리어 개발 전문가가 미래에 처할 문제이다. 한 가지 문제는 세 가지 유형의 집단이 제공하는 서비스에 대한 요구가 미래에 증가할지 여부이다.

긍정적인 면에서 일부는 베이비붐 세대가 커리어 개발 서비스 산업을 필히 성장시킨다고 이야기한다. 베이비부머는 일반적으로 정신적인 건강 및 카운슬링 서비스에 대해서 이전의 세대에 비해 많이 친밀한 데, 이미 대학교 커리어 센터 등을 통해서 커리어 관련 서비스에 자주 접한 세대였기 때문이다. 따라서 그들은 독자적인 커리어 관련 서비스를 추구하거나, 미래의 커리어와 관련된 불확실성을 헤쳐나가도록 기업에서 일부의 지원을 해달라고 요구할 것으로 전망한다.

그들을 위해 제삼자가 비용을 지불할 경우에만 개인 커리어 관련 서비스가 광범하게 시행될 수 있다는 점은 어두운 측면이다. 그런 발전은 정부나 고용주가 실업지원 자금상의 압박을 받을 경우에는 기대하기 힘들다. 또 하나의 어두운 측면은 조직개발 컨설팅 서비스는 실질적으로 성장하지 않을 것이라는 추측이다. 그 논리는 기업의 상급 관리자가 더욱 포괄적이고, 정교한 인적자원 체계의 도입이 기업의 기본 수익향상에 긍정적 영향을 미치지 않는다는 믿음을 가지고 있기 때문이다. 더욱이 기업의 인적자원 기능이 다른 기능에 비해 가치가 평가절하된 상태라는 생각도 있다. 따라서 서비스의 발전에 대한 약속이 심화될 수 없다는 예상이다.

요약하면, 오늘날 일자리 현장의 급격한 변화에서 발생하는 커리어에 대한 우려 사항을 불식시킬 전문적 지원을 제공하는 개인과 조직의 수적 증가로 이어졌다. 그리고 지원은 적어도 세 가지의 상이한 전문가 집단에 의해 시행되는데 개인 커리어 카운슬러, 조직 커리어 개발 컨설턴트, 그리고 전직지원전문가이다. 이런 전문가가 제공하는 서비스는 많은 공통점을 띠면서도, 몇 가지 명확한 차이점도 가지고 있다. 그런 전문가가 모두 수행해야 할 주요한 역할도 있다. 급격히 변화하는 고용상황 속에서 효과적인 전환을 관리하는 개인이나 조직 모두를 지원하기 위해 그들의 전문성이 필요하다.

제20장

전직지원 서비스 마케팅

🔖 몇 번에 걸쳐서 전직지원 서비스는 비즈니스와 카운슬링의 혼합이라는 점을 강조하였다. 위 두 가지 업무 자체를 병렬적으로 배치하는 많은 방법론들이 있다. 대부분은 카운슬링과 관련된 고려사항을 이야기하였다. 그러나 본 장에서는 전직지원의 비즈니스 측면의 한 부분인 전직지원 서비스 마케팅을 명확하게 조명하고자 한다.

여러 가지 다른 마케팅 접근 방법이 존재한다. 주어진 상황에서 선택적으로 접근하는 마케팅의 방법론은 어떤 산출물 혹은 서비스에 기초하는데, 전직지원 마케팅은 관계 판매라는 전통과 매우 유사하다. 캐시카트는 관계 판매를 '누군가와 좋은 관계를 구축하는 데 중점을 두면서 그 관계를 통해 가치 있는 서비스를 제공'하는 프로세스로 정의하였다(Cathcart, 1990, 1쪽). 본 장에서는 전직지원 서비스 마케팅의 관계 판매의 모델을 토의하는데, 언급되는 주제 중에는 마케팅 접근법, 그리고 몇 가지 특별한 고려 사항뿐만 아니라 마케팅 관계의 유지도 있다.

전통적 판매 대 관계 판매

특별히 유형적인 재화의 판매를 위한 전통적 판매 접근법은 승자와 패자가 존재하는 경쟁이다. 판매자로서는 구매자가 사게 만드는 설득의 행위가 필요한데, 그 논리는 반드시 구매하게 만든다는 가정에 기초한다. 그 이유는 구매자가 스스로의 의지로는 구매하지 않기 때문이다. 판매의 종료에 대한 주요 강조사항도 있다. 훌륭한 판매자는 판매를 마칠 수 있는 매우 설득적인 사람으로 그의 끈질긴 의지는 판매를 마치는 데 매우 귀중한 자산이다. 전통적 판매 접근법의 다른 구성요소는 모든 고객에게 동일하게 들리는 일방적인 음색을 포함한다. 판매원의 가치 있는 자질은 도전심, 경쟁심, 그리고 그의 두꺼운 얼굴에 있다.

관계 판매는 여러 가지 차원에서 앞의 접근법과 비교된다. 첫째, 관계 판매는 서비스에 중심을 둔다. 이 방법은 구매자와 판매자 모두가 승자가 되는 접근법인데, 고객을 설득하기보다는 고객을 돕는 노력으로 접근한다. 구매자와 판매자가 상호 간에 파트너로 인식하고 문제해결을 위한 협력적인 접근법을 사용하는 특성을 가지는데, 의사소통은 쌍방으로 이루어진다. 특정 구매자를 위해 개인 맞춤형으로 진행되면서 판매의 가장 중요한 부분은 판매종결이 아니라 생산품이나 서비스의 구매 이후에도 지속적인 노력을 투자하는 방법이다. 훌륭한 판매자는 필수적으로 매우 도전적이거나 경쟁적일 필요는 없으며 위대한 흥행사가 아니어도 좋다. 오히려 훌륭한 판매자는 고객을 계속 관리하는 사람이다. 또한, 구매자의 욕구를 식별할 기교 있는 질문을 하면서 구매자의 반응을 경청하는 스킬을 가진 자이다. 그리고 완벽한 판매자는 상황적으로 미묘한 차이를 잘 인식하는 자로서 고객의 비즈니스적 욕구를 완벽히 이해하여 효율적 개입에 필요한 대안을 생성할 수 있는 능력을 지니고 있다.

전직지원 서비스의 마케팅은 전통적 관계 판매와 매우 유사하다. 전직지원 서비스 마케터는 일반적으로 지원 기업 조직의 개인과 지속적인 대화 관계를 설정하고 좋은 관계를 구축하는 데 관심을 가지는데, 그런 관계를 통해서 가치 있는 서비스를 제공한다. 그런 접근법은 마케터와 고객 간의 신뢰를 구축하게 해준다. 마케터의 신뢰 생성과 강화는 지원 기업 조직으로부터 지속적인 전직지원 서비스 과업을 수주하는 데 필요한 결정적인 요소이다.

전직지원 마케팅 접근법

전직지원 마케터는 다양한 접근법을 구사한다. 특정한 대형 회사, 국내에서 잘 알려진 전문회사들은 새로운 비즈니스의 발굴을 위해 광고, 서면, 홍보, 교육 세미나에 의존한다. 그들의 명성과 산업 전망은 그런 접근법이 성공할 수 있는 환경을 조성해준다. 추가로 전직지원 서비스의 주도권을 잡거나 혹은 서비스에 새로운 흥미를 가진 목표기업을 탐색하기 위해 법률, 회계, 그리고 임원 서치펌과 같은 다른 전문회사들과 연계하는 노력도 기울인다. 더 큰 대형회사는 능동적인 회사 자체의 개별적 판매와 함께 위와 같은 접근법도 혼합하여 사용한다. 종종 전문적 대행업자로 불리는 소규모 전직지원전문회사들도 그런 두 가지 접근법을 사용한다. 그들은 홍보촉진 광고물에 크게 의존하지 않고, 능동적인 개인적 판매에 많은 에너지를 투자한다.

전형적인 전직지원 서비스 마케팅은 두 가지 패턴 중의 하나이다. 일부 전직지원전문회사에서는 서비스 마케팅만을 전적으로 책임지는 헌신적인 마케터들을 두는데, 그들은 직접 전직지원 서비스에 참여하지는 않는다.

다른 조직에서는 전문인력이 두 가지 역할을 다 수행하는데, 여러 가지 업무수행 비율로 마케터와 전직지원전문가의 업무를 병행한다. 이 모델에서는 지속적인 전직지원 서비스를 제공하면서 새로운 비즈니스 창출노력도 기울인다. 두 가지 접근법에는 공통적으로 장점과 취약점이 있다.

헌신적인 마케터는 자신의 100%의 시간을 마케팅에 사용하면서 더욱 많은 전문성과 정교성을 발전시킬 기회를 누린다. 또한, 자신이 마케팅을 특정직무로 선택했기 때문에 더욱 그 직무에 충실할 수 있다. 이는 두 가지 직무를 동시에 수행할 때와 달리 역할이 야기하는 잠재적 갈등은 없다. 예를 들면, 중요한 마케팅 업무를 수행하기 위해 사무실을 이탈해도 긴급하게 발생하는 서비스에 대해 신경 쓸 일이 없기 때문이다. 또는, 지원 기업 조직에서 자신의 이전 근로자가 전직지원 서비스에 관한 불만을 파악하려는 상황을 가정해보자. 만약에 동일한 전직지원전문가가 사업 마케터와 불만족의 표적인 전직지원 서비스 업무를 동시에 수행할 시에는 만족스러운 결과를 도출하기 힘들다.

그럼에도 불구하고 마케터와 전직지원전문가 역할을 동시에 수행하는 자는 서비스를 매우 완벽하게 이해하는 기회를 누릴 수 있다. 마케팅 서비스 전문가는 '자신들이 언제 말을 해야 하는지를' 확실히 인식하는 가운데 전직지원 서비스의 묘미에 대한 의사소통을 완벽하게 수행할 수 있다. 더불어 혼합된 역할을 수행 시에는 광범한 스킬의 획득으로 이어지는 전문적 활동에도 관여할 기회를 가진다. 일부 개인에게는 그런 다원적인 직무수행이 매우 중요시된다.

전직지원 마케터는 지원 기업 조직에 접근할 시에 전직지원 서비스에 대한 의사결정권자를 접촉한다. 전직지원 서비스 초기의 마케팅은 종종 대표 대 대표의 업무로 이어졌는데, 서비스 전문회사의 대표가 지원 기업 조직의 대표와 업무관계를 열었다는 말이다. 최근에는 더욱 광범한 전직지원 서비스를 실시하면서 이해도도 높아져서 그런 책임이 위임되고 있다. 현재 많은 조직에서는 부대표나 인적자원부서의 선임자가 전직지원전문회사의 선정에 대한 결정권을 가지고 있다. 일부 상황에서는 그런 결정이 부대표 수준 이하의 인적자원 전문가에 의해 이루어지기도 한다.

마케터는 자신의 전직지원전문회사가 제공하는 서비스를 지원 기업 조직에 소개하면서 최초의 만남을 가지게 된다. 주요 서비스 특징은 경쟁자와 차별성을 강조하는 형태로 소개되는데, 전직지원 서비스 관련자의 경험, 고객서비스 및 후속 조치에 대한 약속, 여러 가지 사업에서 임원급들을 대상으로 성공적인 서비스를 제공한 업무능력, 회사의 접근성, 행정 지원, 그리고 가치가 부가된 온라인의 탐색 지원 및 직무개발 서비스를 포함한다. 국제적인 회사는 요구가 발생 시 미국 내 혹은 해외시장 어느 곳에서도 서비스의 제공이 가능하다는 사실도 강조한다. 소규모 회사는 지원 기업 조직의 대표나 소유자가 가진 관심사를 강조하는 형태로 설명한다. 국내 곳곳에 있는 소규모 회사는 지리적으로 흩어져있는 고객의 욕구에 부응하기 위해 상호제휴의 형태도 띤다. 소속 회사는 그대로 유지하는 가운데 상호 간에 전직지원전문가를 추천하는 형태이다. 링컨샤이어그룹과 아웃플레이스먼트인터내셔널사는 그런 협력을 추구하는 두 가지 전문회사 사례이다.

비용 역시 회사가 경쟁을 하는 중요한 이슈이다. 1970년대부터 1980년대 중반에 이르기까지 풀타임 개인 전직지원 서비스 비용에 대한 산업 표준은 고객이 받는 연간보상총액의 15% 수준이었는데, 그 총액 내에는 고객의 연간보너스를 포함할 경우도 있었다. 특정 회사에서는 500불에서 1,000불에 달하는 추가적인 행정 비용도 부가하였으나, 부가하지 않은 기타 회사도 있었다. 일부 회사는 고급 임원들에게 개인 사무실을 제공하는 형태의 가장 포괄적인 서비스를 제공하면서 다소 높은 비용을 부가하였다.

그 기간 중의 마지막 몇 년 동안에는 전문회사 간의 경쟁이 더욱 격화되기 시작하면서 일부 회사가 경쟁 상의 이점을 획득하기 위하여 서비스 비용을 낮추기도 하였다. 그러나 많은 고객층을 가진 대규모 회사가 비용을 낮출 수 있는 가장 좋은 위치에 서 있다. 서비스 비용을 낮추지 않는 전문회사는 제공하는 특혜를 강조하는 형태로 서비스 비용의 차이를 극소화하였는데, 비용에 대한 주장보다는 서비스가 줄 수 있는 미래 희망에 대한 욕구를 증가시키는 노력이었다. 지원 기업 조직에서도 서비스 비용을 낮추라는 압력이 있는데, 일부는 이전처럼 전직지원 서비스에 더 이상 많은 재원을 투자할 수 없었기 때문이었다.

전직지원 서비스의 성공적인 판매가 최초 만남을 통해서 바로 성사되는 경우는 드물다. 최초 만남은 지속적인 관계의 생성을 위한 첫 발걸음으로 간주되기 때문이다. 서비스 판매의 성사 이전에 잦은 접촉이 필요하기에 전직지원 마케터는 후속 만남을 더욱 중요하게 여긴다. 후속 만남은 전화통화, 서신 및 카드 교환, 그리고 연속적 회의의 형태를 띤다. 이때 접근이 필요한 특별한 개인을 위한 매우 두드러진, 의미 있는 판매 접근법을 강조하는 노력도 투자된다. 전직지원 마케터는 고객 중심적인 범위 내에서 여러 형태로 변화한다. 일부는 고객이 선택할 수 있는 몇 가지 표준 산출물 및 서비스를 제공하는 전통을 가지고 있다. 그러나 특별한 고객의 욕구를 정확하게 분석하여 그에 따른 더욱 개인화된 맞춤형 서비스를 발전시키기 위한 노력도 매우 증대되고 있다.

일단 서비스 판매가 성사되면 가장 효율적인 마케터는 계약의 준수를 위해 노력하면서 지원 기업 조직과 지속적인 접촉을 유지한다. 그런 조치의 수단 중의 하나는 서비스 고객의 상황이나 서비스 진행사항 보고이다. 전형적인 상황보고는 전직지원 비용을 부담하는 지원 기업 조직에게 고객에 관한 일반적인 정보 제공의 균형 유지를 위한 노력이며, 동시에 전직지원전문가와 고객이 대화한 개인신상 등에 관한 비밀 유지를 위한 노력이다. 무엇보다도 지원조직에 대한 지속적이고 유용한 피드백 제공이 효율적인 간접 마케팅 수단이다. 그런 조치는 전직지원전문회사로 하여금 책임을 성실하고 완벽하게 수행해야 한다는 책임감을 갖게 해준다. 계약 준수의 중요성도 매우 강조되는데, 많은 서비스 전문회사가 가장 중요한 고객으로 생각하는 지원 기업 조직이 과거에도 전직지원 서비스를 구매해본 조직이라는 사실을 알고 있기 때문이다.

전직지원 서비스의 마케팅을 저해하는 주된 요인도 있다. 급격히 증가하는 전직지원전문회사들이 지원 기업 조직에 부가하여 고객 모두에게 직접적인 마케팅을 해야 한다는 사실이다. 그 이유는 일부 지원 기업 조직에서 이직하는 근로자, 특히 상급자를 대상으로 서비스를 기획할 시에는 고객들이 선호하는 회사를 선택하게 만들 수도 있기 때문이다. 고객이 전문회사를 선택하는 방법은 매우 혼란스러웠는데, 많은 전직지원전문회사는 그런 방법을 선호하지 않았다. 그들의 논리는 고객이 특정한 평가치를 가지고 전문회사를 평가할 경우에는 큰 혼란을 초래한다는 주장인데, 특별히 고객이 실직 이후 감정적으로 안정되지 못한 상태일 경우에는 더욱 그러하다는 주장이다. 그러나 특정한 지원 기업 조직과 고객은 자신들의 판단하에 서비스를 구매하는 경우를 선호하는데, 그런 기회를 통해 매우 중요한 커리어 관련 결심에 대한 개인적인 통제권을 행사하고 싶기 때문이다. 시행 방안이 다양화되는 상황에서 전직지원전문회사는 지원 기업 조직과 더불어 구매고객에게도 마케팅을 하기 위해 가장 효과적인 방법도 선택해야만 한다.

특별한 고려사항

이제 전직지원 마케팅 때문에 발생하는 특별한 도전 몇 가지를 언급하고자 한다. 매우 중요한 주제 하나는 전직지원 서비스의 성공적 마케팅에 요구되는 대인관계 스킬의 형태와 관련된 내용이다. 캐스카트는 성공적인 서비스 판매원이 되기 위한 세 가지 스킬은 기술, 대인관계, 그리고 자기관리라고 주장하였다(Cathcart, 1990).

기술적 스킬은 산출물과 관련된 지식으로서 마케터가 제공할 산출물과 서비스의 성격과 특징에 대해서 실제로 이해하는지 여부이다. 대인관계 스킬은 잠재적 구매자와 훌륭한 관계를 구축하는 과정에서 기술적 스킬을 적용하는 자질과 행동을 말한다. 자기관리 스킬은 주어진 직무를 수행할 자신의 관리와 관련된 충분한 능력을 말한다. 주어진 과업을 시한 내에 완료하고, 조직의 적합한 수준을 유지해줄 시간관리 및 스트레스 관리 능력은 몇 가지 중요한 자기관리 스킬의 일부일 따름이다.

대부분의 판매상황하에서는 기술적 지식 스킬이 강조된다. 마케터가 산출물이나 서비스에 대해 많이 알면 알수록 판매할 가능성도 매우 높아진다는 가정이다. 그래서 기술적 지식 스킬을 대인관계나 자기관리 스킬보다 더욱 중요하게 생각하지만, 전직지원 서비스 마케팅에서는 대인관계 스킬과 자기관리 스킬이 기술적 스킬을 훨씬 능가한다. 그 이유는 서비스 성격상 높은 기술적 스킬을 요구하는 사안이 아니기 때문이다.

전문회사는 개인 사무실 지원 서비스를 제외할 경우에 전직지원 고객에게 기술적 스킬에 기초한 서비스를 많이 제공하지는 않는다. 대신에 손에 잡히지도 않는 지극히 개인적인 서비스를 제공한다. 따라서 전직지원전문가의 대인관계 스킬과 직업 탐색 능력은 영원하다. 지원기업 조직에서 구매하는 내용은 전직지원전문가의 지식, 경험, 그리고 판단력이다. 다른 말로 표현하면, 구매자는 자신이 선택할 카운슬러의 산업에 대한 지식 보유 여부를 알고자 한다. 더불어 전직지원전문가가 실직과 같은 감정적이고 민감한 상황을 성공적으로 관리할 대인 관계적 스킬 및 자기 관리적 스킬을 가졌는지 여부를 확신하고자 한다.

서비스 구매자는 전직지원 서비스의 마케터를 통해 요구하는 높은 수준과 스킬을 찾아본다. 그들은 마케터를 통해서 자신이 비용을 제공할 전직지원 서비스가 홍보되는 중에 민감한 문제를 다룰 수 있는 적절한 수준의 균형과 성숙도의 재확신을 필요로 한다. 마케터는 산출물의 이해만으로 충분하지 않으며 모든 이해당사자의 욕구와 민감성을 이해한다는 사실을 구매자에게 확신시켜야 한다. 그 이유는 지원 기업 조직 관리자는 종종 어려운 결심을 시행해야 하고, 전직지원전문가는 궁극적으로 고객을 지원해야 하며, 고객 자신은 거부할 수 없는 상실감 때문에 매우 취약하다고 느끼기 때문이다.

전직지원 서비스 마케터에게 중요한 다른 스킬도 있다. 독립적인 팀의 일원으로서 다른 사람들과 긴밀히 협력하면서 일하는 능력이다. 마케터와 전직지원전문가는 상호의존하면서 지원 기업 조직과 관계를 할 때에 상호 간의 노력을 융합해야만 한다. 마케터는 특히 새로운 비즈니스 창출의 책임을 지는데, 비즈니스를 창출하지 못할 경우에는 서비스를 제공할 전직지원전문가가 한 명도 유지될 수 없기 때문이다. 그러나 마케터가 고객을 확보한다더라도 훌륭한 서비스를 고객에게 제공하는 전직지원전문가에게 의존해야만 한다. 만약에 서비스의 질이 떨어진다면 마케터와 지원 기업 조직 간의 추가적인 교감 형성은 어려워지고 그로 인해서 추후 비즈니스의 재수주 가능성도 낮아진다.

마케터와 전직지원전문가 간의 관계가 중요함을 잘 말해주는 다른 경우도 있다. 특정 전직지원전문회사는 전직지원전문가가 실제로 마케팅 프로세스에 직접 참여하는 팀 차원의 판매 접근법도 활용한다. 예를 들면, 특정한 지원 기업 조직이 전직지원전문회사를 선택하기 이전에 전직지원 서비스를 전달할 전직지원전문가를 만나고 싶다는 의도를 비칠 수 있다. 전문가로부터 최신 상황에 대한 내용을 듣고 더욱 편안해지고 싶기 때문이다. 그런 경우에 마케팅 프로세스는 전직지원전문가를 통합한다. 특히 소형·중형 규모의 회사에서는 마케터와 전직지원전문가 간의 독립적인 관계를 넘어서서 마케터를 팀 요원의 일부로 통합하여 효과적으로 일하도록 하는 조치는 매우 중요하다.

요약하면, 전직지원 서비스 마케팅은 관계 판매라는 전통적인 판매 방식과 매우 유사한데, 장기적인 관계 구축 및 유지에 많은 중점을 두어야만 하기 때문이다. 마케팅은 헌신적인 전문가 혹은 서비스 책임자에 의해서 시행될 수 있다. 마케터는 시장점유율의 상승을 위해 경쟁시에 자기 회사의 차별성이 두드러지도록 노력해야만 한다. 그리고 전직지원 마케터는 대인관계에서 기교를 부릴 필요도 있다. 그는 실직으로부터 야기되는 민감한 사안을 처리할 수 있는 성숙도, 균형감, 판단력, 그리고 신뢰성을 갖추어야만 한다.

■ 제21장

전직지원의 미래

🔖　전직지원 산업은 1970년대 이래로 매우 급속히 성장하였다. 그 급속한 성장 속도는 분야 근무자들이 충분한 시간을 가지고 적합한 이슈 전반을 세심하게, 그리고 체계적으로 평가할 수 없게 만들었으며, 급속하게 변화하는 욕구에만 단순히 분주하게 대응하도록 만들었다. 추가로 분야 내에는 행동 과학적 연구를 완벽하게 수행할 훈련된 전문가도 극히 드물었다. 그 결과, 많은 서비스가 계속 진행되는 관계로 근무자들이 업무에만 열중하기 때문에 더욱 체계적인 조사와 주의가 필요한 많은 이슈가 해결되지 않은 채로 남아있다. 다행히도 앞으로는 그런 이슈의 해결을 위한 진전이 이루어질 것으로 보인다. 알. 리는 그 이슈들을 전문성, 컨설팅, 그리고 이론 및 연구라는 세 가지로 구분하고 있다(R. Lee, 1987).

전문성 이슈

첫 범주는 높은 수준의 전직지원 서비스를 전달하는 이슈와 크게 연계된다. 하나의 주요한 이슈는 전직지원전문가의 선발, 훈련, 그리고 자격부여와 관련된다. 앞서 몇 번이나 암시하였지만, 전직지원전문 가는 다양한 배경을 가지고 이 세계로 진입한다. 그들은 광범한 스킬 과 스타일을 가지고 일의 현장에 다양하게 적용한다. 희망적인 사항 은 미래에는 어떤 고객들과 어떤 조건에서, 어떻게 일하면 최상의 서 비스를 제공할 수 있는지에 대한 합의가 이루어질 것이다. 이런 차원 에서 이미 일부 발전이 있었다. 지난 수년 동안에 걸쳐서 국제 전직지 원전문가 협회의 전문성 발전위원회에서는 짐 갤라그의 지도로 전직 지원전문가의 핵심 역량을 식별하였다. 그 역량들은 다섯 가지의 광범 한 범주로 결론이 내려졌다. (가) 기업/조직 고객을 대상으로 하는 컨 설팅, (나) 개인 혹은 집단 고객을 대상으로 하는 컨설팅, (다) 검사, (라) 직업 탐색 훈련, 그리고 (마) 커리어 컨설팅이다. 비록 각 범주 내 의 특정 요소를 더욱 정제하여 운영하는 일이 많이 남아있으나, 그런 노력은 분야 내에서 시작된 핵심 역량에 대한 합의 사항을 대변해준 다. 그런 역량들은 추후 전직지원전문가의 훈련, 감독, 그리고 자격부 여 문제를 결심할 때에도 활용할 수 있다.

다른 사안은 더욱 이질적인 고객집단에 대한 전직지원 서비스의 제 공이다. 미국 내 노동력의 구성이 더욱 다양화됨에 따라서 전직지원 현장에서 만나는 고객은 현재보다 더욱 이질적인 집단이 될 수 있다. 나이, 인종, 문화적 배경, 고용 및 교육 수준, 가치, 목표, 그리고 포부 에서 매우 다양화된다. 따라서 전직지원전문가는 실질적인 도전을 받 게 되는데, 전문가는 서비스 절차와 고객과의 관계 구축 시 일어나는 역동에 대해서 잘 이해해야 한다.

덧붙여, 전직지원 산업은 운용할 인력의 다양성을 반영하여 더욱 개선된 업무를 수행해야 한다. 최근에 여성 전직지원전문가의 수가 뚜렷하게 증가하면서 그 비율이 두드러지게 높아졌다. 그러나 소수인종 출신 전문가의 비율은 매우 소수인 상태로 남아있다. 이 산업 세계에서 직무를 수행하는 자들은 모든 고객의 욕구에 적합하게 부응하는지를 잘 관찰해볼 필요도 있다.

다른 전문적 이슈는 전직지원전문가가 일할 적합한 영역과 동기 부여적, 그리고 감성적 사안의 범위가 언급되어야 한다. 보수적인 관점에서는 전직지원이 매우 특정한 직업 탐색 사안에 중점을 두고 그런 사안을 중심으로 확실한 지원을 제공하기 위한 목적으로 설계되었다고 말한다. 감성적 지원도 제공되나, 고객이 확실한 직업 탐색 과제에 열중하도록 지원하는 범위로 한정된다.

더욱 자유로운 생각은 직업 탐색 지원에만 큰 중점을 두면 부족하다는 생각인데, 그 이유는 많은 고객이 직업 탐색과 관련된 모든 팁과 기법을 배우더라도 자신들의 직업 탐색에서 홀로 전진하기 힘들다는 점이다. 그들 앞에는 동기 부여와 관련된 장애물이 가로놓여 있기 때문이다. 전직지원 서비스의 적합한 역할에 대한 광범위한 관점으로는 고객이 직업 탐색을 통한 이점을 획득하기 이전에 장애물이 제거되어야 한다는 주장이다. 그런 장애물의 특정 부분, 즉 임상적 위축이나 불안 장애와 같은 부분은 명확하게 훈련된 정신건강 전문가가 조치해야만 한다.

그러나 다른 상황은 명확하지 않다. 고객이 거절을 두려워하면서 네트워킹 활동의 시작을 거부하거나, 혹은 자신의 상황에 대해 다른 사람들에게 알리는 것을 곤란하게 생각하기 때문에 활동을 거부하는 고객을 고려해보자. 전직지원전문가가 정신요법을 통해 그런 개인들을 즉각적으로 지원할 수 있을까? 아마도 아니라고 본다. 전직지원전문가가 그런 장애물을 처리하는 데 어느 정도까지 개입하고, 어떤 방법을 사용해야 하는지 언급한 내용이 있는가?

그런 해답은 쉽게 강구할 수 없으며 특정 고객, 특정 전문가의 문제에 따라 다양할 수 있다. 요점은 커리어 관심사와 개인적 관심사 사이에는 항상 명확한 경계선이 없다는 사실인데, 그에 따라서 지적인 판단을 내려야만 한다. 그래서 더욱 잘 정의된 지침을 통해 전직지원전문가를 지원하는 일도 전직지원 산업 세계가 직면하고 있는 매우 중요한 도전이다.

고객이 직업 탐색과 관련된 장애물을 극복하도록 지원할 때 나타나는 장애물에 대응하는 확실한 방법 하나는 집단으로 직업 탐색을 하거나, 혹은 이상적으로 개인 서비스를 병행한 더욱 효과적인 집단 직업 탐색을 운용하는 방법이다. 많은 전직지원전문회사가 집단활동 형태를 일부 운영하고 있으나, 집단이 바라는 수준에는 미치지 못한다. 고객은 종종 집단을 다른 고객의 '신음과 불평'을 듣는 장소로 보기 때문에 자신의 가치가 제한된다는 생각도 한다. 다른 문제의 일부는 집단이 가진 잠재적 이점을 완벽하게 발휘하지 못한다는 점이다. 높은 수준의 개인 서비스가 동반된, 잘 주도되는 역동적인 직업 탐색 집단은 고객의 직업 탐색과 관련된 장애물을 해소할 수 있는 훌륭한 잠재적 수단이다.

컨설팅 이슈

두 번째 이슈는 전직지원전문가의 컨설턴트로서의 역할에 관련된 내용이다.

몇 차례에 걸쳐서 언급한 바와 같이 전직지원전문가는 두 가지 업무에 열중한다. 전문가는 서비스 비용을 지불하는 지원 기업 조직과 개인고객에 대한 책임을 지기 때문이다. 이 두 가지 업무는 때때로 윤리적 당혹감을 생성한다. 예를 들면, 서비스 진행 상황에 대한 보고가 고객의 비밀 유지와 관련될 때에 특히 딜레마에 빠진다. 일반적으로 전직지원전문가와 소속회사 대표는 지원 기업 조직으로부터 고객의 진행 상황에 대한 보고 요청을 받는다. 전직지원전문가는 지원 기업 조직의 욕구에 부응하면서도 특정한 개인정보의 노출을 지양하는 고객과의 신뢰성과 민감도에도 세심한 주의를 기울여야 하고 이 두 가지 업무의 경계선에 잘 위치해야만 한다. 전직지원 산업에서도 두 가지 역할과 관련된 이런 딜레마를 계속 관찰해야만 한다. 추가적인 경험이 축적될 경우 전직지원전문가의 적절한 대응지침을 계속 발전시켜야만 한다.

다른 컨설팅 이슈는 전직지원전문회사에 의한 직업 개발 및 발굴이다. 이 이슈를 둘러싼 몇 가지 아이러니한 사례가 있다. 초기에 전직지원전문가는 서비스가 고객을 위한 직업 개발이 아니라고 설명하는 데 상당한 시간을 투자하였고, 자신의 업무는 커리어 기획 및 직업 탐색 지원에 있다고 말하였다. 그리고 전직지원전문가가 고객을 위해 할 수 있는 일과 할 수 없는 일에 대한 현실적인 기대를 구축하는 데 많은 노력을 투자하였다. 대부분의 경우에 개인고객은 자신의 환상과 다르다는 사실을 인식하고, 전직지원전문회사가 직업을 찾아주지 않을 것이며, 탐색 결과에 대해서는 자신이 완전한 책임을 져야만 한다는 사실을 인식하였다. 그러나 최근에는 지원 기업 조직이 전직지원전문회사에 고객의 구직기회를 식별하라는 큰 압력을 행사한다. 일부 전직지원전문회사 역시 시장에서 경쟁자에 대한 경쟁력 향상 차원에서 이런 방법을 추구한다. 일부 전직지원전문가는 고객에게 전직지원 서비스가 직업알선 서비스가 아니라는 점을 이야기하고 있는데, 다른 암시는 전직지원전문회사가 실제로 그런 방법론을 알리는 데 능동적이어야 한다는 점을 제시하고 있다. 전직지원 산업이 직업의 주도적 개발에 어느 범위까지 관여해야 하는지에 대한 사항도 계속 명확히 밝힐 필요가 있다. 어느 정도까지는 직업의 주도적 개발을 포함하지만, 전직지원전문회사와 채용 대행 전문회사 간의 업무를 명확히 정의할 필요가 있다.

다른 컨설팅 이슈는 전직지원 서비스의 확장에 관한 내용이다. 1970년대 이래로 전직지원 서비스의 운용은 매우 확대되었다. 미국 내 대기업 대부분은 이직 근로자를 위해 일정한 형태의 전직지원 서비스를 제공한다. 그러나 미국에서는 지난 몇 년 동안에 산업의 매출은 증가하였으나, 그 성장 속도는 다소 저하되었다. 전직지원 산업 차원에서는 대부분 그 탓을 수익의 감소로 돌리는데, 고객이 새로운 직업을 찾는 시간이 증가했을 뿐만 아니라 전직지원전문회사가 서비스에 부과하는 비용이 감소했기 때문이다. 후자의 발전은 전직지원 산업 내부의 경쟁 확대 및 지원 기업 조직의 '경비 절감'으로 인한 영향을 받았다(Franklin, 1991).

많은 대형 전직지원전문회사는 다른 형태의 인적자원 컨설팅 쪽으로 사업을 다변화함으로써 장기적 성장이 이루어질 수 있다는 의견을 내놓고 있다. 몇 개의 대형 회사는 이미 조직 기획 및 발전, 행정 및 관리 평가, 임원 코칭, 다양성 관리, 인적자원 훈련을 포함하는 다른 분야 비즈니스를 개발하였다. 로드는 이런 분야로 전직지원전문회사

전직지원전문가 가이드 북

가 진입하면서 대형의 훌륭한 인적자원 컨설팅 회사를 상대로 경쟁하는 잘못된 길로 빠졌다고 경고하였다(Lord, 1991). 그는 전직지원전문회사가 고유의 전문성을 세심하게 구축해야 하며, 그렇지 않을 시에는 친근하지 않은 영역으로 진입한 자신들을 발견하게 된다고 조언하였다.

또 다른 확장이 가능한 분야는 전직지원전문회사들의 전문성에 긴밀히 연결된 경력 관리 서비스를 기업의 재직근로자들에게 제공하는 일이다. 이런 과업은 전직 지원 서비스를 채택해 이직 근로자를 다시 정상궤도에 올려놓는 지원 기업 조직이 아이러니하게도 잔류하는 재직근로자가 겪는 트라우마를 간과하기 때문이다. 잔류한 근로자는 종종 높은 수준의 스트레스를 겪는다. 그런 스트레스 원인은 여러 가지 요인에서 출발하는데 첫째, 똑같은 양의 업무를 이제는 적은 수의 근로자가 분담해야 한다는 사실이다. 업무 관련 책임도 새롭게 되거나 명확하지 않은 채로 남아있다. 잔류 근로자는 높은 수준의 죄의식이나 고뇌도 겪는다. "왜 난 남아있지? 다른 사람들은 그렇지 못한데?" / "친구들이 실직한 사실에 나의 책임은 없는가?"/ "언제 나에게 그런 일이 일어날까?"와 같은 생각들은 잔류 근로자의 머릿속에 강하게 맴도는 몇 가지 생각 중의 일부일 따름이다. 그런 반응은 잔류 근로자 신드롬으로 잘 알려진 현상의 일부이다.

전직지원전문가는 이직 근로자를 대상으로 하는 커리어 기획 및 관리에 관한 직접적인 서비스 경험을 많이 보유하고 있다. 그런 경험은 아직 근무하는 잔류 근로자가 가진 유사한 이슈의 해결을 지원할 수 있다. 이직 근로자를 대상으로 서비스하면서 획득한 전문적인 서비스 스킬은 잔류 근로자와 일할 때도 사용할 수 있다고 말한다. 그러나 아직까지 기업은 이직 근로자에게 제공하는 동일한 형태의 서비스 지원을 잔류 근로자에게 제공하는 일은 꺼린다. 전직지원전문회사가 이 분야로의 업무확장에 성공할지 여부는 기다려보아야 할 일이다.

이론 및 연구 이슈

마지막 공개 질문 분야는 전직지원 분야의 이론과 연구에 관한 내용이다.

알. 리는 전직지원 서비스의 장기적인 효과를 측정할 종적 연구의 필요성이 절실하다고 말하였다(R. Lee, 1987). 고객은 서비스를 마친 이후에 전직지원 서비스를 받은 경험이 자신에게 상당한 가치가 있었다고 느낄 수 있다. 고객이 획득한 이득은 대체로 전직지원 서비스 경험에서 유래한다는 사실을 증명할 많은 일화적인 정보도 있다. 그런 이득은 직업 탐색, 커리어 기획 및 관리에 관한 내용이거나, 개인적·전문적 성장을 둘러싼 이슈이다. 그러나 아직까지는 그런 문제에 대한 직접적인 전문적 연구는 없었다.

전직지원 서비스의 질적인 결과에 대한 연구도 강력한 도전을 받고 있다. 그런 연구에는 두 가지 집단을 필요로 하는데, 전직지원 서비스를 경험한 집단과 경험하지 않은 집단이다. 또한, 두 가지 집단에 속하는 근로자는 나이, 경험, 개인적 특성 및 다른 다수 요소에서 '상응한' 관점을 가져야만 한다. 더욱이 '서비스를 받지 않은' 집단의 지정은 심각한 윤리적 문제도 야기할 수 있다. 그럼에도 전직지원 산업은 그 시행을 더욱 잘 이해하고 서비스의 신뢰성을 강화하기 위한 그 효율성에 대해 많은 정보를 체계적으로 수집할 필요성이 있다.

전직지원전문가 가이드 북

전직지원 서비스 분야는 성인의 커리어 개발에 관한 더욱 복잡한 이론의 발전에 기여할 잠재력도 가지고 있다. 넓게 이야기하자면, 대부분의 커리어 개발 이론의 역사적인 중점은 15세에서 25세에 이르는 청년을 위한 내용이었는데, 커리어 선택 및 진입과 관련된 이슈가 두드러진다. 이제는 성인들의 커리어 개발을 더욱 세밀히 조명할 이론을 발전해야 한다는 의견도 제기되고 있다. 성인은 어떻게 새로운 직업이나 커리어를 선택하는가? 왜 다른 사람들은 커리어를 변경하지 않는데 일부는 변경하는가? 성인이 중년에 들어 커리어 결정을 내리는 데 중요한 요소는 무엇일까? 그런 요소는 다소 젊은 성인과 어떻게 다른가? 실직 경험은 미래의 커리어 기획에 어떤 영향을 미칠까?

전직지원 서비스의 전달과 연계된 전체적인 서비스 이슈를 다시 연구해야만 한다. 예를 들면, 전직지원 서비스를 받는 고객이 어떻게 만족하는가? 고객의 만족에는 어떤 요소가 영향을 미치는가? 직업 탐색을 완료하는 데 걸리는 시간은 어느 정도인가? 새로운 직위의 보수는 얼마인가? 사무실 지원 서비스의 질은 어떠한가? 고객 만족은 앞에서 사례로 든 요소와 무관하고, 전직지원전문가와 고객 간 관계의 질에 더 많은 관련이 있을 수 있다. 매우 높은 수준의 만족적 관계 형성에 기여하는 요소는 무엇인가? 성공적인 전직지원전문가가 보유한 수준이나 특성은 무엇인가? 그것은 어떻게 측정할 수 있는가? 어떻게 그런 내용을 가르칠 수 있는가?

언급해야 할 다수의 다른 질문들도 있다. 성공적인 서비스 결과와 전직지원전문가의 성별, 연령, 교육적 배경 간의 관계는 무엇인가? 특정한 고객 계층에 가장 적합한 방법이나 접근법은 무엇인가? 이런 내용은 더욱 체계적인 연구가 필요한 주요 관계적 이슈의 몇 가지에 불과하다.

덧붙여서 조직 차원에서 연구되어야 할 많은 전반적인 이슈도 존재한다. 다운사이징을 하면 조직의 사기와 생산성에 미치는 장기적인 효과는 무엇인가? 다운사이징을 하는 시기에 가장 효과적인 형태의 리더십은 무엇인가? 조직 내의 다양한 개인이 다운사이징에 어떻게 반응할지에 대한 예측사항은 무엇인가? 주요 다운사이징의 이상적인 절차 및 속도는 무엇인가? 이런 예는 조직차원에서 연구해야 할 일부 이슈에 불과하다.

전직지원 프로세스에 관하여 몇 가지의 분석 수준으로 연구해야 할 많은 의문도 명확히 존재한다. 고객에 중점을 둔 이슈, 전직지원전문가와 고객 간의 관계에 중점을 둔 이슈, 그리고 조직에 중점을 둔 이슈이다. 현재의 전직지원전문가가 그런 연구를 통해서 적합한 이론들을 생성하기에는 훈련이 부족하거나 적합하지 않다는 사실은 전적으로 존재 가능한 사실이다. 그렇다면 가능성 있는 그런 조사를 위해 행동과학자와 연계할 필요가 있다.

1970년대 이래로 전직지원전문가는 여러 가지 방법과 접근법들을 발전시켜왔으며, 그런 방법론들이 효과적이고 잘 인도되었다고 가정하고 있는데, 그들이 옳았을 수도 있다. 그러나 의심의 여지 없이 미래에 이 분야는 현재의 시행 및 관점을 지원하는 체계적 자료의 수집 및 분석을 통해서 다른 효과적인 서비스의 발전을 지향하는 가운데 강화될 것이다.

전직지원 서비스의 미래와 관련한 몇 가지 사항들을 차례로 말해 보고자 한다. 대다수 성인의 생애에서 일은 핵심적인 부분을 차지한다. 항상 그러하였듯이 커리어와 관련된 관심은 신체적, 정신적 건강과 주요한 사회적 관계에 큰 영향을 미쳤다. 그리고 일자리와 관련 없는 분야에서 발생하는 문제도 개인의 직무 수행능력과 만족도에 영향을 미친다. 그런 영향은 개인의 건전한 커리어 관련 결심지원을 항상 복잡하게 만들었다. 1990년대 사회적·기술적 변화의 급격함 때문에 야기된 도전에 부응하는 일은 이전보다 더욱 복잡하고 중요해지고 있다. 알. 리가 지적한 바와 같이, 사회가 평생고용을 제공할 입장이 아닐 뿐만 아니라, 스킬을 지닌 경쟁력 있는 근로자를 장시간에 걸친 실직상태로 남겨둘 여유도 없다(R. Lee, 1987). 1970년대 이래로 전직지원 산업은 새로운 일자리를 찾는 고객을 지원하고, 조직의 인적자원 욕구의 변화에 부응하기 위한 큰 역할을 수행하고 있다. 그런 중요한 기능의 수행결과에 따라 이제 전직지원 산업은 더욱 완벽하게 이해되고, 건실하게 발전하면서, 전문성 있는 서비스를 전달하는 가운데 현명한 방법으로 운용해야 할 자격을 부여받은 산업이 되었다.

국제 전직지원전문가 협회의
IAOP: International Association of Outplacement Professionals
전직지원전문가 역량 표준

범주 1: 아래 사항을 포함하지만 제한되지 않는 범위에서

기업/조직을 컨설팅

- 기업과의 관계 관리
- 비즈니스/산업 동향 및 이슈에 관한 해석
- 전환절차를 통해서 고객의 조직 및 인적자원을 인도
- 관리자를 대상으로 해고 회합의 처리에 관한 교육
- 커리어 센터 관리
- 지원 기업 조직에게 전직지원 서비스 상황 및 결과에 대한 보고
- 참조할 수 있는 가이드라인 및 '해고사유' 공지에 대한 협상
- '잔류 근로자' 이슈와 관련된 서비스 컨설팅 및 제공
- 법적인 요구범위 내에서 비밀 유지
- 직업윤리 범위 내에서 업무 수행

범주 2 : 아래 사항을 포함하지만 제한되지 않는 범위에서
고객을 컨설팅

A. 개인적으로

- 컨설턴트/고객 관계관리
- '끈적끈적한' 고객 및 고객 의존도와 같은 특별한 상황 관리
- 고객의 문제 해결
- 해고로 인한 정신적 충격/스트레스 컨설팅
- 직업전환에 대한 고객 동기 부여
- 고객의 '개인 구역'을 식별하고 다른 지원을 받을 수 있는 적합한 자원을 추천
- 지원체계를 식별한 이후 고객이 그 체계를 효율적으로 사용하도록 훈련시킴
- 법적인 요구사항의 범위 내에서 비밀 유지
- 직업 탐색 종료 및 미래의 과업에 대한 고객 준비 지원
- 직업윤리 범위 내에서 업무 수행

B. 그룹으로

- 집단 프로그램 조직 및 관리
- 그룹에 복잡한 자료 제시
- 적절한 권한 및 통제 유지
- '개인' 이슈 및 절차(범주 2. A 참조)를 그룹에 맞게 각색
- 전직지원과 관련된 특정주제를 다루는 프로그램 제시(예: 희망퇴직, 생존방법, 경력전환, 창업)

범주 3 : 아래 사항을 포함하지만 제한되지 않는 범위에서 평가

- 프로그램 참여 절차 및 효과성
- 고객 경험 분석/평가
- 표준평가지침을 해석, 보고 및 적용
- 핵심 스킬 및 성취업적 식별
- 일과 관련한 가치 식별

범주 4 : 아래 사항을 포함하지만 제한되지 않는 범위에서
　　　　　직업탐색 훈련 실시

- 구직활동 전략 및 기획
- 탐색 방법
- 네트워킹 및 다른 탐색 기법
- 이력서 및 다른 활동 수단 발전
- 면접 기법 및 예절 발전
- 보수협상 교육
- 채용 제안 평가 및 협상
- 비즈니스/경제 트랜드 이해
- 구직 기회 개발
- 지원을 위한 다른 자산 활용
- 구직 시장 자료 해석
- 특정 고용주를 위한 자료 발전/활용

범주 5 : 아래 사항을 포함하지만 제한되지 않는 범위에서
커리어 컨설팅

- 정의된 목표에 따른 개인적인 특정 경력계획 발전
- 일-가정 양립 기획
- 경력 변경/대안 컨설팅
- 경력 결심
- 경력 결심에 영향을 미치는 개인적/환경적 이슈 식별
- 창업 방안 식별/탐색
- 경력 자산정보 습득/활용
- 기업 문화 및 구조 해석
- 경력 목표를 지원하는 교육계획 발전

국제 전직지원전문가 협회의
IAOP: International Association of Outplacement Professionals
전직지원전문가 표준 윤리규정

용어의 정의

- IAOP는 국제 전직지원전문가 협회를 의미함
- 협회란 의미는 국제 전직지원전문가 협회를 의미함
- 전직지원전문가는 전직지원 서비스 업무에 종사하는 자를 의미함
- 지원 기업 조직은 전직지원 서비스를 필요로 하고 그 비용을 지불하는 기업을 의미함
- 고객은 전직지원 서비스를 받는 사람을 의미함

전문

전직지원전문가는 지원 기업 조직 및 고객 모두를 대상으로 높은 수준의 전문적 행위를 유지해야만 한다. 전직지원전문가는 자신의 경력전반에서 윤리규정 표준에 대한 지식을 포함하는 전문적 성장을 지속

할 책임이 있다. 전직지원전문가는 전직지원 서비스 관계에서 고객에 대한 존경심을 유지해야 하며 고객의 능동적 결정을 지향하는 전직지원 활동에 중점을 두어야만 한다. 전직지원전문가는 서비스를 마케팅할 경우에는 자신이 보유한 전문적 자격의 범위를 벗어나는 주장이나 암시를 하지 않아야 한다. 전직지원전문가는 자신이 보유한 경쟁력의 범위를 인식하고, 훈련이나 경험을 통해서 자격이 부여된 서비스나 기법만을 제공해야만 한다. 전직지원전문가는 공중, 지원 기업 조직에게 사례와 관련된 정보를 제공할 시에는 일반적이면서도 정확하고 편견이 없는, 객관적이면서도 사실적인 자료를 제공할 필요가 있다.

표 준

각 회원은 고객 및 지원 기업 조직을 위한 전직지원 서비스의 능동적인 결과를 지향하는 모든 전문적인 활동을 할 때에 협회의 표준 윤리규정을 준수해야 한다.

모든 전직지원전문가들은 아래 사항을 준수한다.
- 조직 및 카운슬링 받는 고객을 대상으로 가장 높은 수준의 서비스를 제공할 수 있는 전문적 스킬, 역량, 그리고 지식을 계속 발전
- 자신과 고객 간의 관계에 대한 비밀을 유지
- 다음과 같은 가치에 따라서 행동: 다른 사람에 대한 관심과 존경, 개인의 자존감 발전, 개인의 존엄함, 정직과 도덕성
- 직업전환 과정 간의 모든 결심에 대한 책임을 고객이 지도록 격

려 및 지원

- 비즈니스 시행과 지원 기업 조직 및 고객에게 영향을 미치는 모든 법령 및 규정을 준수
- 전문적 시행 과정에서 이해관계에 잠재적 갈등과 관련된 모든 요인에 대한 완전한 공개
- 자신이나 비즈니스에 특별한 이득을 보기 위한 영향력과 지식의 사용 금지
- 고객이나 지원 기업 조직에게 제공할 내용을 명확하게 정의하고, 자신의 지식, 능력의 범위 내에서 그 약속을 준수하고 부응
- 인종, 가계도, 출신지, 종교, 종족, 시민권, 명성, 성, 성적 특성, 장애, 연령 혹은 결혼상태를 배제한 개인에 대한 존중 시행

지원 기업 조직과의 서비스 관계

서비스 관계는 전문적인 지원자와 지원이 필요한 개인이나 집단, 지원 기업 조직 간의 관계를 말하는데, 전직지원전문가가 일과 관련된 문제나 잠재적 문제를 정의하고 해결할 지원을 제공한다는 의미이다.

1. 전직지원전문가는 서비스 관계에 들어가기 전에 자신의 가치, 지식, 스킬, 제한 사항, 그리고 욕구에 대해서 높은 수준의 인식을 해야 한다.
2. 전직지원전문가는 지원 기업 조직과 문제 정의, 목표, 그리고 결과에 대한 이해와 합의 사항을 설정해야만 한다.
3. 전직지원전문가는 지원 기업 조직이 필요로 하는 종류의 지원을

전직지원전문가 가이드 북

함에 있어서 자신과 자신이 대표하는 조직이 가진 필요 역량과 자원을 확신해야 할 책임이 있다.

4. 서비스 관계는 지원 기업 조직의 자기 주도적 성장을 고무시켜야만 한다. 전직지원전문가는 계속 자신의 역할을 유지해야만 하며, 지원 기업 조직을 위한 의사결정권자가 되어서도 아니 되며 지원 기업 조직도 전직지원전문가에게 미래의 일을 의존하지 말아야 한다.

5. 전직지원전문가는 긍정적인 영향을 미칠 가능성이 없거나, 없을 것 같은 기업컨설팅 업무를 의도적으로 수용해서는 아니 된다.

6. 전직지원전문가는 자신이 제공하는 서비스의 전문적 수준과 통합성을 확신하기 위해서 공식적·효과적 수단만을 사용해야만 한다. 그런 수단은 한정되지는 않지만, 전직지원 서비스를 제공 중이거나 그 이후에 있을 감독자·동료에 의한 내부 인터뷰, 그리고 고객만족도 조사를 포함한다.

고객과의 서비스 관계

본 절에서는 개인 혹은 집단서비스 관계 속에서 발생할 수 있는 시행 이슈에 대해서 논해본다.

1. 전직지원전문가는 고객과 개인적으로 혹은 집단적인 관계의 유지와 관계 없이 고객의 통합성을 존중하고 그들의 안녕을 촉진해야 할 의무를 지닌다.

2. 전직지원전문가는 적용 가능한 법적인 제한 사항에 따라 기록의

생성, 보관, 그리고 처리에 관한 보안유지를 위해 준비해야만 한다. 그로 인해서 생성되는 컨설팅 관계 및 정보는 고객의 서면 동의가 없는 한 비밀로 유지되어야만 한다.

3. 고객의 서면 동의나 법적으로 요구될 경우에만 개인정보를 공개할 수 있다.

4. 고객의 상태가 고객 자신, 다른 사람에게 명백하고 급박한 위험이 될 정도일 경우에 전직지원전문가는 이상적으로 고객의 인지나 허가 아래에서 합리적인 조치를 취하거나 책임 있는 기관에 통지를 해야 하나, 필요할 시 인지나 혹은 허가를 받지 않을 수도 있다. 그리고 심각한 위협이 존재할 시에는 심리학자, 정신과 의사 혹은 법적인 기관에 상담을 의뢰해야만 한다.

5. 전직지원전문가는 전직지원 서비스 시작 이전이나 시작 시에 고객과 지원 기업 조직 간의 관계에 영향을 미치는 목적, 목표, 기법, 절차 관련 사항, 그리고 제한 사항에 대해 통지해야만 한다.

6. 만약에 전직지원전문가 자신이 고객에게 전문적 지원을 할 수 없다고 판단할 시에는 전직지원 서비스 관계의 시작을 회피하고 신속하게 관계를 종결해야만 한다. 양자의 경우에서 전직지원전문가는 적합한 대안을 제시해야만 한다.

7. 전직지원전문가는 어떤 고객과도 항시 전문성을 가지고 관계 유지를 할 수 있다는 확신을 가져야만 한다.

8. 서비스 관계는 고객의 자기 주도적인 성장을 고무시켜야만 한다. 전직지원전문가는 계속 자신의 역할을 유지해야만 하고, 고객을 위한 의사결정권자가 되어서는 아니 되며, 전직지원전문가에게 미래를 의존하지 않도록 조치해야만 한다.

전직지원전문가 가이드 북

검 사

  검사의 주요 목적은 비교적·절대적 용어로 객관적인 해석을 할 수 있는 설명 수단을 제공하기 위함이다. 전직지원전문가는 검사, 미검사 자료를 포함하는 검사 기법의 모든 범위를 적용하는 방법으로 설명자료를 해석해야만 한다. 검사 결과는 커리어 기획과 카운슬링 결심을 지원할 수 있는 타당성 있는 다양한 정보들의 일정 부분만 제공한다. 특정 전직지원전문가가 이 분야의 전문성이 없을 경우에는 적합한 전문 훈련을 받은 전직지원전문가가 서비스를 제공해야만 한다.

1. 서로 다른 검사는 행정처리, 점수처리, 그리고 해석상의 상이한 역량을 요구한다. 전직지원전문가는 자기 역량의 한계를 인식해야만 하며, 자신이 인증을 받거나 자격을 부여받은, 혹은 교육을 받아서 사전준비가 된 기능만을 시현해야만 한다. 전직지원전문가는 검사 이전과 이후에 특정한 방향과 피드백을 제공해야만 한다. 검사의 목적과 사용은 검사 이전에 피검사자에게 알려야만 한다. 전직지원전문가는 검사 결과를 해석할 책임이 있으며 교육적·심리적 측정, 인증 척도, 그리고 검사 연구에 관한 자격과 이해를 보유해야만 한다.

2. 특정한 고객과 함께 주어진 상황에서 사용할 검사를 선택할 때에 전직지원전문가는 검사의 특별한 타당성, 신뢰성, 그리고 적합성을 세심하게 고려해야만 한다.

3. 검사 행정 및 점수 채점을 위한 수단으로 컴퓨터가 사용되는 상황에서는 전직지원전문가는 행정처리 및 채점 프로그램이 정확한

검사 결과를 제공할 수 있는 적절히 기능을 발휘하는지를 확인할 책임이 있다.

4. 검사는 표준화에 설정된 내용과 같은 동일한 상황에서 실시되어야만 한다. 메일을 통한 검사와 같이 감독이 없는, 부적절하게 감독하는 검사의 실시는 비윤리적인 검사로 보아야 한다.(검사소유권자가 감독이 없는 검사 실시를 인정할 경우에는 가능)

5. 커리어 기획 및 카운슬링 기능에서 사용되는 검사 결과의 유의미함은 검사의 특정요소에 대한 피검사자의 비 친밀성에 기초한다. 어떠한 형태든 검사에 대한 사전 코칭이나 검사지의 전파는 검사 결과를 무효로 만든다. 그래서 검사 보안은 전직지원전문가의 전문적 의무사항 중의 하나가 된다.

6. 검사 결과의 수신자의 결정 시에는 피검사자의 안녕과 명백한 사전이해가 결정요인이 된다. 전직지원전문가는 특정한 해석이 개인 혹은 집단의 검사 자료를 노출하는지에 대해 유의해야 한다. 검사자료의 해석은 피검사자의 특정한 관심과 연계되어야만 한다.

7. 전직지원전문가는 불충분한 기술적 자료에 기초한 검사 도구를 통해 산출되는 결과의 해석 시에 주의를 기울여야만 한다.

8. 전직지원전문가는 표준화된 검사가 규정하는 집단에 포함되지 않은 소수집단이나 다른 사람들의 수행능력에 대해서 평가 및 해석을 시도할 때에는 주의를 기울여야만 한다.

9. 전직지원전문가는 언제 검사 결과가 무용한지 인식해야만 하며, 무용한 검사 결과의 오용을 회피하고 방지해야만 한다.

10. 전직지원전문가는 검사저작권 소유권자의 인정 및 허가가 없이 검사의 전부, 혹은 일부를 전용·재생산, 변형하는 일을 방지해야

한다.

11. 미국 내에서 검사의 준비, 발행, 그리고 배포에 대해서는 아래 사항을 참고해야만 한다.

　가. 「American Psychological Association, Educational Research Association」, 그리고 National Council of Measurement and Educations가 발행한 「Standards for Educational and Psychological Tests」 1985년도 개정판

　나. 『The Responsible Use of Tests: A Position Paper of AMEG, APGA and NCM』의 「Mesurement and Evaluation in Guidance」, 1972년도 5월 판, 385~388쪽

　다. 『Responsibilities of Users of Standardized Tests」, APGA, Guidepost, 1989년 10월 5일 자, 5~8쪽

* 미국 이외의 국가에서 검사 도구를 사용할 시에는 자국의 유사한 내용을 적용하여 검사 도구의 윤리적 사용을 도모해야 한다.

전직지원의 전문적 시행

1. 서비스를 홍보하거나 마케팅을 함에 있어서, 전직지원전문가는 어떠한 전문적 서비스가 가용한 지에 대해서 정확하게 알리는 방법을 사용해야만 한다.

2. 전직지원전문가는 소속된 조직과의 지원관계나 자격부여 관계를 명확하게 알리는 소속관계를 제시해야만 한다.

3. 전직지원전문가는 윤리표준을 위반하는 결과를 낳을 것으로 의

심되는 서비스 관계가 있을 시에는 그 관계를 종결해야할 의무를 지닌다.

4. 전직지원전문가는 서비스 참여 고객이 발전시킨 비즈니스 아이디어 나 계획에 투자하거나 그 계획을 활용해서는 아니 된다.

5. 전직지원전문가는 동일한 고객으로부터 전직지원 및 탐색, 혹은 알선과 관련된 비용을 받을 수 없다.

비즈니스의 개발 시행

1. 관련자에 의한 비즈니스 홍보는 사실적이고 위엄을 갖추어야 하 거나 직업의 목적에 부합해야만 한다.

2. 전직지원전문가는 지원조직의 근로자에게 추천에 대해 비용, 리베 이트, 수당을 지불하는 일, 또는 지원 고객들에게 선물을 제공하 는 일에 동의하지 않는다.

3. 전직지원전문가는 전직지원 서비스를 마케팅, 홍보함에 있어서 다른 전직지원전문가나 회사에 대한 경멸적인 언행이나 서면으로 된 의견을 제시하지 않는다.

4. 전직지원전문가는 지원 기업 조직이나 고객에게 제공될 서비스 내용을 잘못 대변해서는 아니 된다.

별지 C

전직지원전문가의 직무수행 자산

비즈니스 정보화에 필요한 선별된 자산

▶ **정보자산을 식별할 수 있는 참고서적**

- 『Business Information Desk Reference』
- 『Directories in Print』
- 『Encyclopedia of Associations』
- 『Encyclopedia of Business Information Sources』
- 『Getting the "Low-Down" on Encyclopedia and a "Leg-Up" on the Job Market』
- 『How to Find Information About Companies』
- 『Professional Careers Sourcebook』
- 『Researching Your Way to a Good Job』
- 『The Encyclopedia of Managerial Job Descriptions』

별지 C ◦ 전직지원전문가의 직무수행 자산   261

▶ 기업 정보-일반적 자산

- Directory of Corporate Affiliations
- Directory of Leading Private Companies
- Dun&Bradstreet Directory of Service Companies
- Dun&Bradstreet Million Dollar Directory
- Dun&Bradstreet Regional Business Directories
- International Directory of Corporate Affiliations
- Macrae's Blue Book
- Moody's Manuals
- Over-The-Counter 1,000 Yellow Book
- Standard Industrial Classification(SIC) Manual
- Standard&Poor's Corporation Records
- Standard&Poor's Register of Corporations, Directors, and Executives
- State Industrial Directories
- Thomas' Register of American Manufacturers
- Ward's Business Directory of U.S. Private and Public Companies
- Ward's Directory of 49,000 Private and Public Companies

▶ 기업 정보-특별한 자산

- Consultants and Consultiong Organizations Directory
- Corp Tech's Directory of Small High-Tech Companies

전직지원전문가 가이드 북

- Directory of American Firms Operationg in Foreign Countries
- Directory of Foreign Firms Operating in the U.S.
- Dun's Consultants Directory
- O'Dwyer's Directory of Corporate Communications
- O'Dwyer's Directory of Public Relations Firms
- Polk's World Bank Directory
- Pratt's Guide to Venture Capital Sources
- Standard Directory of Advertisers
- Standard Directory of Advertising Agencies

▶ 기업 조사

- Fortune Double 500
- Standard&Poor's Industry Surveys
- U.S. Industrial Outlook

▶ 정기간행물/ 저널

- Baron's
- Business Week
- Forbes
- Fortune
- Harvard Business Review
- Industry Week
- Inc

- National Business Employment Weekly
- The New Yori Times
- Occupational Outlook Quarterly
- The Wall Street Journal

▶ 비즈니스 정기간행물 색인

- ABI/Inform
- Business Periodicals Index
- Guide to Special Issues and Indexes of Periodicals
- New Yor Times Index
- Predicast's Funk&Scott Index of Corporation and
- Industries
- Wall Street Journal Index

▶ CD-ROM 및 다른 컴퓨터 기반 자산

- ABI/Inform Ondisc(CD-ROM)
- Business Periodicals Ondisc(CD-ROM)
- Business Periodicals Index(CD-ROM)
- Corporate and Industry Research Reports(CD-ROM)
- Dun's Million Dollar Disc(CD-ROM)
- F&S Plus Text(CD-ROM)
- Infotrac(Laser disc)
- Laser Disclosure(CD-ROM)
- Moody's Company Data(CD-ROM)

- Nexis Library(on-line service)
- Standard&Poor's Corporations(CD-ROM)
- Thomas' Register(CD-ROM)
- The Wall Street Journal(CD-ROM)
- Wall Street Journal Index

▶ 커리어 기획/직업 탐색 개요

- 『Guerrilla and Re-Careering for the 1990's』, Ronald Krannich
- 『Conduct Expected』, William Lareau
- 『Shifting Gears』, Carole Hyatt
- 『Smart Moves』, Godfrey Golzen&Andrew Garner
- 『Staying Employed』, Tom Daoust
- 『What Your Boss Can't Tell You』, Kent Stratt

참고문헌

Amundson, N.E.,&Borgen, W.A. (1987). 「Coping with unemployment: What helps and what hinders」. 『Journal of Employment Counselling』, 24, 97–106.

Amundson, N.E.,&Borgen, W.A. (1988). 「Factors that help and hinder in group employment counselling」. 『Journal of Employment Counselling』, 25, 104–114.

The Association of Outplacement Consulting Firms. (1991, October). 『Casebook on Ethics and Standards For the Practice of Corporate Outplacement』. Washington, DC: Author.

Axmith, M. (1991). 「The ethics of outplacement」. 『Career Planning and Adult Development Journal』, 7(3), 6–10.

Backover, A. (1991, April 18). 「Cultural barriers impede job search」. 『American Counselling Association』. 『Guidepost』, p.1.

Bolles, R.N. (1994). 『What color is your parachute?』. Berkeley, CA: Ten Speed Press.

Bordin, E.S. (1975). 「The generalizability of the psychoanalytic concept of the working

alliance」. 『Psychotherapy: Theory, Research, and Practice』, 16, 252–260.

Bowers, S., Pickman, A. (1991, October). 「The counselor–candidate relationship in outplacement」. Paper presented to the Association of Outplacement Counselling Firms, Chicago, IL.

Bowers, S., Pickman, A. (1993, May). 「Counselor burnout: What is it?」. Paper presented to the International Association of Outplacement Professionals, New York.

Brickman, P., Rabinowitz, V.C., Karuza, J., Coates, D., Cohn,

E.,&Kidder, L. (1982). 「Models of helping and coping」. 『American Psychologist』, 37, 368−384.

Bridges, W. (1988). 『Surveying corporate transition』. New York: Doubleday.

Brittain, W.P. (1982). 『Outplacement visited: The new old personnel function』. In R.M.O'Brien, A.M. Dickinson,&M.P. Rosow (Eds.), 『Industrial behavior modification』 (pp. 286−297). New York: Pergamon Press.

Byrd, V. (1993, March 7). 「The struggle for minority managers」, 『New York Times』, p.27.

Cathcart, J. (1990). 『Relationship selling』. New York: Perigee Books.

Consult America. (1989). 『Outplacement counselling in the United States in 1989 − Issues, marketing and trends』. Conrads, MA: Author.

Coopers&Lybrand. (1991). 『Severance pay policies and practices』. New York: Author.

Dumas, L.S. (1992, March/April). 「Daddy got fired⋯are we going to be poor?」. 『Psychology Today』, pp.30−33.

Edelwich, J.,&Brodsky, A. (1980). 『Burnout: Stages of disillusionment in the helping profession』. New York: Human Science Press.

Ellis, A. (1984). 「Rational−emotive therapy」. In R. J. Corsini (Ed.), 『Current psychotherapies』 (3rd ed., pp.196−238). Itasca, IL: Peacock.

Epstein, L.,&Feiner, A.H. (1988). 「Countertransference: The therapist's contribution to treatment」. In B. Wolstein (Ed.), 『Essential papers on countertransference』 (pp.282−303). New York: New York University Press.

Figler, H. (1988). 『The complete job search handbook』. New York: Henry Holt.

Franklin, S. (1991, October 20). 「The squeeze on outplacement firms」. 『Chicago Tribune』, p.B3.

Freeman, S.C.,&Haring−Hidore, M. (1988). 『Outplacement for

underserved women workers. Journal of Career Development』, 14(4), 287–293.

Freudenberger, H.,&Richelson, G. (1980). 『Burnout: The melancholia of high achievement』. New York: Anchor Press, Doubleday.

Gallagher, J.J. (1982). 『What makes a good career consultant?』. New York: Author.

Gallagher, J.J. (1990). 『A baseline survey, practitioners of outplacement』. New York: Author.

Gallagher, S.L. (1989). 『The practice of brief psychotherapy』. New York: Author.

Gelso, C.J.,&Carter, J.A. (1985). 『The relationship in counselling and psychotherapy: Components, consequences, and theoretical antecedents』. 『The Counselling Psychologist』, 13, 155–243.

Hansen, J.I.C.,&Campbell, D.P. (1985). 『Manual for the Strong Interest Inventory』. Palo Alto, CA: Consulting Psychologist Press.

Harding, C.F. (1991, September 15). 「Uniting your family during a job search」. 『National Business Employment Weekly』, pp.9–10.

Harrison, S. (1992). 「IRS: Outplacement services are not gross income」. 『The IAOP Networks』, 2(3), 1.

Holland, J.L. (1973). 『Making vocational choices: A theory of careers』. Englewood Cliffs, NJ: Prentice Hall.

Holmes, T.H.,&Rahe, R.H. (1967). 「Social readjustment rating scale」. 『Journal of Psychosomatic Research』, 11, 213–218. 「Industry overviews」. (1993, April 19). 『Fortune』, p.254.

Jones, J. (1981). 「Diagnosing and treating staff burnout among health professionals」. In J.W.Jones (Ed.), 『The burnout syndrome』 (pp.107–126). Park Ridge, IL: London House Management Press.

Jung, C.G. (1971). 『Psychological types』. Palo Alto, CA: Consulting Psychologists Press.

Kubler-Ross, E. (1975). 『Death: The final stage of growth』. Englewood Cliffs, NJ: Prentice-Hall.

Lee, C.C.,&Richadson, B.L. (1991). 「Promise and pitfalls of

multicultural counseling』. In C.C.

Lee&B.L. Richardson (Eds.), 『Multicultural issues in counseling』 (pp.3-9). Alexandria, VA: American Association of Counseling and Development.

Lee, M.A. (1990). 『Managing up for a successful corporate career-Especially if you're Asian-American』, 『Uptrend』, 4(2), 1.

Lee, R.J. (1987). 『Outplacement counseling for the terminated manager』. New York: Lee Hecht Harrison.

Le Hane, L.J. (1990) 『AOCF: An 8-year old, meeting significant challenges』, 『In the directory of outplacement firms』, 1990-91 (p.41). Fitzwilliam, NH: Kennedy Publications.

Leibowitz, Z.B., Farren, C.,&Keys, B.L. (1986). 『Designing career development systems』. San Francisco, CA: Jossey-Bass.

Lord, D.A. (1991, November). 『Outplacement's agony: Just growing pains?』, 『Executive Recruiter News』, p.2.

Maslach, C.,&Solomon, T. (1980). 『Pressures toward dehumanization from within and without』. Unpublished paper, University of California at Berkeley.

Mejias, C. (1993, May). 『International issues in outplacement』. Paper presented to the International Association of Outplacement Professionals, New York.

Milligan, M.V. (1992). 『What does it take to be an effective outplacement counselor?』, 『In the directory of outplacement firms』, 1993-94(pp.47-50). Fitzwilliam, NH: Kennedy Publications.

Morin, W.J.,&Yorks, L. (1990). 『Dismissal』. New York: Drake Beam Morin.

Murray, C. (1993, May). 『Outplacement in Europe』. Paper presented to the International Association of Outplacement Professionals, New York.

Myers, I.B.,&McCaulley, M.H. (1985). 『Manual: A guide to the development and use of the Myers-Briggs Type Indicator』. Palo

Alto, CA: Consulting Psychologists Press.

National Career Development Association. (1990). 『National survey of working America』, 1990. Alexandria, VA: Author.

O'Leary, K.D.,&Wilson, G.T. (1975). 『Behaviour therapy: Application and outcome』. Englewood Cliffs, NJ: Prentice Hall.

Paine, W.S. (1981). 『The burnout syndrome in context』. In J.W.Jones (Ed.), 『The burnout syndrome』 (pp.1–29). Park Ridge, IL: London House Management Press.

Phelps, S.,&Mason, M. (1991, August). 「When women lose their jobs」. 『Personnel Journal』, pp.64–68.

Prichard, P. (1992, June). 「Outplacement/career counseling: A new paradigm? The advantage of groups」. Paper presented to the Career Development Specialists Network (CDSN), New York.

「Report of the Research Task Force of the National Institute of Mental Health」. (1975). 『Research in the service of mental health』 (DHEW Publication NO. (ADM) 75–236). Rockville, MD: NIMH.

Stoltenberg, C.D.,&Delworth, U. (1988). 『Supervising counselors and therapists』. San Francisco, CA: Jossey–Bass.

Sweet, D.H. (1989). 『A manager's guide to conducting terminations』. Lexington, MA: Lexington Books.

Sywak, M. (1992). 「The career development professional」. In D.H. Montross&C.J. Shinkman (Eds.), 『Career development: Theory and practice』 (pp.293–305). Springfield, IL: Charles Thomas.

Wakelee–Lynch, J. (1989, December 28). Cincinnati clips. 「American Counseling Association」, 『Guidepost』, p.10.

Wendleton, K. (1992). 『Through the brick wall』. New York: Villard Books.

Williams, L. (1992, December 15). 「Companies capitalizing on worker diversity」. 『New York Times』, p.A1.

Wolpe, J. (1969). 『The practice of behaviour therapy』. New York: Pergamon.

역자 주

1. 전직지원 서비스로 번역함.

2. 2014년도에는 약 9억 불 수준(출처: 월스트리트저널, 2014. 2. 18). 2013년도 세계적으로는 약 22억 불 수준(출처: ciett 발간 2015년 판 Economic Report)

3. 2009년도에 적어도 기업의 69%가 일부 해고근로자들에게 전직지원 서비스를 제공하였음. 2013년도에 세계적으로 609만 명이 고용시장 진입. 그중 120만 명이 아웃플레이스먼트를 통해 고용시장 진입(출처: ciett 발간 2015년 판 Economic Report).

4. 원 저작물이 1995년도에 발간되었으므로, 미국의 대규모 전직지원 서비스 시행 이후의 여러 가지 관련 사항이 포함된 것으로 볼 수 있음.

5. 1997년 소위 IMF 이후에도 대규모 구조조정이 있었지만 2016년 현재도 구조조정, 희망퇴직이라는 이름으로 많은 기업에서 조치가 이루어지고 있다. 주로 금융, 건설기계 및 조선분야이며 이전과 달리 대규모로 이루어지고 있으며, 추후 선제적 구조조정 조치도 활성화될 것으로 예상된다.

6. 비밀 유지를 위해서 예로 든 특정 고객들의 이름은 모두 익명으로 처리하였다.

7. 해당 저작물은 매년 개정 및 발간되고 있으며, 2016년 2월 현재 2016년 판도 발간됨.

8. 유나이티드 웨이(United way)는 각 개인의 성공기회는 전체 사회를 존재하게 만든다는 생각으로 일하는 세계적 봉사단체. (www.unitedway.org 참조)

9. 전직 컨설팅 참여 비용은 구조조정을 하는 기업과 전문 컨설팅 업체 간의 협상 결과에 따라 1인당 참여비용이 정해지는데, 2016년 현재 다소 비용의 차이가 있을 것으로 예상된다. 본 역자의 석사학위논문인 「군전직지원프로그램의 발전방안에 관한 연구」(2006년 12월)에 논한 바를 보면 다음과 같다. 국방부 전직 컨설팅의 경우 교육 3개월, 사후관리 9개월에 200여만 원, 민간기업 사원 교육 2개월, 사후관리 3개월에 180~200여만 원, 민간기업 간부급 교육 4개월, 사후관리 3개월에 300~350여만 원, 임원급은 전체적으로 1년에 750여만 원이었음.

10. 미 노동통계국 BLS Report(2015.12, Report 1057)에 의하면, 미국의 노동력 구성은 백인 79%, 흑인 12%, 아시아계 6%, 아메리칸 인디언 및 알래스카 원주민 1%, 하와이원주민 및 다른 태평양 도서 출신 1% 이하, 기타 2% 정도로 구성됨.

11. 기업 근무경력을 포함함.

12. 『the AOCF Casebook on Ethics and Standards for the Practice of Corporate Outplacement』(1991).

13. 『the International Association of Outplacement Professionals Standards for Ethical Practice』(1993).